华南农业大学国家重点学科“农业经济管理”系列丛书

经济组织与制度学系列 罗必良 / 主编

RESEARCH ON THE CONSTRUCTION OF AGRICULTURAL PRODUCTS E-COMMERCE PLATFORM SYSTEM AND THE COORDINATED DEVELOPMENT OF ONLINE AND OFF-LINE

农产品电商平台体系建设与线上线下协调发展研究

易法敏 等 ■ 著

中国经济出版社
CHINA ECONOMIC PUBLISHING HOUSE
北 京

图书在版编目（CIP）数据

农产品电商平台体系建设与线上线下协调发展研究/易法敏等著．
—北京：中国经济出版社，2019.8
ISBN 978-7-5136-5694-8

Ⅰ.①农…　Ⅱ.①易…　Ⅲ.①农村—电子商务—研究　Ⅳ.①F713.36

中国版本图书馆 CIP 数据核字（2019）第 084238 号

责任编辑　叶亲忠
责任印制　马小宾
封面设计　华子图文

出版发行　中国经济出版社
印 刷 者　北京九州迅驰传媒文化有限公司
经 销 者　各地新华书店
开　　本　710mm×1000mm　1/16
印　　张　15.75
字　　数　260 千字
版　　次　2019 年 8 月第 1 版
印　　次　2019 年 8 月第 1 次
定　　价　48.00 元
广告经营许可证　京西工商广字第 8179 号

中国经济出版社　**网址** www.economyph.com　**社址** 北京市西城区百万庄北街 3 号　**邮编** 100037
本版图书如存在印装质量问题，请与本社发行中心联系调换（联系电话：010-68330607）

前　言
PREFACE

农村电商正进入蓬勃发展期，线上与线下融合是农产品电商发展的必然趋势，电商平台之间应形成互联互通，打破地域与平台之间的限制，减少对农产品资源的内部消耗，同时打破平台对农产品产业端的垄断。但所面临的问题也与日俱增，品牌定位、产品质量、人才培养、网络建设、物流体系之间尚未形成完整的链条与网络，阻碍着农产品电商的发展；农产品进城的物流体系尚处于初级阶段，物流集散能力较为薄弱，农产品产地预冷、全程冷链配送等物流基础设施有待完善，农产品流通的骨干网络、鲜活农产品直供直销体系建设也有待加强。

2017 年中央一号文件《中共中央、国务院关于深入推进农业供给侧结构性改革加快培育农业农村发展新动能的若干意见》提出，通过推进农村电商，“加快培育农业农村发展新动能”，进而推进农业供给侧结构性改革。文件首次专条提出要推进农村电商发展，指出要促进新型农业经营主体、加工流通企业与电商企业全面对接融合，推动线上线下互动发展；支持农产品电商平台和乡村电商服务站点建设；鼓励地方规范发展电商产业园，聚集品牌推广、物流集散、人才培养、技术支持、质量安全等功能服务；同时，应建立健全适应农村电商发展的农产品质量分级、采后处理、包装配送等标准体系，并开展电子商务进农村综合示范。

农产品电商发展逐渐形成了行业性、区域性的生态系统：由农产品生产者、加工者、流通者、消费者、电商企业及利益相关群体与外部经济、社会、政策环境共同组成的，以互联网为主要交流、合作、竞争平台，以实现物质、价值有序流动和信息有效传递为目的，具有协同功能和一定环境适应能力的开放互动、多元共生、协同共进、动态演化的有机整体。主体包括农产品生产者、消费者、加工企业、零售商、批发商、物流企业、金融机构、电信服务商、政府机构、网络营销服务商、技术外包商、电子商务咨询服务商等；

功能包括物质流动、信息传递和价值增值等。随着分工和专业化在这个系统中的形成，主体间的协同是必然的：激活网络中各主体之间的联合，培育社会组织的生长，充分动员、发挥公众和社会组织的作用，共同推动农产品电商发展。

农产品电商线上线下协同的过程，是将农产品电商合作网络的各要素进行整合、调节与控制，实现农产品上行的流程所要求的标准和规则，也就是把农产品电商系统中稀缺的、现实和潜在的、具有不同性质和来源的资源进行激活、配置与耦合，使其具有较强的系统性、协调性和价值性，实现整体配置与使用效用的最优。

从商业模式的角度分析，农产品电商实际上是开放式创新，其基本特征是：电商平台依托自身核心能力，以开放式的形式构建创新平台，并逐渐形成以自身为核心的电商生态系统，通过系统内主体资源要素的整合与合理配置，实现价值创造，进而推动农产品流通模式的创新。因此，农产品电商线上线下协同，实质上是以电商平台为核心的开放式创新协同，它主要依托三种要素的协同来实现：创新平台、创新互动网络和创新环境。在农产品电商平台为核心的开放式创新分析框架下，这三种要素分别是农产品电商平台、农产品电商生态系统（电商合作网络）、农村电商环境，它们之间的协同，决定了农产品电商线上线下协同的效果。

在农产品电商体系中，有三类重要角色（载体）决定着协同效果，即互动平台（线上及线下平台）、政府机构（电商环境营造者）和电商互动网络，因此，要实现农产品电商产业链的有效协同，必须使这三类角色（载体）充分发挥各自的作用。

1. 地方政府应通过政策引导、资金支持和实体空间资源配置，加强“四个体系”建设。（1）服务体系建设。在县、乡、村三级服务体系建设中，提升县级公共服务中心电商企业入驻率，同时整合资源，推动乡镇和村级服务站建设，全面提升村级服务站覆盖率。（2）培训体系建设。以电子商务公共服务中心为依托，配备专业的培训团队，开展面向各类群体的公益性和市场化相结合的电商理论和实务操作培训，提高农村电商应用技能，有计划地培养一批电商专业人才。（3）物流体系建设。结合地域特点，整合现有物流资源，以农村电商服务站为基础，结合邮政系统现有的物流配送网络，建设县级电子商务公共服务中心—乡镇级物流分拨中心—村级服务站的县、乡、村三级电商物流体系，解决配送“最后一公里”问题。（4）营销体系建设。县级电子商务公共服务中心要牵头带动和扶持本地电商企业，为农户提供活动策划、产品包装设计与代运营、分销体系建设等服务，带动区域电商发展。

2. 互动平台包括线上平台及线下平台。

（1）线上平台包括电子商务综合管理平台、电子商务公共信息服务平台、电子商务商业信息服务平台以及电子商务交易平台，前三种是公共服务性质的平台，有助于围绕电子商务共性过程和关键环节基础信息，建立采集、管理、维护、共享的机制与设施，形成电子商务市场完整、准确、实时、动态的经济信息资源，建设电子商务经济运行监测平台，提升电子商务市场运行效率。电子商务交易平台企业借助政府的政策和实体空间，通过分享品牌、资源和经验、利用开放式创新的模式和渠道，帮扶中小企业和广大农户参与农产品电商产业链。平台企业要尽快发掘和培育扶持一批专业服务商或合伙人，利用外部人才扩大创新的视野与边界，借助平台的力量不断聚合外部资源，扩大知识外溢与流动，通过向产业链参与者开放核心资源和能力，吸纳更多电商团队和社会力量作为合作伙伴，共同盈利。既促进电商生态圈的形成，增强企业生态的丰富性和差异化，又为平台企业的价值提升与可持续发展，不断注入新能量和新资源。平台运营商与电商专业服务机构应不断创新开发系统化的服务体系与服务手段，承担电商生态系统参与者的非核心功能与诉求，帮助农产品电商参与者最大限度地降低成本，提高效率。

（2）线下平台包括产业园区、批发市场、各类综合试验示范基地、田园综合体等。农产品电商的发展要以国家现代农业示范区、农业综合开发现代农业园区为依托，引导集聚金融资本、社会资本和各类新型经营主体，建设规模化种养基地，发展加工和流通，开展品牌创建与营销，打造一批现代农业产业集群，激发产业链、价值链的重构和功能升级，推进一二三产业深度融合、上中下游一体，实现生产、加工、销售各个环节共享均衡利润，探索农业全产业链再造的新模式。

3. 农产品电商互动网络目前主要有六种形态：以电商平台为核心的区域生态系统、以农业龙头企业为核心的农产品供应链、以电商协会为核心的多样化资源对接平台、以专业服务商为核心的新型流通渠道、致力于“经济生态圈”建设的新型农产品产业链、“多中心自组织”的开放式创新网络。农产品电商的线上线下协调也必须充分发挥它们的作用。

（1）充分发挥电商平台企业的创新引领作用，鼓励电商平台企业运用优势资源，吸引农产品电商主体的广泛参与，建立标准、流程、品牌以及技术

目 录
CONTENTS

第一章　研究背景与研究设计

第一节　理论基础

一、项目研究背景

党的十八大以来，国务院相继出台了一系列促进电子商务发展的政策文件，包括加快培育经济新动力、推进“互联网+”行动、促进跨境电子商务、推进线上线下互动、促进农村电子商务、深入实施“互联网+流通”行动计划等，有力推动了电商行业发展。“十三五”期间，我国电子商务将步入新阶段，实现规模发展和引领发展，成为经济转型发展的“关键动力”。

由商务部、国家发改委、中央网信办联合颁发的《促进电子商务发展三年行动实施方案（2016-2018 年）》（发改办高技〔2016〕2632 号）提出，今后 3 年的重点在于“促进农产品上行”；《电子商务“十三五”规划》对今后 5 年的农村电子商务发展提出明确要求，“完善基础设施，打通双向流通渠道，促进农林产品、农林地区加工品进城，方便农资和消费品下乡，形成服务现代农业发展的新型农村电子商务体系……依托电子商务发展休闲农业、乡村旅游，积极开发农林生态、乡土文化资源价值，促进一二三产业融合发展”；要求“创新机制，优化资金投入，积极支持电子商务基础设施、公共服务、科技提升、创新创业、农村电子商务等方面的探索实践”。

与此同时，2017 年中央一号文件《中共中央、国务院关于深入推进农业供给侧结构性改革加快培育农业农村发展新动能的若干意见》提出，通过推进农村电商，“加快培育农业农村发展新动能”，进而推进农业供给侧结构性改革。文件首次专条提出要推进农村电商发展，指出要促进新型农业经营主体、加工流通企业与电商企业全面对接融合，推动线上线下互动发展；支持农产品电商平台和乡村电商服务站点建设；鼓励地方规范发展电商产业园，聚集品牌推广、物流集散、人才培养、技术支持、质量安全等功能服务；同时，应建立健全适应农村电商发展的农产品质量分级、采后处理、包装配送等标准体系，并开展电子商务进农村综合示范。

从具体过程来看，现阶段农村电商的模式可以概括为“工业品下乡，农产品进城”，工业品下乡可帮助解决农民“买难”问题，同时具有省钱效应，在此基础上，农村更应该通过扩大农产品的“上行”，帮助农民解决“卖难”问题和帮农民赚钱，并缩小农村电商的“逆差”。商务部明确提出 2017 年“补短板、重上行、促竞争”的农村电商工作方向，农业部、商务部合力推动开展了“农商互联”，以期通过联产品、联设施、联标准、联数据、联市场，来打造以农产品电商平台为纽带、以消费需求为导向、以网络信息技术为支撑、以产品和物流为基础的一体化农产品供应链，探索“互联网+农产品流通”的新模式，促进农产品供给侧改革，构建农产品流通新渠道，达到减少环节、降本增效的目的。

农村电商正进入蓬勃发展期，线上与线下融合是农产品电商发展的新趋势，电商平台之间应形成互联互通，打破地域与平台之间的限制，减少对农产品资源的内部消耗，同时打破平台对农产品产业端的垄断。但所面临的问题也与日俱增，品牌定位、产品质量、人才培养、网络建设、物流体系之间尚未形成完整的链条与网络，阻碍着农产品电商的发展；农产品进城的物流体系尚处于初级阶段，物流集散能力较为薄弱，农产品产地预冷、全程冷链配送等冷链物流基础设施有待完善，农产品流通的骨干网络、鲜活农产品直供直销体系建设也有待提高。

现阶段，农产品上行面临诸多困难，大致可以归结为（汪向东，2015）：

（1）农产品本身特点导致的上行困难。农业生产的零散化，决定了现阶段大部分农产品很难达到电商经营者持续运作和进而获利的规模；农产品生产的周期性特点，决定了农产品电商很难实现根据订单及时供货；农产品生产的季节性和产地来源多样化特点，决定了农产品电商经营者只能应季经营本地农产品，其他时间没足够的产品可卖；农产品品种繁多的特点，决定了农产品的生产、加工、包装、运输等过程难以标准化。

（2）农产品“供应链前端集成”不足。农产品要像工业化产品上网流通，首先必须克服三个方面的难题：①由于农产品是非标准化的，流通时间长短、运输距离远近、储藏包装技术差异等，会导致农产品从外观到品质的变化；②大部分农产品货值低，零售的单位物流成本比较高，有时货单价值甚至低于实际的物流成本，这使得经营者很难盈利；③电商交易使得交易双方在时间和空间上分离，交易双方对于产品品质的认定很难达到一致，卖方声称某种品质的产品（消费者意愿购买的）和买方实际拿到手的产品品质间往往存在差距，这常常导致交易后的争议发生，一方面给双方带来经济和精神上的损失，另一方面也影响了消费者信任和商家信誉。从农产品供应链角度来看，以上几个问题出现在农产品上网销售之前，所以归因于农产品“供应链前端集成”。

（3）农产品网上营销困难。①网上营销成本高。开网店是农产品电商的主要模式，但经营者学会开店之外，还要花钱买流量，学习和经营成本高；②网络营销必须学会特定的技能，比如图片展示、文案推广、网店“装修”、流量引导、成交转化等，都需要特殊的知识和技能；而且不同的网络销售平台还有不同的规则，理解并灵活运用这些规则，也是网商必须通过专门的电商培训才能掌握的；③农产品在线品牌建设的意识、能力不足，导致农产品网络营销者无法利用品牌战略工具进行必要的市场区隔，以获取差异化的价值；④从农产品全价值链角度进行集成管理，通过网络营销环节宣传自家产品与众不同的价值，进而提高产品价格，这更是大多数农产品电商经营者需要经过长期实践和探索才能掌握的技能。

（4）消费者体验保障与提升困难。交易双方在时间和空间上是分离的，这导致卖家端的好产品，不一定能给买家带来好的体验。生鲜农产品在预冷降温处理、分拣装箱、产品包装设计、冷链运输等环节上要求很高，品控、质检、分拣、装箱、包装、储运、温控、服务等，任何一个环节出了问题，都可能影响消费者最终的体验。现阶段大多数农产品电商只管销售，不管供应链配套，无法给买家带来好的体验，影响了消费者信任，也就无法形成重复交易，从而导致经营者持续交易困难。

针对以上问题，电商平台、电商企业以及广大的农村电商从业者不断摸索、创新，总结出了很多有效的方法：

①利用市场大进大出来拓展电商从业主体的经营基础，突破农产品货源本地化的制约。②以产业融合发展突破单纯农产品特别是生鲜产品易损耗、不耐储存和长途运输的限制，比如农产品深加工或与相关产品关联经营，发展农旅结合等。③开展农产品的跨区域合作，搭建跨区域的调剂货源合作共享的平台，来解决农产品季节性的问题，让农产品电子商务的从业者一年十二个月都有货可卖。④制定农产品系列标准。保证买家买到产品的串重、颗粒数、大小、甜度、红度等保持在某种标准的要求上，配合从田头到发货严

格一系列环节的主动品控，为最终买家买到好产品提供保证。⑤通过大数据分析和跨区域合作，将简单多次的 B2C 变成 B2B2C 的网货经营和配送方式，即把多批次低单值的零售小单子汇聚成大单，将 C 合并为 B，到了远端后再在当地分单，或在交易量较集中的区域布局当地平行仓和分销中心，将本来远程的 B2C 本地化，从而解决农产品零售网单价值低、单位物流成本高的问题。⑥利用多平台、跨平台和利用微平台来克服流量制约，从而扩大销售。将粉丝经济的规律与自己产品品牌的打造结合起来，利用新兴的微平台为品牌做分销；利用集中的网销公益活动解决自然灾害带来的销售困难；积极开展品牌营销实现价值挖掘。⑦生鲜上游标准化、冷链物流基础设施，线上线下融合。

2018 年，中国农商互动进入新阶段，在商务部等政府职能部门引导下，正在加快“联产品、联设施、联标准、联数据、联市场”的农商互动。2018 年中国农村网络零售额 1.37 万亿元，同比增长 30.4%，全国农产品网络零售额达到 2305 亿元，同比增长 33.8%，农村电商迅猛发展，社交电商迅速成长，成为市场发展“生力军”，研究机构数据显示，我国社交电商月活跃用户量达到 1.7 亿人。出现了如拼多多、云集、每日一淘、有好东西、京东拼购、贝店、环球捕手、小红书、微选、礼物说、沸点天下等一批有影响的社交电商品牌；生活服务电商提质升级，2018 年在线餐饮市场规模同比增长超过 45%。“丝路电商”合作不断深化，我国与柬埔寨、科威特、阿联酋、奥地利等国跨境电商交易额同比增速均超过 100%。这些表明，农村电商每年都在快速迈入新的发展阶段，多元模式竞争激烈，“服务体系”建设取代了早期的单纯“在线交易”，农村电商发展从前端的交易沿着产业链向更深处延展。与此同时，农村流通体系中比如人的素质、物流配送、冷链追溯、营销等服务环节的深层短板，即围绕农村线上线下结合、上行下行贯通的本地化的流通体系的不足，成为制约农村电商持续深入发展的主要障碍。

（1）电商公共服务缺乏且能力不足。很多县域虽建有县乡村电商公共服务中心，但电商专业技术人员极度缺乏，不具备高水准的电商品牌及营销策划、设计、包装、宣传、运营服务能力，电商企业和电商网商创业者迫切需要提供电商销售技术指导和服务，但缺乏相关机构和人员满足他们的需要。

（2）村级电商服务站运营效果不佳。虽然建成不少乡村级电商服务站，但网点业务内容单一，营销实绩较少，发挥作用不大，仅从事网上代购、充值等便民服务，开展网上代卖和网销农副土特产品、旅游产品工作不多，增收渠道狭窄，运营效益不高，为民服务和带动农户发展特色产业致富增收的作用有限。

（3）物流配送通达率不高。由于物流快递业务量小，物流快递运输成本高，利润空间小甚至亏损，特别是物流快递企业不愿下乡进村，物流配送体系不健全，服务覆盖面有限，电子商务进农村“最后一公里”问题难于破解，直接制约了电子商务进农村工作的深入推进。

（4）电商企业营销能力不强。电商企业普遍规模偏小，辐射带动力不强。而且大多数电商网商开展网上营销的意识和能力欠缺，很少投资产品的策划、设计、包装、宣传，难以形成网上营销影响和竞争优势，缺乏营销竞争力。

（5）电商品牌质量难以保证。绝大多数电商基本上都是直接代销合作社、农户、种养殖大户和小微企业的产品，或者临时收购组织货源，进行简单的分装包装后即上线销售，没有自己的产品生产基地、加工基地、品牌、生产许可证暨 QS 认证，原料及产品供应、产品质量没有保证，质量信誉也无从保障。①

为此，工信部、农业农村部、商务部等七部委联合印发《关于开展农产品电商标准体系建设工作的指导意见》（以下简称《指导意见》）。《指导意见》要求农产品电商标准体系建设工作要围绕积极实施乡村振兴战略，根据“系统规划，持续优化；因地制宜，协同推进；问题导向，突出重点”原则科学构建农产品电商体系。

商务部也于 2018 年 8 月出台了《商务部关于做好农产品产销对接工作的通知》，指出当前我国农产品产销对接不紧密、不稳定问题突出，农产品虽产得出，但产不好、卖不掉、卖不好的现象时有发生，影响了农民增收和乡村发展。为此，各地商务主管部门要高度重视农产品产销对接工作，将其作为商务领域落实党中央、国务院决策部署，实施乡村振兴战略和助力打赢精准脱贫攻坚战的重要任务，持续发力、久久为功、抓好抓实。通知提出了七个方面的工作，特别提出要深入推进电子商务进农村综合示范，完善县、乡、村三级物流体系，构建农村产品上行通道。发挥电商平台大数据优势，形成交易品种、数量、价格和地区分布等产销信息大数据，把需求更加直接、快速、准确地反馈到生产端，缓解产销对接过程中存在的信息不对称问题，实现农产品产销精准对接。

---

① http：//www.lasrd.gov.cn/include/content.php？id=19985.

二、文献述评

网络空间和信息技术改变了农产品供应链成员企业的一切运作方式，包括从商业模式到合作策略。数字通信不仅大大降低了信息交流的平均成本，而且允许其在接近零边际成本和没有速度限制的条件下实现信息传送，其结果是，知识产品和信息的无限供给，导致了需求的数量增加而价格并不上涨。农产品供应链的交易是复杂的，供应链很多环节涉及易腐性问题，包括损毁和与时间相关的产品质量下降等。信息技术为低成本的准时交货、增强订单处理能力、产品信息回溯与身份识别，以及便捷和卓有成效的食品召回提供了技术保障，它能够以较低的成本实现更高质量的供应链交易。

信息技术对农产品供应链有两个重大的直接影响。首先，加工商可以通过生产或销售合同，形成经济刺激手段，引导生产者种植或养殖能达到某些期望的品质要求的新品种。其次，加工商也会响应消费者需求，对已有的商品进行研究开发，这样做的成本可能会低于试图收购种子种质资源、修正遗传基因或调整与种植生产者的合同，因为许多作物具有这种差异化潜在的可能性。最后，信息技术已在不同国家的企业用于进行业务信息的协调，例如，在 2002 年，美国、加拿大、墨西哥开始采用北美产业分类系统，这个系统被用于协调行业的跨国界定义，使数据更容易理解和使用。不同国家的兽医学和其他科学的协议越来越标准化，这对提高农产品贸易起到了推动作用，国际标准化组织（ISO）为最佳组织实践制定类似的标准。此外，不同国家所收集的价格、进出口数据也在逐渐趋于一致。

此外，由于信息技术的应用，回溯食物原产地已经变得越来越容易。这在食品安全标准不断提高、贸易变得更加普遍而需要迅速应对的潜在食品疾病或产品安全召回变得日益重要的今天，是非常有意义的。此外，由于一些国家开始对某些食品中使用原产地标签，这些储存了原始信息的标签对信息技术的需求变得更加迫切。虽然符合规范的信息技术的实施（例如，食品安全报告）会增加企业成本，但是它又可通过这种信息技术能力更好地满足消费者或社会需求（更好的营养，或类似的要求）来降低企业运行成本。

（一）农产品电子商务平台

电子商务平台是建立在互联网上进行商务活动的虚拟网络空间和保障业

务顺利运营的管理环境，是协调信息流、物资流、资金流，使之有序和高效流动的重要场所。市场参与者可充分利用电子商务平台提供的网络基础设施、支付平台、安全平台、管理平台等共享资源，高效率、低成本地开展自己的业务活动。电子商务平台主要通过聚集和匹配两种不同的机制来产生价值：一方面，它把大量交易者汇集到一个虚拟的网络平台上，通过提供一站购齐式服务降低交易成本；另一方面，它把买卖双方聚集在一起，实行动态、实时的价格谈判，允许交易的参与者列出投标价格和需求的数量，价格在成交的瞬间决定。

农产品电子商务平台是利用信息网络技术发展提供农产品信息、实施农产品网络交易的协同交易平台或网上虚拟市场，它可以提供网上农产品信息服务、在线购买甚至是网上集市的功能。平台可以向社会提供市场交易、信息咨询、电子化展示、期货、拍卖等多种功能服务，并运用现代化的手段实施交易，使各大农副产品市场保持最通畅的信息往来，通过模拟有形交易市场的交易程序，缩短交易中间环节、降低交易成本、提高交易速度以及引入国际通用的交易规则，最终融入现代化的国际农产品流通体系。

目前中国农产品电子商务平台主要有两类，一是政府主办以中国农业信息网为代表的信息服务网站和各级地方政府建立的涉农网站；另一个是各经济实体建立的商务化服务网站或称交易类电子商务，主要从事农产品产供销等环节的商务电子化服务。该类电子商务发展迅速，通常采用 B2B、B2C 等形式，采用信息整合、产品交易、在线拍卖等模式。

我国交易类农产品电商平台近期呈“两超多强小众”的格局。“两超”主要包括两个系列。阿里系列：淘宝天猫网店平台、高端频道“喵鲜生”、大众化果蔬天猫超市；京东系列：京东商城、京东商城生鲜频道。“多强”主要指：亚马逊、中粮我买网、顺丰优选、沱沱工社、菜管家等。“小众”主要指：菜篮网、多利农庄、易果生鲜、许鲜网、青年菜君、优果网等。

（二）以平台企业为核心的电子商务生态系统

平台型企业是指连接两个或多个特定群体，通过一系列机制不断激发网络效应，在满足各群体需求的前提下，巧妙地从中获利的组织，Cennamo & Santalo（2013）认为平台型企业是平台生态圈中的平台提供商和平台运营商，他们往往是商业生态系统的构建者和主导者，负责为平台交易制定规则，维护平台交易秩序，吸引互补资源提供商与用户参与平台建设，并在平台之上完成交易与互动。

平台型企业在发展过程中会形成一个复杂的自组织网络，在网络中各参与者进行直接或间接的连接，从而创造和传递价值（Scholten & Scholten, 2012）。在平台型企业中，管理层不是指挥者，而是资源提供者和支持者；平台型企业通过“连接”和“聚合”降低平台参与者的交易成本，并使整合效应得以发挥。中小企业围绕平台而自创、自治、自组织的聚合，组织网络呈现出动态的流动性，并经历从无序到有序，从低度有序到高度有序，从无协作到大规模协作的转变，能动性和自由度得到极大提高。平台将资源进行整合，为中小企业提供生存与发展的土壤；基于平台，中小企业组织的市场交易成本得以降低，使得组织结构柔性化和组织间的协作变得更加容易（Roh, 2016；Chiu et al., 2016）。

生态系统是指围绕核心企业或平台来整合生产方和使用方参与者的各相互连接组织构成的价值网络（张宝建等，2015），生态系统主要包括产业供应方、市场需求方和支持双方的平台中介方三个方面组织，具体包括顾客、市场、产品或服务、经营过程、组织、利益相关者、社会价值和政府政策等相互依存、共生共荣的组成部分（Moore, 1993），生态系统为最终客户提供的整体性能由部件、产品设计和互补品三个方面决定，随着信息技术使协调成本显著降低，商业生态系统、创新生态系统在广泛的产业领域中成为企业成长战略的核心内容（Adner et al., 2006, 2010, 2016）。从平台战略角度来看，平台型商业生态系统是建立在相互连接的供应商、互补商、分销商以及（新产品）开发企业等所构成的平台周围。商业生态系统历经诞生（birth）、扩张（expansion）、领导（leadership）到自我更新（self-renewal）四个阶段。驱动因素方面，产业生态系统演化过程受到企业异质性及多样性、网络演化、路径依赖和制度环境等因素影响（Trippl et al., 2015；Fornahl et al., 2015），参与者之间相互依赖和核心企业或平台治理的制度保障是成功的关键要素。企业应不断增加生态圈内伙伴的异质性、嵌入性和互惠性，具备这三个特征的生态圈具有适应能力和放大效应，最终能够实现集群的共生、互生和再生（廖建文等，2016）。

（三）电子商务生态系统中的价值共创

价值共创把企业和消费者两者融合在一起，促使双方积极互动、互相学习、相互影响并彼此渗透（Grönroos, 2008）。价值共创过程对企业和消费者都有重要意义，价值共创能帮助企业提高服务质量、客户满意度、降低成本、挖掘市场机会、创新产品、提升品牌价值等；消费者通过参与价值共创过程，可获得满意的产品或服务、成就感、荣誉感或奖励以及独特的价值体验等。现有文献对价值共创理论研究主要包括生产和消费两个领域，生产逻辑下的价值共创主要集中在顾客参与理论的研究中，学者们对价值共同生产（value co-production）中顾客参与的前因、参与价值链环节、扮演的角色等进行了研究，发现任务清晰度、顾客专长和参与动机等因素对参与程度有显著影响，价值共同生产的关键是知识共享、公平和互动（Ranjan et al.，2016）。消费逻辑下的价值共创理论认为，在价值共创过程中，不是顾客获得了参与企业创造价值的机会，而是企业获得了参与顾客的价值创造过程的机会而成为价值促进者或者价值共创者，价值共创发生在企业可以积极参与顾客价值产生过程和直接影响顾客价值创造的时候，基于顾客日常生活实践共同创造生活价值或情境价值，其关键点是体验、个性化和关系（Grönroos，2008；Ranjan et al.，2016）。以往价值共创研究对象主要集中在企业与消费者（B2C）层面，而对产业链上下游的 B2B 层面价值共创问题研究较少。Reypens et al（2016）通过扎根理论的案例研究，提出企业间通过协调、咨询和妥协三个过程共创价值，获得创新、知识和关系三种价值共创产出。生态系统本质上是各方利益相关者构成的复杂网络，为我们提供了新的方式来思考行动者之间的专业化、共演和价值共创等关键问题（Adner & Kapoor，2010），商业生态系统中多个行动者利用各自资源能力通过互动协作共同努力为满足最终客户的需要来创造价值。

（四）创新合作网络及其治理

合作网络是指在同一时期建立、根植于同样的区域文化的相似产业的组织，基于相似的利益需要，以技术创新为中心，通过提供创新机会和具有实现创新的已知及可预测环境的组织进行持续的相互合作，实现产品、标准制定和行为规范以及利益共享和风险共担的网络组织；合作网络是组织间资源整合的结果，是一种战略资源需求和社会资源机会驱动的结果，是组织寻求比其他资源联合更好地实现资源价值的优化资源边界的尝试；合作网络使组织间联系具有交互、进化、扩展和环境依赖的生态特性，扩大了组织的动态发展空间，从而促进价值创造，改进价值识别体系，扩大资源的价值影响。在系统竞争中，通过横向和纵向战略合作争取控制产品标准，控制竞争对手，以扩大在系统性竞争中的优势。在知识联盟中，增值最大的过程是那些以知识为基础的服务活动。合作网络的基本特征是战略合作、资源和能力互补、网络沟通和网络自组织等。

合作网络会通过网络行动者在既定网络结构下的行为，形成相应的结果。

（1）行动者间的模仿行为。网络联系会传递信息，信息传递会导致模仿，对技术和制度的扩散研究表明，模仿与组织之间的网络联系相伴而生。网络会加速行为扩散，而不只是通过意识而引起对行为的接受；网络还会影响行为规范的扩散：它通过激活网络联系而发挥作用。与此同时，组织的社会特征、组织特征和战略特征相似性又会放大网络扩散的效果。

（2）创新。网络行动者会利用各种强联系和弱联系分享知识，从而形成知识溢出效应，网络不仅影响创新产出，而且影响创新投入（研发投入），企业之间的正式合作联系会提高初创企业的创新产出，网络结构（封闭性与结构洞）会影响信息的收集效果进而影响到创新成效；结构洞所提供的知识多样性和网络内聚所产生的信任之间关系的紧张状态也可以通过在产生信任的结构中嵌入网络来解决，这些结构包括空间接近、有共同的劳动力市场、致力于信息共享的中心组织。

（3）企业生存。网络联系对企业获取信息有正向影响，研究表明，网络联系对新建企业和正从事重要变革的企业的生存机会有正向影响；在组织领域中，具有合法化标记的网络联系会影响组织生存。

（4）绩效。适当的环境既能导致较高组织存活率，也会导致更高的组织绩效，不同的网络结构会对绩效差别化产生影响。例如，组织间网络中心性和合作经验会提高新创生物技术企业的成长率，具有提供多样化信息网络的新创生物技术企业收益增长率较高。

合作网络会提供各种知识、创新、绩效和生存方面的好处，但是竞争、信息控制及对合作伙伴的信任等问题却使建立有效网络变得十分复杂。①

网络治理是指网络主体之间、各子系统之间，通过既竞争又协作、自组织非线性作用，把网络系统中彼此无秩序、混沌的各种要素在统一目标、内在动力和相对规范的结构形式中整合起来，形成网络系统的宏观时空结构或有序功能结构的自组织状态，产生单一主体无法实现的整体效应。它是一种主体间默契配合、井然有序的自发和自组织集体行动过程，通过集体的自组

① 汪旭晖，杨宜苗（译）．网络与组织评价：多层面视角［J］．管理世界，2011（9）：160.

织行为实现资源配置效用最大化和系统整体功能的提升。网络治理通过整体性协调，各子系统功能之间产生耦合（Coupling），使得系统整体功能成倍增强，进而产生协同效应。

合作网络治理包括网络内外资源整合与网络主体间行为协同。资源整合是把系统中稀缺的、现实和潜在的、具有不同性质和来源的资源进行激活、配置与耦合，使其具有较强的系统性、协调性和价值性，实现整体配置与使用效用的最优，形成网络的系统性资源；网络主体间行为协同，是将网络系统的各个要素（子系统）进行系统优化、整合、调节与控制，实现网络系统所应遵循的制度性安排和规则，分工和专业化是网络协同的前提，它使协同变得更有意义：激活网络中各主体之间的联合，培育网络组织的生长，充分动员、发挥公众和网络组织的作用。网络主体间主体协同，需要建立起“多中心自组织协同”网络结构，鼓励和包容不同主体的参与，发挥它们成为网络中心节点的功能，实现自组织的“涌现”出来的网络参与方式和治理方式。①

既有研究关于电子商务平台的生成与发展，以电商平台为核心形成电商生态系统的形成与演化，电商生态系统中的价值创新，以及平台商、物流服务商、电商参与主体共同形成的互动与创新的合作网络的结构与行为等，形成了较多的成果和结论，但是对于以农产品电商平台为核心构成的电商生态系统及其线上线下互动合作网络中，主体之间通过什么样的机制开展行为协调、利益关系联结，进而整合资源、创新价值等，还缺乏系统化的分析与研究。

第二节　研究内容和研究方案

从过程视图角度来看，农村电子商务发展可被看作一个社会—技术系统的演化过程。

第一阶段，地方政府政策的引导、电子商务专业团队以及物流企业的进驻（电子商务园区），形成了县域电子商务发展的初始力量，这类似于创新系统初始阶段的产生与发展，专业团队在政府部门的支持及相关团体的配合之下，搭建起基于电子商务平台的“县级运营中心+村级服务站”的基本组织运

① 范如国. 复杂网络结构范型下的社会治理协同创新［J］. 中国社会科学，2014（4）：98-120，206.

作架构，物色并培养村级服务点的代购员（农村合伙人），通过这个体系实现农村的网上购物，并通过本地物流公司配送到村点，更加多样化的购物选择、更优惠的商品价格以及送货到家产生的便利，网络购物逐步影响进而改变了农民的购物方式，以大型电商平台为依托的“专业团队+农村合伙人+本地物流企业”这个新型组合，形成了农村电商最初的推动力，并引导网上商品向农村的下行。这一阶段需要解决的关键问题是：信息基础设施建设、专业电子商务团队的进驻、本地电商人才的培训、农村物流体系的铺设以及地方政府支持。

第二阶段，随着政策逐步落实、基础设施和物流环境的日渐完善，本地的各类农村专业合作社、农产品供应链集成商、与电商活动相关联的各类配套服务商纷纷进驻电子商务园区或开始与电商团队合作，促进和实现了电子商务园区的进一步成熟和繁荣，这类似于社会—技术域的形成。农村电子商务的社会—技术系统发展会带动农产品的上行，利用网上商品下行的渠道把农产品卖出去，逐渐解决农民销售渠道窄、与市场信息不对称等问题。这一阶段需要解决的关键问题是：本地电商人才的培训、农产品供应链集成、村级服务网点的金融服务体系建设、农产品质量检测体系建设、农产品追溯体系建设等。

第三阶段，在第二阶段的基础上，更多的主体源源不断地加入，主体间逐步形成明确的分工，规范的合作制度开始形成；随着越来越多的电子商务配套服务商的加入，专业服务商开始分化出来，各类电子商务主体的行为通过邻里示范和社交示范，影响和带动更多的农民加入农村电子商务环境中，促使县域电子商务初具雏形，这标志着完整的电子商务“生态系统”逐渐成形，此时，创新系统也由社会—技术域阶段演化到下一层次。这一阶段需要解决的关键问题是：电子商务生态系统的稳固、区域市场的拓展、新型产业形态的孵化与培育、营销工具的创新与应用、商业模式的创新与发展、电商社会化服务体系的培育、相关政策与法规的创新等。

各电商平台的农村电商业务拓展成绩显著：京东的农村电商服务中心已在全国 1700 多个县落地，包括网购、物流、金融在内的各项服务已覆盖 28 万个行政村，京东大件物流服务覆盖 44 万个行政村；中国邮政在 2016 年新增“邮乐购”站点 18 万个，使站点总量突破 31 万个；乐村淘乡村电商站点已覆盖全国 750 多个县、8 万多个村；淘实惠覆盖的村点也达到 3 万多个。阿里农村淘宝 12 月 16 日公布的数据显示，在全国建立了 450 个县级服务中心、

24000 个村级服务站（村点）。

在此过程中，农产品电子商务平台体系必须逐步建立和完善，直至形成可以共创价值的农产品电商生态系统。

（一）农产品电商平台体系内容

根据国家《电子商务“十三五”规划》要求，“大力提升电子商务平台创新发展水平，以平台经济为核心积极发展新经济，建立完善新型平台生态体系”是加快电子商务提质升级重点任务的一项重要内容，重点开展“电子商务综合管理平台建设、电子商务公共信息服务平台建设和电子商务商业信息服务平台建设”，以及 2017 年中央一号文件要求，“促进新型农业经营主体、加工流通企业与电商企业全面对接融合，推动线上线下互动发展”“加快建立健全适应农产品电商发展的标准体系”“支持农产品电商平台和乡村电商服务站点建设”“完善鲜活农产品直供直销体系”“推动商贸、供销、邮政、电商互联互通，加强从村到乡镇的物流体系建设，实施快递下乡工程”“完善全国农产品流通骨干网络，加快构建公益性农产品市场体系，加强农产品产地预冷等冷链物流基础设施网络建设”“深入实施电子商务进农村综合示范”“建立全程可追溯、互联共享的追溯监管综合服务平台”“实施智慧农业工程，推进农业物联网试验示范和农业装备智能化”“推进光纤到村建设，加快实现 4G 网络农村全覆盖”“推进建制村直接通邮”。

为推进农产品电商快速健康发展，2017 年 8 月，农业部和商务部联合颁发《关于深化农商协作大力发展农产品电商的通知》，要求顺应互联网和电子商务发展趋势，充分发挥商务、农业部门协作协同作用，以市场需求为导向，着力突破制约农产品电子商务发展的“瓶颈”和问题，加快建立线上线下融合、生产流通消费高效衔接的新型农产品供应链体系。积极回应消费者对农产品质量安全的关切，以电子商务带动市场化、倒逼标准化、促进规模化、提升品牌化，推动农业转型升级，带动农民脱贫增收。

农产品电商平台体系包括以下内容。

1. 农产品电商综合服务平台

农产品电商综合服务平台包含农产品、文化旅游、工艺品、工业产品等信息，作为产品（服务）提供者和市场（渠道）间的接口，提升电商产品的线上线下流通效率，实现整个产业链的有效增值。

济”“共享经济”的发展，为转变农村经济发展方式提供有力支撑。

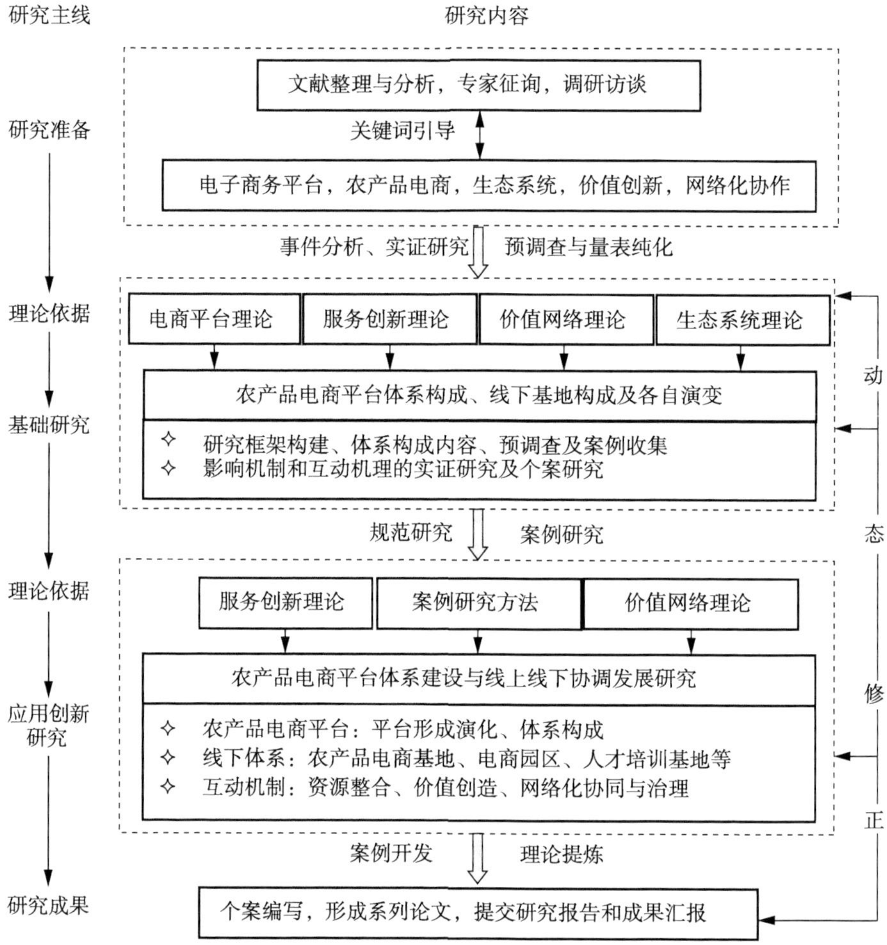

图 1-1　项目研究实际采用的研究技术路线

第二章　农产品电子商务平台及其生态系统

电子商务平台有两大基本功能：聚集信息和撮合交易，信息聚集的目的是为了促进交易的进行。围绕电子商务平台所形成的“电子市场”是典型的双边市场，即平台同时为交易的双方提供信息并开展交易，但收费是不对称的：一方收费而另一方不收费，或者买卖双方都不收费，只向第三方（赞助商或广告商）收费，具体如何收费，取决于平台运营商的定位。

近年来随着农业产业化的发展，优质农产品需要寻求更广阔的市场。传统的农产品销售方式难以在消费者心中建立起安全信誉，也难以确证生态农业基地生产的优质农产品的价值。很多特色农产品局限在产地，无法进入大市场、大流通，致使生产与销售脱节，消费引导生产的功能不能实现，农业结构调整、农民增收困难重重。在此情况下，农产品电子商务交易平台的建立与发展，不仅引领了我国传统农业向“信息化”“标准化”“品牌化”的现代农业转变，还将促进特色农产品走向“高端”发展路线。

第一节　农产品电商平台与农产品市场

我国的农产品市场近似于完全竞争市场，作为农产品市场主体的农户主要以家庭为生产单位，生产规模小，集约化程度低，农户不具备农产品定价能力，是市场价格的被动接受者，农产品价格完全取决于市场的供求关系，大量分散生产与经营的农户只能根据市场价格调整自己生产的品种和数量。另外，由于农业生产周期较长，在生产规模确定之后到生产过程完成之前，农户又无法中途改变规模以适应市场需求变化，市场价格的变动只能影响下一期的生产规模，即本期的商品供给量取决于上一期的价格水平，而本期价格又取决于本期商品的供求关系，农户会根据上期的价格水平确定当期的生产规模，一旦当期价格发生波动，下一期的生产规模也会发生相应的波动，因此，农产品供给从总体而言富有弹性，是不确定的；但是作为人们的生活必需品，农产品需求又是相对稳定，缺乏弹性的。由于供给弹性大于需求弹性，农产品的价格呈现发散型的动态波动趋势，市场均衡一旦因为自然灾害等原因遭到破坏，农产品价格的波动幅度就会越来越大，导致农产品市场价格波动频繁，并呈现出周期性特征。市场价格的剧烈波动，使农产品生产者的积极性反复受到打击，加之难以规模化经营，农业生产效益低下，农户的生产方式已经呈现出“自给自足”的自然经济模式，从长远来看，这势必严重威胁到农业的发展，并动摇整个国民经济的根基。因此，运用现代化技术手段，高效匹配农产品市场的供给与需求，形成科学的价格发现机制，就成为破解当前农产品市场系列困境的必然途径。

分析农产品市场价格的“蛛网现象”可以发现，农产品价格之所以剧烈地周期性地波动，是因为市场参与者无法对某种农产品市场价格形成科学合理的预期，预期的形成需要依赖于充分的、准确的信息，而由于我国现阶段的农业公共信息服务能力较弱，农业产业内部又缺乏成体系的、有效的商务信息平台，导致农业产业内的利益主体不能有效及时地根据需求变动做出正确决策；信息的不对称在农业产业各环节的协调过程中增加了协调成本，交易费用大大提高，各个不同的市场主体因为拥有各自的利益而存在双重加价的价格扭曲，各主体在每个阶段都加上自己的价格—成本边际，导致整个产业的利润总量大大降低。因此，现阶段要对我国农产品市场进行现代化、规范化整合，必须从解决农产品市场交易的信息不对称问题入手，充分发挥电子商务平台的作用。

以电子商务平台对生猪市场的整合为例：通过网络平台和信息技术将生猪养殖、流通、屠宰加工、猪肉批发以及零售等各环节信息集中于网络，实现对生猪产业链各个环节的实时跟踪、有效控制和全程管理，达到信息共享、资源共用；生猪的生产监管、检疫、市场监管等机构可以通过信息平台对生猪的生产加工、市场准入、质量安全直接进行监管，同时在信息平台上发布生猪行业最新的国际、国内动态与标准来指导生产。在生猪交易市场引入电子商务平台，有助于逐渐建立产业信息平台，缓解生猪产业链各环节信息不对称状况，使处于各个环节的市场参与者根据实时信息做出理性的生产决策，从而减少生猪供给的大起大落；有助于生猪价格与质量关系在产业链上的有效传导，引导市场形成合理的价格，并扭转各环节利益分配不公平的现象；有助于生猪养殖、加工企业或农户形成合理的市场预期，增强他们对灾情、疫情等突发因素导致的市场风险的抵御能力；有助于消费者通过网络对猪肉加工产品的质量进行检索查询，追溯产品来源，或者通过网络即时学习，形成对于生猪疫病的正确认识，减少消费者因为对于猪肉产品质量安全的担忧所导致的需求剧烈变化。此外，生猪交易市场引入电子商务平台还有助于缓解目前生猪交易的区域市场分割局面，破除运输、屠宰等环节对生猪产业链的垄断状况，逐渐形成国内市场统一价格；在各界对于上市生猪期货的呼声日渐高涨之际，先行引入生猪交易的电子商务平台，还有助于从技术、组织、观念、模式以及人员等方面，为我国生猪市场与国际接轨做好准备。

根据国外以及其他行业电子商务平台发展的经验，农产品市场流通领域可以利用信息网络技术发展提供农产品信息、实施农产品网络交易的协同交易平台或网上虚拟市场，它可以提供网上农产品信息服务、在线购买甚至是网上集市的形式。在现阶段农业信息化的大背景下，应充分利用农业政府部门在农业信息资源方面的优势，结合电信部门等社会力量在网络和信息传播方面的技术与资金优势，发挥农业部门在资源建设等方面的主导作用；鼓励各种社会力量积极参与，并加强与电信运营商等各种社会力量的合作，引导各种社会力量，根据各自的资源与特点，建立起众多的农产品流通电子商务平台，向社会提供市场交易、信息咨询、电子化展示、期货、拍卖等多种功能服务；运用现代化的手段实施交易，使各大农副产品市场保持最通畅的信息往来，并通过模拟有形交易市场的交易程序，缩短交易中间环节，降低交易成本，提高交易速度；发展到一定阶段之后，还可以通过引入国际通用的交易规则，实行功能升级，从区域性的平台升级为全国乃至于国际农产品电子商务平台，并最终融入现代化的国际农产品流通体系。

第二节　农产品电商平台的构建

农产品供应链具有自身的行业特性：①不同种类的供应链结构存在较大差异，如生鲜农产品、饮料等，有效期短，容易失去水分，保险要求高，而其他如大豆、谷物等农产品有效期较长，易实行标准化包装；②供应链各环节的技术应用于标准存在很大差异；③供应商的软硬件极不发达且差别极大；④供应链结构性差异，对农产品生产者来说，物流条码不完善甚或根本没有，运输过程中较少使用标准托盘，没有标准货车，信息系统不一致，缺乏统一标准接口，生鲜产品在冷链运输过程中质量标准不一，分销商的仓储基本没有货位管理，无自动分拣系统，零售商则大量使用店内码，手工拣票收货，库存不准确，没有库存码。

综合性交易平台在其他行业已经有了较大的发展。B2B 网络平台模式大致可以分为五种类型，分别为：①担任项目或规格管理者的角色，协助买方与卖方在设计及其他高价值的决策上相互合作；②作为供应统合者，提供标准化的搜索功能及价格数据，协助顾客在成本与品质之间进行取舍；③作为流通创造者，扩大流通范围，延长流通时间；④作为集结者，通过网络平台提供产品需求信息，将交易双方汇集到一个集中的平台或网络市场上；⑤作为交易促进者，为交易双方提供谈判、竞价、拍卖、物流、支付乃至于缴税、交易仲裁等交易及其保障功能。

从供应链角度来说，协同交易平台是一种“价值集成商”。“价值集成商”是在供应链前后向一体发展的趋势下出现的。在供大于求的环境下，“价值集成商”成为供应链的核心领导者和组织者，通过协同效应的发挥，提高整体议价能力，有效降低成本，迅速提升供应链能力。这个过程主要通过集成和协同来实现：通过集成战略，主导者进行纵向价值集成，把供应链上更多的环节纳入其业务范围，从而实现其价值的转移和提高；通过协作战略，主导者引发供应链流程的调整合优化，打破企业固有的边界，通过协作来提高整体供应链的效率，从而创造更大的价值。

根据其他行业网络平台发展的经验，可以构建一个农产品电子商务综合交易平台，通过这个平台对各种资源的整合，利用信息网络技术搭建起一个提供农产品信息、实施农业生产资料和农产品网络交易的协同交易平台或网上虚拟市场。协同交易平台的最大特点就是实现了价值链的全面整合，它跨越了早期的网上提供信息与服务、在线购买产品，甚至是由一个独立的企业将许多买家和卖家集中在一起的网上市场阶段，而进入协同交易阶段，即由较早时期的仅能提供单一的或数量有限的某几种功能，发展到功能综合与完善，集信息发布、网上交易、物流配送于一体的网络交易平台或 E-Hub。农业电子商务综合交易平台就是横跨农业生产、销售、配送领域的这样一种协同交易平台。

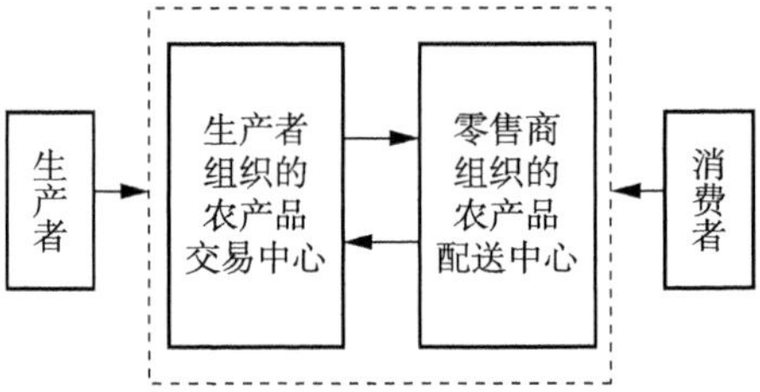

图 2-1　农产品网络交易平台基本模式

本节所构建的农产品网络平台的基本模式是：由一家在流通管理经验、人才和技术上均有一定优势的企业，通过建立一个农产品流通代理的管理体系，对农产品流通中供求双方的交易活动进行全权代理。这个管理体系建立一个基于互联网的电子市场，主要产品是农产品交易服务。代理商作为系统中极其重要的中间环节，通过企业内联网、外联网和各种功能模块，对经由生产者组织设置的农产品处理平台和大型零售商设置的农产品处理配销平台进行统筹管理，而单个的生产者只与生产者组织设置的农产品处理平台交易，大型零售商设置的农产品处理配销平台则直接面向广大的消费者。

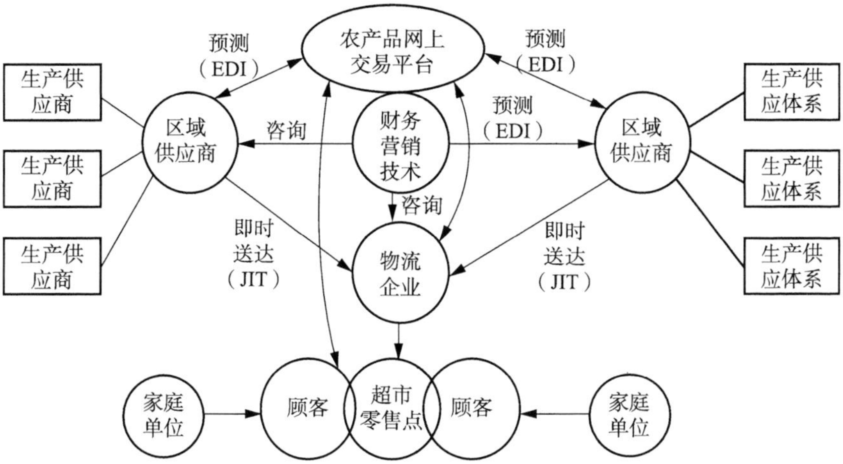

图 2-2 农产品网上交易平台示意图

农产品流通电子商务综合交易平台集市场交易、信息咨询、多功能服务、加工组装、仓储运输、展示、电子商务、期货、拍卖等于一体，运用现代化的手段实施交易，使各大农副产品市场保持最通畅的信息往来，联网等现代信息技术，通过模拟有形交易市场的交易程序，缩短交易中间环节，降低交易成本，提高交易速度，实现跨越时间空间、“随时随地”和“平民化”交易，使其更容易参与市场竞争、国际竞争；发展到一定阶段之后，还可以通过引入国际通用的交易规则，实行会员制组织体系，实行功能升级，很容易地从区域性的平台升级为全国乃至国际农副产品交易平台，并最终融入现代化的国际农产品流通体系。

从结构来看，网上农产品流通平台应具备以下几个部分：

（1）买方电子销售目录及相关信息数据库

数据库系统主要用于进行卖方数据的采集、加工和发布。其中，一级数据平台是农产品生产者电子销售目录及相关信息数据库系统，二级数据平台是代理商、经销商电子销售目录及相关信息数据库系统。建立数据平台的目的，是实现生产经营企业的信息资源共享，为建立卖方电子销售目录进行数据准备。

（2）买方电子采购目录及相关数据库

该数据库系统主要用于进行买方采购数据的采集、加工和发布。编制买方电子采购目录的主要依据是采购方式。一般情况下，采用公开招标、公开竞价等非限制性采购方式的，采购目录以通用名为单位编制；采用邀请竞价等限制采购方式的，采购目录以商品名为单位编制。

（3）基于电子目录的成交撮合系统

网上农产品流通平台提供招标、竞价、询价、浏览等成交撮合方式，可以采用集中、联合、分散等组织形式进行。成交撮合利用平台提供的局域网系统进行价格撮合、评审和比较。方式由买方决定，进行定量评价和定性评价的局域网系统和网络环境，由网上农产品流通平台提供。

（4）电子协议

网上农产品流通平台对进入交易场的买方和卖方实行会员制管理，用电子协议替代书面购销合同，并由指定CA认证机构提供相关认证服务。

（5）订单处理系统

网上农产品流通平台主要采用以现场服务为主要方式的客户端系统进行订单处理，现场服务将根据买方的需要提供。现场服务人员的服务项目根据买方的需要，包括技术支持、数据准备、订单处理等提供服务。买方进行订单处理需要应用的客户端系统、其他信息网络设施和接入服务，可以由流通平台提供。

（6）电子结算服务系统

流通平台可以为买方和卖方提供电子结算服务。卖方完成电子订单响应和药品配送服务后，买方可进行药品货款的电子支付。要实施电子支付，首先要制定电子交易实施方案，提出买方、卖方、中介方和商业银行能够接受、有关政府主管部门能够批准的解决方案，改变传统的货款结算方式。在电子支付开始实施之前，买方和卖方仍将采用传统方式结算货款。

（7）电子交易监管系统

流通平台为买方、卖方和政府主管部门提供交易监管服务。交易监管系统可以为买方、卖方和监管方提供基本的统计报表服务，使买方、卖方和监管方及时、准确地了解电子交易信息。

此外，政府主管部门对买方、卖方进行绩效评估，履行市场准入、质量、价格、合同、税收、交易行为等监管职能，可以要求流通平台提供统计分析和其他相关信息服务。

相对而言，我国农产品流通市场是一个比较初级的市场，从交易方式、交易机制等方面来看，都处于一个比较低级的阶段，其他行业的电子市场发展经历告诉我们，在农产品流通市场推广网络交易平台，最好的方式是引导和鼓励农业龙头企业建立网络平台，通过信息和网络技术提供信息，汇集交易者，撮合交易，从而加快农产品流通，实现农产品流通方式的现代化。

随着农产品流通业态的不断升级和现代化，现有零散的、功能单一的和小规模的电子商务网站已经成为农产品流通现代化发展的“瓶颈”，作为流通业的基础设施、支撑系统和实现方式的网上交易平台将为农产品流通现代化提供有力的保障。由于农产品综合交易平台整合了生产、加工、销售各环节的资源，通过现代化的信息技术手段，实现农产品流通价值链的融合，以信息指挥生产，调度经营，以农产品物流、连锁经营、直销配送、电子商务、拍卖等现代化农产品流通方式改善交易手段，规范交易行为，提高流通效率，最终达到规范交易模式、建立农产品价格新的生成机制的目的。

第三节　电商平台演化与发展

全球经济深度一体化和信息技术的发展，使得组织的外部环境多变化和复杂化、顾客需求多样、产品生命周期变短，企业组织正在发生深刻的变化（白景坤，罗仲伟，2015；Bouée，2013；Daniilidis et al.，2012；Kung et al.，2015）。平台企业打破了原有产业内外分工、合作的均衡格局，引发了服务业内部、制造业内部、产业间新一轮秩序或架构系统的重构（吴义爽，2014）。在以平台为中心组成的合作网络中，网络主体之间的关系是以高度自治或独立的模块形态，基于市场机会，实现动态偶联（Baldwin & Kim，2000）。电商平台将诸多参与者的资源进行整合，为中小企业提供生存与发展的土壤；基于电商平台，中小企业组织的市场交易成本得以降低，使得组织结构柔性化和组织间的协作变得更加容易（Roh，2016；Chiu et al.，2016）。[①]

电商平台的演化是一个自然而然的过程（Saarikko，2016），在发展过程中其会形成一个复杂的自组织网络，在网络中各参与者进行直接或间接的连接，从而创造和传递价值（Scholten & Scholten，2012）。平台管理层不是指挥者，而是资源提供者和支持者；平台通过“聚集”和“撮合”降低平台参与者的交易成本，并使整合效应得以发挥。当前，中小企业围绕电商平台而自转、自治、自组织的聚合，组织网络呈现出动态的流动性，并经历了从无序到有序、从低度有序到高度有序。从无协作到大规模协作的转变，能动性和自由度得到极大提高。[②]

（一）平台功能从指示型转变为授权型

在电商平台的初创期，平台一般通过免费开店、低门槛的进驻条件、强有力的营销刺激等一系列手段，将中小企业和众多创业者“拉”到其平台上，这是因为中小企业一方面具有开拓市场的需求，另一方面又对费用较为敏感，所以平台型企业通过免费补贴等一系列优惠政策得以生存。随着时间的推移，越来越多的中小企业和网络创业者在从众效应的作用下，围绕电商平台聚集，在这一时期，用户数量还没有达到一定数量级，并不足以激发网络效应，用户对平台的依赖性并不高，具有多属行为（Evans，2003），所以平台需要提高用户“黏性”以保持老用户并继续吸引新用户加入，具体做法是用户相互之间建立起深入合作关系（陈威如，余卓轩，2013），提高其转换成本，从而达到锁定用户的目的（Cennamo &Santalo，2013）。不仅如此，平台还需要构建孵化机制（Wang & Li，2013），提供价值主张（Saarikko，2016），构建自上而下具有“集权性”的服务，如会员制、卖家培训、虚拟社区等，对在线用户进行指示型的管理与控制。

这种模式发展到一定阶段，平台必然调整其角色定位，放权让中小企业自主发展，而平台管理者则扮演资源、服务提供者的角色，并通过提供多元化、差异化的资源和服务来实现自己盈利的目的。这是因为，平台生态系统可以视为服务生态系统，是由社会性和经济性行动主体基于自发感应和响应，

---

① 白景坤，罗仲伟．组织的变与不变：“目标—结构”框架下的组织演进研究［J］．经济与管理研究，2015（12）．113-122.

② 白景坤，王健．平台型企业自组织形成机理研究——以淘宝网为例［C］．“中国企业管理案例与质性研究论坛（2016）”论文集．

根据各自价值主张，围绕平台型企业所构建的机制、服务、技术和规则等为依托，为了资源共享和价值共创而进行互动的松散耦合型时空结构。在这个系统中，最适合的治理方式是自组织：放手让每个员工、部门和环节实行自我导向、自我激励、自我约束、自我发展。这样，平台管理就从指示型向授权型转变，构建基础设施（如大数据、云计算、物流网络等），完善体系（如信用体系），向中小企业赋能与放权，开放其 KPI 应用环境，让他们自主、自由发展，从台前的牵引转到台后的推动，从“拉”转变为“推”。通过向中小企业放权，电商平台转向数据开采、系统规则制定、管理咨询、市场需求信息等基础设施的提供者和环境的维护者，运用服务主导的逻辑向中小企业提供资源和制度的支持，依靠体系平台得以自组织的运转（Granda et al.，2015）。

（二）平台用户间连接：从被动参与转变为主动协作

最初加入电商平台的用户成熟度都是较低的，他们受平台优惠和营销刺激的拉动而进驻平台，并接受平台直接的管理与控制，在平台指示型领导的作用下，中小企业间尝试性建立起一种初步的联系与协作关系，如相互链接、共同营销、联合采购等。平台用户在一起学习沟通、分享经验，很多在交易中遇到的问题和经营问题都可以在这里找到答案，同时卖家们也开始集体采取一些共同的措施来减少共同体内部各组织间的投入成本及交易费用。成员间的相互讨论，可以产生和获得新观点，发现与工作相关问题的解决方法，使得各用户能够满足他们的社会需要和工作的要求（Mäntymäki & Kai，2016）。这样，平台用户间的自组织行为被诱发了，比如在虚拟社区，卖家们开始自发形成一个更加团结的声音来争取自己的利益，平台用户间的联结转为主动型和自发型。

平台用户多为中小企业，他们自身能力有限，构建自己的信息系统会产生巨大的成本，且风险性较高（Kung et al.，2014），但是通过连接电商平台，一方面可以低成本使用平台的各种资源；另一方面，他们可以高效、低成本寻找到其他合作伙伴，建立企业之间的连接，获得竞争优势。从资源依赖理论的角度来说，处于有限资源、无限竞争中的中小企业，要想抓住市场机会，实现价值增值，其必然要走协作的道路，通过企业模块间的网络化联合，实现协同放大效应。基于机会和价值的内驱动力，平台上的中小企业在设计、生产、销售、营销等不同环节上自发进行模块间的横向连接，组成虚拟网络型结构（Daft，2010）。基于平台资源和各种体系，中小企业依靠内生力量进行自组织聚合，在获得价值增值后，会步入分解与重构的阶段，流入的前提是资源的互补和组织间的信任，而流出的依据则是价值的实现和新机会的出现。①

（三）电商平台发展的阶段

1. 自创生

自创生时期，用户受平台优惠及营销刺激的拉动而进驻，这一时期用户对平台的黏性低、归属感弱，而且用户大多出于机会行为而进驻平台，所以组织间无联系，独立发展，致使平台和用户及用户组织之间关系混乱，因而平台处于动荡、无序的状态（无组织的混乱状态）。在适应性上，一方面由于用户成熟度较低，对平台归属感弱；另一方面，用户独立发展而没有沟通与交流的意识，致使用户组织间的关系同样也处于陌生的状态。

2. 自成长

为了增强用户黏性，平台开始构建一系列自上而下他组织式的服务，有意识地对用户进行牵引，让他们建立联系，这一方面使得用户对平台的黏性和归属感增强，产生对平台的向心力；另一方面用户形成网商群体，竞争变得有序起来。在平台的孵化下，用户的成熟度得到提高，其对平台也越来越熟悉，用户开始尝试利用平台的资源来实现组织间初始联系，“平台+中小企业”的平台型企业得以稳固，内聚力变强。平台和中小企业间的关系出现生态化的萌芽，中小企业组织间联系开始出现自组织的趋向，网店销售量、流量等得到增加，适应性增强。

3. 自组织

随着平台用户成熟度的提高，渴望更大的自由与自主权，适应这一变化和要求，平台管理层转而扮演平台提供者的角色，平台用户自由性得到极大提升，平台向中小企业赋能，让他们自由发展，而自己则构建增值服务等基础设施，如金融、软件、数据等。这一方面增强了中小企业的自主权，使得它们能自主发展，有序性得到提高；另一方面，平台从免费转变为收费，实现持续发展。在适应性上，平台同样也得到显著的提高。平台构建各种自下而上式的服务，环境呈现出富生态的特征，成为中小企业发展所必需的基础

① 白景坤，王健. 平台型企业自组织形成机理研究——以淘宝网为例［C］.“中国企业管理案例与质性研究论坛（2016）”论文集.

性能量。中小企业基于机会和价值的内驱力而进行自组织聚合，在研发、生产、营销等模块间进行深层次的生态化协作，中小企业间的关系变得丰富化、生态化，网商生态开始浮现，适应性得到进一步提升。①

平台型企业的自组织过程是一个不断向中小企业放权与赋能的过程，是一个有序性和适应性不断提高的过程。自组织的核心思想就是注重人的价值实现，注重采用放权、零管理、零干预的方法对组织进行管理，放手让组织自行发展。淘宝逐渐放权，让中小企业自由发展，而组织越是自由，其有序性越高；此外，在自创生到自适应的过程中，平台和中小企业及中小企业间的关系不断生态化，适应性不断增强。由此我们还发现，他组织的管理方式比较适应稳定的环境，而当外界环境表现出不确定性、模糊性、复杂性和易变性时，更需要自组织的灵活性和创造性以适应动态化的环境。

第四节　以电商平台为核心的电商生态系统

（一）从商业生态系统到电子商务生态系统

所谓商业生态系统，就是由具有一定关联的组织组成的一个动态结构系统，这些组织可能是企业、高校、研究机构、社会公共服务机构及其他各类与系统有关的组织；商业生态系统兼有生物生态系统、经济系统、复杂适应系统的特点，由占据不同“生态位”的企业组成。这些企业的生态位相互关联，一旦其中的一个发生变化，其他相关者包括竞争者、合作者和补充者均发生变化。

商业生态系统理论强调企业的经营大环境是一个联系紧密、互为依赖的共生系统，企业需要在这个环境中与其他企业共同发展。从商业生态系统均衡演化的层面来看，其发展过程可分为四个阶段。第一阶段，有特殊生存力的新商业生态系统逐渐诞生并初具规模；第二阶段，商业生态系统通过抓住可利用的元素及相关产品和服务，吸收新增加的顾客和风险承担者，扩充其范围和消费资源；第三阶段，随着商业共同体结构和协议变得稳定，共同体内部争夺领导权和利润日趋激烈，角色和资源在领导阶段会进行再定位和再分配；第四阶段，为了避免商业生态系统被新系统所替代，逐渐走向衰退和

① 白景坤，王健. 平台型企业自组织形成机理研究——以淘宝网为例［C］.“中国企业管理案例与质性研究论坛（2016）”论文集.

死亡，系统开始持续更新。

电子商务生态系统，即一系列关系密切的企业和组织机构，超越地理位置的界限，将互联网作为竞争和沟通环境，围绕核心的平台型电子商务企业，通过各种形式进行优势互补和资源共享，结成的一个有机的生态系统。电子商务生态系统中各“物种”成员各司其职，相互交织形成完整的价值网络，物质、能量和信息通过这个价值网络在联合体内流动和循环，共同组成一个多要素、多侧面、多层次的错综复杂的商业生态系统。

电子商务生态系统的协调机制主要有关系协调机制、利益协调机制、信息协调机制、运作协调机制。①

（1）关系协调机制。以电商平台为核心的商业生态系统主要使用了基于契约的信任机制以及基于信誉的信任机制。生态系统中任何一位成员的不诚实或违背契约的行为都会以收不到货款、破坏信誉等相应的惩罚作为代价。同时，基于过去交易记录所累计的信誉也是成员之间信任关系的基础。这两种信任机制的相辅相成，构成了电子商务生态系统成员之间较好的信任关系。

而电商平台在其中起到了第三方信任中心的作用，作为桥梁搭建起系统中其他成员间的信任关系。首先，平台提供支付中介服务，使违背契约的惩罚成为可能；其次，平台构建信誉评价体系，其中一部分由其他历史交易对象提供的评价累积而成，另一部分则由平台作为认证中心或第三方担保形成权威判断，成员间的信任关系建立在平台的信誉之上。

（2）利益协调机制。交易双方、网络交易服务提供商、增值服务提供机构在平台商业生态系统中各谋其利，利益分配的合理化吸引越来越多的参与者。平台为生态系统提供了大量的免费服务，同时，平台通过规则和机制的完善与监管来协调系统内各成员的利益关系；此外，加强系统的开放性，通过与其他参与者之间的合作以及市场本身的力量，抑制系统内的恶性竞争，促进整个生态的健康发展。

（3）信息协调机制。主要通过以下三种方式实现：第一，信息沟通平台。系统成员之间的信息交流建立在平台之上，平台提供了各种各样的沟通工具和服务。第二，信息共享氛围。随着生态系统的逐渐成熟，系统内必然出现各类自组织群体，这些虚拟团体内有较良好的信息共享氛围。平台在资源上支持这些自组织群体，并提供各种服务（如论坛、社区）、开展各种活动来推

① 胡岗岚，卢向华，黄丽华．电子商务生态系统及其协调机制研究［J］．软科学，2009（9）：5-10.

动这些组织的发展。第三，多方位信息来源。系统信息一方面来源于消费者评价，有效补充了供应商或生产商单方面给出的信息；另一方面，信息来源还包括由平台提供的权威信息。

（4）运作协调机制。通过扩大电子商务交易范围和规模，在实现自身增长和壮大的同时，吸引新用户群体的加入；同时，通过扶持电子商务交易增值服务机构（如不断吸引金融、物流等合作伙伴）加入拓展生态圈；此外，大力发展系统内相关衍生群体（如对网店装修、软件开发商、网商培训机构等）使生态圈多样化。在环境培育方面，平台利用互联网低信息共享成本、不受地域限制等特点，围绕运作协调的需要，衍生各种与交易相关的其他服务，包括产品评论、论坛及社区、生活服务信息、搜索引擎等，成为联系其他种群合作的纽带和基础；为生态系统的成员提供集中沟通交流的平台，为他们之间的合作创造更多机会。

（二）农产品电商生态系统

农产品电商生态系统是指由农产品生产者、加工者、流通者、消费者、电商企业及利益相关群体与外部经济、社会、政策环境共同组成的，以互联网为主要交流、合作、竞争平台，以实现物质、价值有序流动和信息有效传递为目的，具有协同功能和一定环境适应能力的开放互动、多元共生、协同共进、动态演化的有机整体。主体包括农产品生产者、消费者、加工企业、零售商、批发商、物流企业、金融机构、电信服务商、政府机构、网络营销服务商、技术外包商、电子商务咨询服务商等；功能包括物质流动、信息传递和价值增值三个方面。①

以阿里巴巴“千县万村”战略推动的“农村淘宝”县域电子商务发展模式为原型，可以抽取出农村电子商务生态系统基本框架：第一阶段，阿里专业团队与地方政府部门接洽，搭建基础运作框架———县级运营中心+村级代购点，培训村级代购服务员，打通由县城通往各乡镇村的物流运输渠道；第二阶段，通过各村级代购员在实现代买服务，并通过第一阶段建设的物流体系把网上采购的商品配送到千家万户，与此同时，通过县级运营中心开展电子商务人才培训，不断扩大参与者群体；第三阶段，通过地方政府部门发动和组织本地农业龙头企业、专业合作社、物流公司以及新建立的淘宝、天猫

---

① 王胜，丁忠兵．农产品电商生态系统—-—个分析框架［J］．中国农村观察，2015（4）：39-48.

平台，把本地的特色农产品通过网上渠道销售出去。经过以上三个阶段，工业产品下乡、本地农产品进城的农村电子商务格局基本形成，经此过程之后，电子商务生态系统就进入到向更大、更高阶系统的演化阶段。

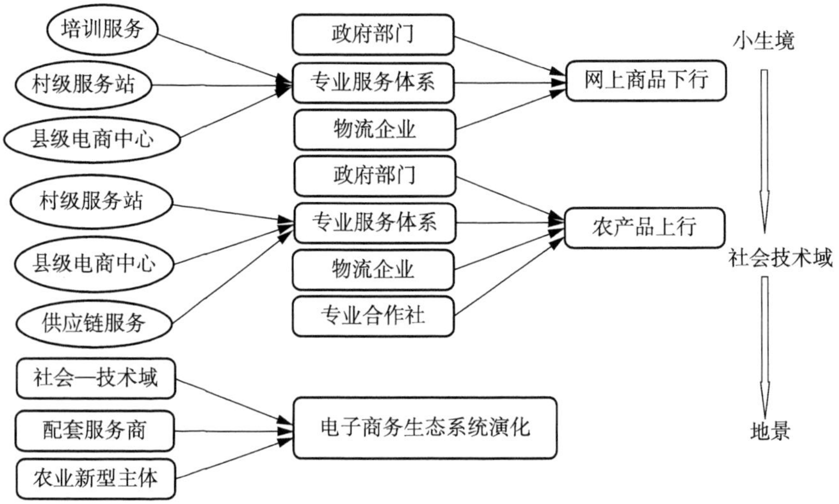

图 2-3　农村电子商务生态系统

农村电子商务生态系统其实可视为一个创新系统，如图 2-3 所示，把农村电子商务市场看作一个社会—技术系统，社会—技术系统演化的动态过程如下：小生境创新形成了技术发展的内动力，在政府政策的引导下，电子商务专业团队以及物流企业入驻，这样的小生境创新给技术发展带来动力，促进了网上商品的下行，逐步影响农民的购物方式；地景层次的变革对社会—技术域形成外在压力，社会—技术域的张力和地景的变化与小生境发展过程的协调增强小生境创新的潜能，进而与现有的社会—技术域展开竞争，促进和实现社会—技术域升级转型，迎来专业合作社、供应链集成商等主体的加入，进而带动农产品的上行，利用网上商品下行的渠道把农产品卖出去，逐渐解决农民销售渠道窄、与市场信息不对称等问题，同时随着更广泛的政策、基础设施的变化，最终由于创造和维持社会—技术系统的行动者网络的支撑，形成了新的系统和社会—技术域；反过来，新的社会—技术域也会影响更广泛的地景层次的发展，在社会—技术域阶段的层次上又加入了更多的主体，如电子商务配套服务商的加入，完善电子商务发展的相关电子设施以及建设公共数据，还有“新农人”的加入，通过邻里示范和社交示范影响更多的农民加入农村电子商务环境中，促使县域电子商务初具雏形。

第五节 国内外代表性平台生态系统简介

一、平台型生态系统简介

1. M-Pesa

(1) 案例简介

肯尼亚的城市化使得城市和农村之间产生大量汇款需求，但由于当地正规金融机构网点少、服务手续费高，改善汇款方式成为肯尼亚人的迫切需要。2007 年，肯尼亚最大的移动通信运营商 Safaricom 推出了“M-Pesa”移动支付软件。M-Pesa 最初借助 Safaricom 在农村地区的通信营业网点来为农民办理存取款、汇款以及手机充值等基本业务，目前，M-Pesa 还可以帮助机构支付员工工资、收取销售收入。截至 2014 年，M-Pesa 代理网络已经拥有 4 万多个代理点，三分之二的肯尼亚成年人都在使用 M-Pesa 提供的金融服务（Heeks，2014），相比之下，2014 年肯尼亚的银行网点、ATM 及 POS 机三种金融服务工具数量总和仅为 2.5 万个（Hamelink，1997）。

(2) 平台模式

M-Pesa 实行两级代理机制，其中，一级代理商为 Safaricom 的大中型移动通信网点，它们直接与 Safaricom 进行 M-Pesa 账户的资金核算，同时根据二级代理商的业绩支付佣金；二级代理商则为大中型移动通信网点的下属分销点，它们分布在各个偏远地区，协助用户注册 M-Pesa（如图 2-4 所示）。用户只要注册了 M-Pesa 账户，不需要银行账户就可以通过分销点获取存取款、转账等基本金融服务。M-Pesa 推出不久后，Equity 银行开始尝试整合其系统，使用户可以在合作银行的 ATM 上取款，也可以将其在 M-Pesa 账户中的钱免费转入银行账户，从而获取利息，银行系统与 M-Pesa 系统之间的整合存在一定的技术难度，因而也衍生出一些技术公司致力于促进银行系统与 M-Pesa 系统之间的整合。另外，越来越多的其他金融机构和创新企业开始通过 M-Pesa 为农户提供小额借贷、财产保险、融资投资等金融服务。

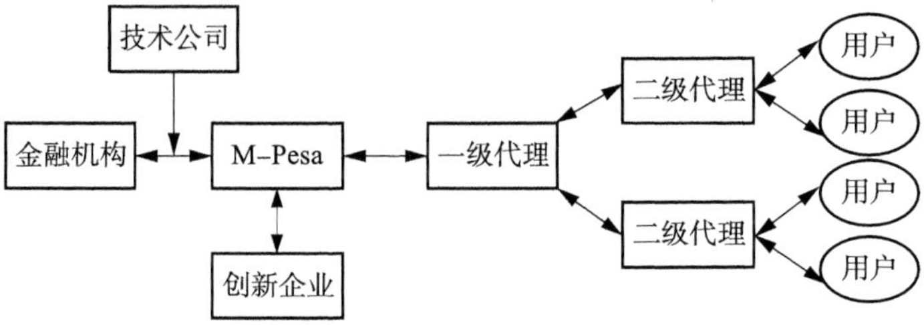

图 2-4　M-Pesa 运作模式

2. eKutir

（1）案例简介

eKutir 是印度企业，是一家专门为农村地区小农户提供农业管理服务的私人有限公司。印度的农村人口占比约 70%，eKutir 创新性地利用 ICT 与不同的利益相关者进行合作，为农民提供了科学的农业实践，逐步发展成集卫生、能源、健康和教育于一体的服务，成功地解决了大多数小农户的贫困问题（Kendall et al. 2012）。

（2）平台模式

eKutir 经历了五个发展阶段，最终形成以其自身为核心，连接多个不同利益相关者的平台生态系统发展模式。eKutir 与技术公司合作，研发出土壤测试软件、选种工具等农业技术工具帮助农民进行科学的农业实践，同时还推出农民投资组合管理工具，建立农业数据库，帮助农民从教育机构农业专家中获取咨询与建议以及连接供应商和客户为农民提供营销服务。eKutir 的这些服务并不是直接提供给农户，而是通过在农村地区挑选受过教育的、进步的农民作为小微企业家来为农户提供服务，以扩大服务范围和形成用户基础，小微企业家则可以通过提供的服务收取一定的佣金。eKutir 还在农户中建立农民利益集团，由小微企业家负责定期举行会议，帮助农民彼此分享经验；除此之外，还可以汇总农户对种子、化肥等农业投入的需求，进行批量购买从而增加其议价能力。eKutir 还与国家农业发展银行合作，设立农业基金，并利用 ICT 追踪每一笔资金的用途。eKutir 的发展还吸引了一些非营利组织的加入，比如世界厕所组织，就通过 eKutir 的小微企业家，为贫困农户安装厕所，改善其居住环境。

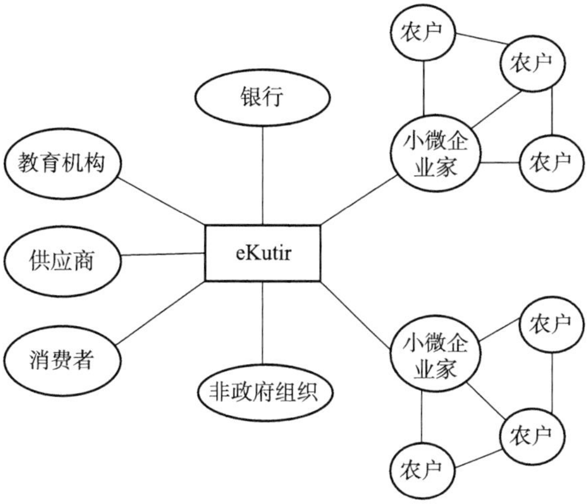

图 2-5 eKutir 运作模式

3. 农村淘宝

（1）案例简介

2014 年，阿里巴巴开始与各地政府合作启动农村淘宝战略，即以电子商务平台为基础，建立县村两级服务网络，采用线上线下相结合方式，以实现“工业品下乡”和“农产品进城”。截至 2017 年 3 月，阿里巴巴的农村淘宝项目已经在全国 29 个省、520 个县建立了约 3 万个村级服务站点（Liang et al. 2018）。农村淘宝的发展促使农村电子商务逐渐演化成一个由涉农生产者、电子商务平台、服务商、供应商、消费者、行政机构以及社会环境等各类主体共同构成，以互联网为主要交流、合作、竞争平台，以实现物质、价值有序流动和信息有效传递为目的，具有协同功能和一定环境适应能力的动态有机整体。

（2）平台模式

农村淘宝所形成的生态圈是一个强大而平等的平台生态系统，在政府的政策和资金支持下，阿里巴巴的农村淘宝项目在农村地区设立了县村两级服务网络，带动当地农民参与到电商的发展中，农民不仅可以拓宽当地特色农产品的销售市场，还可以根据市场需求利用电子商务平台自主选择经营的产品种类；农村电子商务的发展还推动如摄影、美工、包装等相关服务的发展；同时阿里巴巴还与银行、医院、保险公司等部门合作，将金融、医疗、保险等服务在村级服务站落地，促使农业与其他产业相融合，推动现代农业的发展，形成了一种生态系统的发展模式。

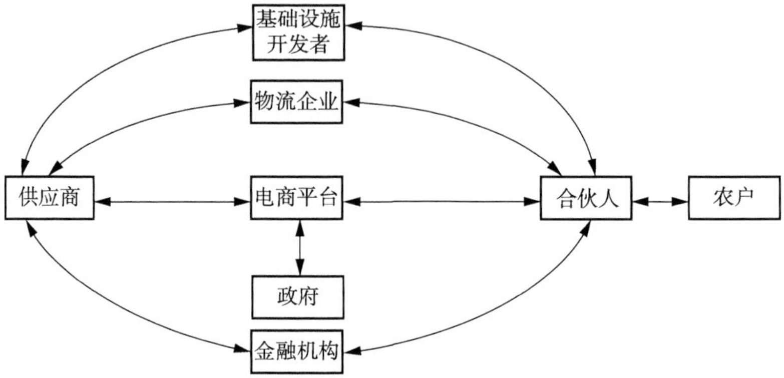

图 2-6　农村电商生态系统运营模式

二、平台型生态系统分析

1. 平台模式分析

以上三个案例都是依托数字化技术的互联网信息服务平台，也是商业模式创新的典型。具体来看，M-Pesa 的创建了吸引了肯尼亚大部分金融机构以及创新者的加入，为农户提供了全面的金融服务；eKutir 与技术公司合作，将小微企业家、农户、供应商、消费者、银行和社会组织联系在一起，帮助农户进行科学的农业生产；阿里巴巴的农村淘宝包容性最强，农村电子商务的发展带动了物流、金融、通信等基本服务的发展，促进了农业与其他产业之间的融合。在 ICT 的作用下，贫困地区的农户不仅可以利用当地资源发展特色农业，还可以根据市场需求自主选择经营的产品种类。由这三个核心平台所形成的平台生态系统囊括了众多的参与者，这些参与者可以被分为三类，分别是：平台企业、用户和客户。平台企业是该系统中的核心企业，如 eKutir，也可以是核心企业所提供的一种技术产品或战略，如 M-Pesa、农村淘宝；用户则是平台生态系统中与平台企业互补共生的参与者，如供应商、技术创新公司、物流公司、金融机构等，它们都借助核心企业所提供的平台来接触最终客户；客户则是最终产品或服务的接受者。

表 2-1　农村电商生态系统各参与者及其职责

关键参与者	职责
政府	为农村淘宝项目提供政策和资金支持
阿里巴巴	是农村淘宝项目的领导企业，也是平台生态系统中的核心企业，建立了县村两级服务网络，联合物流企业打通农村物流体系“最后一公里”，对物流企业进行补贴，农民的物流成本为零；与医院、保险公司、通信部门等合作，如在线诊疗、保险购买、缴纳话费、小额贷款等在各个村站落地
县级站点	对村级服务站合伙人进行培训、考核，组织策划本地营销活动；统一运营级以及管理网络平台；集中仓库物流样品展示中心
村级站点	电子商务推广与应用；招募合伙人，代买代卖，实现农产品进城与工业品下乡；提供移动通信缴费以及生活缴费服务；提供金融、医疗、教育服务
农户	专注于农产品的生产，利用地理优势发展农业特色产业；利用 ICT 消除对当地自然资源的依赖，根据市场需求利用电子商务平台自主选择经营的产品种类
物流企业	优化农村物流体系，在县域建立中心仓库，经过分拣由农村淘宝专车送到各个村级服务站，实现菜鸟体系落地，利用 ICT 记录村民地址，优化物流路线
其他服务机构	提供金融、医疗、教育等服务
基础设施建设者	建立通信基站，完善网络服务提高供需双方之间交易；完善公路、铁路等交通设施为物流企业提供服务

2. 平台商业模式的创新

传统的商业模式认为企业、产品和客户是整个市场中最重要的组成部分，三者之间是相对独立的，相互之间的关系也是松散间接的，企业只关心盈利，产品只用于交易，客户只满足于供应。社会网络理论则认为企业间的关系成网状结构，企业之间的关系是直接紧密的，企业的价值实现形式不再是来自各自独立的资源，而是来自整个网络中所有参与者价值的实现。M-Pesa、eKutir 以及农村淘宝是典型的平台企业，它们形成了一种以互联网为基础的数字经济，实现了商业模式的创新，这种商业模式的架构应该是分布式、网状结构，参与者在这种商业模式中能够形成大规模的社会化协同价值。

根据社会网络理论的“点—边—网”的结构特征，“点”是指网络中的节点，即平台中的所有参与者都是一个节点；“边”是指平台中各个节点之间由于连接和互动而形成的关系；“网”是指平台中各个节点及其连接互动的边构成的分布式、网络结构。M-Pesa、eKutir 以及农村淘宝为了建立更加广泛的连接，运用了多种关键技术，通过对三个案例的分析可以知道信息通信技术在各个节点的连接互动中起了关键作用。社会网络理论认为企业价值的实现来自关系网络中所有参与者价值的实现，因为 ICT 在关系网络的建立中起了关键作用。平台中的所有参与者可以分为三大类，即平台企业、用户和客户，所以价值的实现来自平台企业、用户和客户价值的共创与共享。在这一平台型商业模式中，用户可以是供应商、生产者等，不同的用户拥有不同的资源，不同的资源只有经过协调才能够产生价值，因此可以用资源来表示该商业模式中的“点”特征；平台型商业模式能够成功的最重要的原因在于平台企业与用户和客户建立了紧密的联系，同时，平台企业还为用户和客户之间的直接交流提供了机会，这种连接和互动所形成的关系构成了商业模式中的“边”，因此可以用关系来表示“边”特征；由于建立了广泛连接，平台商业模式实现了网络效应，客户接入平台的成本越来越低，效率则越来越高，因而可以用效率来表示平台商业模式的“网”特征。

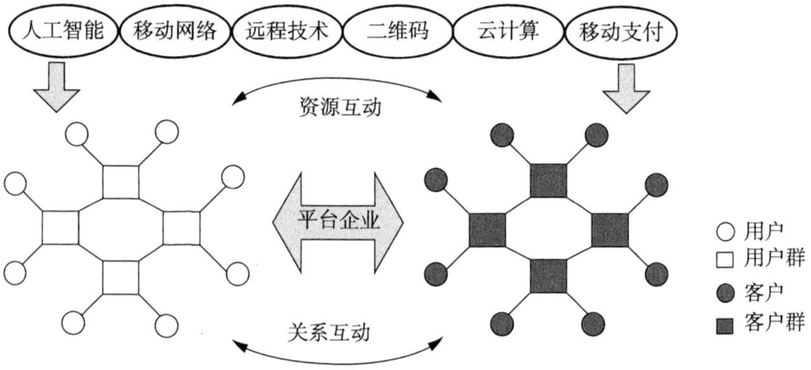

图 2-7　平台型商业生态系统模式结构

通过以上的分析，ICT 赋能平台能够发挥协同作用的原因在于形成了一种面向不发达地区的商业模式，即平台型商业模式。这种商业模式呈分布式、网状结构，而 ICT 的赋能作用主要表现为促进平台企业、用户和客户之间的资源整合与关系建立，从而促使参与者在这种商业模式中能够形成大规模的社会化协同价值。贫困地区的农户、企业就有机会接入这一协同价值网络，成为价值的“节点”，摆脱封闭状态、并与发达地区的“节点”保持相对平等的关系。比如在 eKutir 和农村淘宝案例中，贫困地区的农户借助平台接入到了更大市场，因地制宜地进行科学的农业生产、发展现代农业或发展其他核心产业，成为商业模式中不可或缺的“节点”。

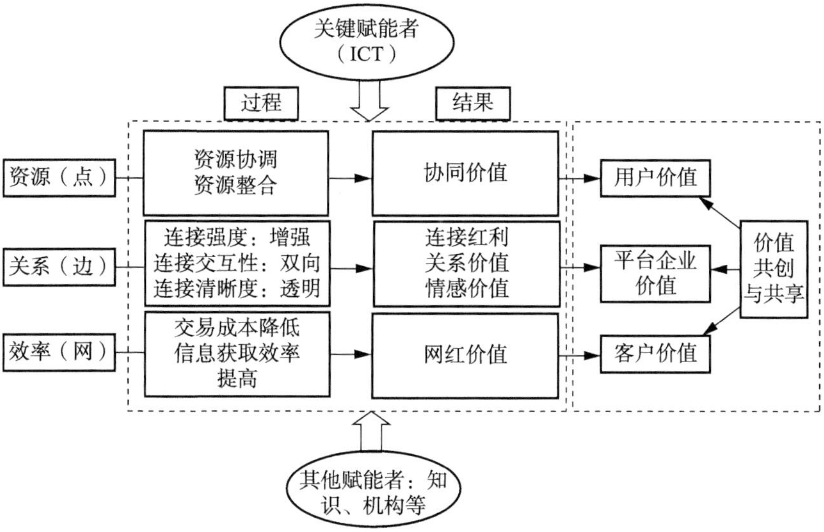

图 2-8 ICT 为平台赋能的方式

3. 服务创新

受资源的限制，农村地区居民很难享受到城市地区优质的教育、医疗等基础服务。扶贫并不是简单地做公益，平台通过建立一套新的以贫困户为核心的商业模式，为贫困户提供了接入到更大市场的机会来达到扶贫目的。ICT在平台扶贫过程中能够促进平台参与者之间的资源整合与关系建立从而为平台赋能，除此之外，ICT 也能够为贫困户赋能，这种赋能方式主要体现在平台的服务创新上，服务创新也是商业模式创新的一种形式。脱贫是一种内生性行为，ICT 能够增加贫困户获取基本服务的能力。过去，贫困地区如教育、医疗、金融等基本服务都是政府在进行补贴，但是政府拥有的资源有限，尽管做了很多努力，城乡差距依然存在。而现阶段，很多为社会弱势群体提供基础服务的企业逐渐兴起，这类企业通过设计经济可持续的商业模式，为落后地区的人口提供了便利低价的服务。本研究中的 Safaricom、eKutir、阿里巴巴就是这样的创新型企业，它们在落后偏远地区自建网点或者通过代理分销方式来实现规模经济效应，使贫困户在家门口就能享受到跟城市人口一样优质的基本服务，确保了服务的可获得性。另外，规模经济效应降低了企业提供服务的成本，故贫困户可以以低廉的价格获取高质量的服务，从而确保了服务的可支付性；而对企业来说，尽管以低价格提供服务，但是由于自身实现了规模经济效应，所以可以持续提供基础服务，从而确保了服务的可持续性。

表 2-2　信息技术赋能系统服务于扶贫的机理

平台	连接	参与	平台服务	信息技术赋能结果
M-Pesa	借助手机以及通信网点连接农户	贫困群体通过通信网点与农户建立联系	提供存取款、转账等基本金融服务	(1) 新的基础设施：过去的基础设施就是水、电、路，现在宽带、云计算、互联网等新的基础设施更好地服务农民的生活和生产
eKutir	通过招募小微企业家连接农户	小微企业家为农户提供建立与技术支持；通过农民利益集团，农户可以分享种植经验	为农业生产实践提供科学指导	
农村淘宝	建立县、村两级服务点	进行农产品标准化基地建设、建立农产品展销中心为农户进行农产品形象包装、品牌推广；村级服务点帮助农户代买代卖、家电下乡、提供通信缴费、生活缴费、金融等服务，农户可以多种形式参与	提供物流、金融等基本服务；因地制宜地帮助农村地区形成核心产业	(2) 新的生产要素：数据成为新的生产要素，农户可以进行科学的农业实践，农民网商可以通过数据工具分析网店经营状况 (3) 新的服务体系：基于互联网的交易、远程教育、远程医疗、金融服务、信用等服务全面支撑乡村的生产生活 (4) 实现包容性增长：互联网确保了机会均等并能在贫困地区普及优质基本服务、因地制宜地帮助贫困地区形成特色产业，贫困人口可以共享进步与繁荣

4. ICT 赋能平台的作用机理

综上，可以得出结论，ICT 赋能的平台通过商业模式的创新来达到服务目的，这种商业模式的创新则体现在资源整合、关系建立和服务创新三方面，而 ICT 在商业模式创新过程中起到了关键的作用，首先是促进平台企业、用户和客户三者之间的资源整合及关系建立从而为贫困地区的农户或企业提供一个接入更广泛市场的机会，帮助农村地区发展核心产业；另外，ICT 也为贫困地区的农户赋能，提高他们获取基本服务的能力。总的来说，ICT 赋能的结果就是将新的基础设施、新的生产要素、新的服务体系带进农村地区，不断推动农村地区的数字化、网络化和商业化，进一步将城乡连接起来，形成统一的大市场，帮助农村实现更好的发展，从而实现包容性增长。

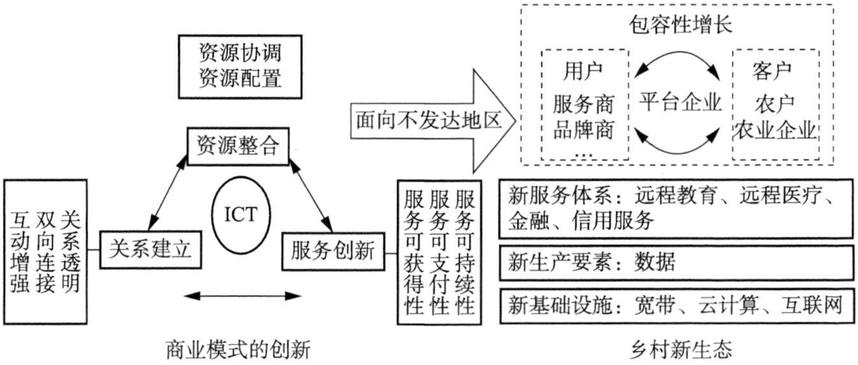

图 2-9 ICT 赋能平台服务的作用机理

第三章　农村电子商务阶段性关键影响因素分析

第一节　背景与理论基础

近年来，农村电子商务飞速发展，出现了很多创新的亮点，包括从农产品溯源到终端产品品质监控，农产品供应链体系不断创新；从农产品物流到农村金融，农村基础设施建设不断完善；从农村合伙人到阿里淘帮手，农产品电子商务服务体系不断创新；从寻求海外管理技术到与国内平台合作，政府服务思路和方式在不断转变和创新；从创造财富到消灭贫困，整个社会的经营理念和责任意识也在不断转换和创新；电子商务开始进入由城市向农村拓展、农村全面推进的阶段。同时，已有的农村电子商务实践也证明，电子商务发展是信息技术促进农村经济和社会全面转型的过程，其实质是信息技术应用基础上的社会创新，这种创新必将成为解决我国广大农村现阶段诸多社会问题、满足社会需求、实现社会公平的新途径。电子商务的稳定持续发展必须建立起全新的“生态系统”，这个创新型生态系统中，各行动主体按照一定的规则在行动者网络中相互作用，而不同阶段的系统作用规则和形式又各不相同，各主体共同作用促进了系统的演化与创新。

阿里巴巴推动的农村电子商务建设极为重视项目建设的“可复制性”（选择的是没有电子商务基础的县域），以便以最快的速度覆盖“千县万村”；基本的模式是通过与县政府签订合作协议，得到政府大力支持和配合之后，通过派出电子商务专业团队进驻该县，成立县级运营中心和村级代购点，打通县级以下物流体系，实现网上商品下行和“农产品上行”，并进而拓展其他业务和功能（农村金融、农资电子商务、农村市场大数据等）；县域则通过指定代理机构（电子商务运营商、农业龙头企业、县合作社等）与阿里合作，他们以政府代表身份，组织本地的专业合作组织、农业企业、物流企业、金融机构、职业学校等，共同参与农村电子商务建设。可见，农村电子商务参与主体数量众多，类型不一，专业技术与经验参差不齐，但作为构成农村电子商务生态系统的基本单元，每一类主体都不可或缺。可以确定的是，农村电子商务的发展是分阶段的，在不同阶段，主体发挥的作用是有差别的。本研究试图从过程视图角度，分析农村电子商务发展进程，并甄别出各个阶段影响农村电子商务发展的关键因素。

对于发动和引导农村电子商务进程的平台企业而言，农村电子商务战略是众多电子商务平台企业出于对周边环境的认知以及行业发展趋势的判断，主动拓展农村市场的商业模式创新行为（王丽平等，2016；迟考勋等，2016），其所形成的新型商业模式是开放式创新的结果（高良谋等，2014；彭华涛等，2014），这种开放式创新的实质是大型电子商务平台企业依托自身强大的品牌、技术、专业知识，同时与众多弱小的市场主体合作（培育式合作）。农村电子商务合作创新得以实现的前提是平台企业与地方政府的合作：电子商务平台企业逐个与县域政府签订合作协议，并以各类“县长班”“研修班”等形式培训、辅导各县域主要领导，以形成政府与企业间共同的“认知图式”（迟考勋等，2016）；各县域则通过各类代理机构，代表政府与平台企业合作；平台企业作为合作的发起者，主导合作过程，分布在各县域的众多市场主体适应平台规则、学习电子商务知识和技能，并逐步融入各平台企业为核心的电子商务生态系统（李强等，2012；潘剑英等，2012）。

由电子商务平台运营商发起、推动的农村电子商务实践正在纳入研究视野（崔丽丽等，2014；C Leong 等，2016；曾亿武等，2016），用户自身背景、具备的相关技能以及使用该技术的动机对技术的应用效果有重要影响，复杂的技术创新系统不断增长还会导致技术与社会环境的融合，形成社会—技术系统（Geels，2004；Geels，2007）。Geels 的研究整合了技术与社会的协同演化：以微观技术小生境（Niche）、中观社会技术域（Regime）和宏观地景（Landscape）构成多层次分析框架去阐述系统创新是如何发生的：①小生境：新兴技术的创新和应用需要得到暂时保护，才能避免受到现有成熟技术和社会环境带来的压力，更好地演进与成熟；②社会—技术域：包含五个维度的要素，即技术、科学、用户（市场）、政策和社会文化，要素间相互通过认知性规则、规范性规则和规制性规则相互协调、相互作用从而维持稳定；③地景：由宏观经济、基础建设、制度和深层的文化环境等一系列广泛的缓慢变化的异质性要素组成。技术小生境和社会—技术域尽管在规模和稳定性存在差异，但总体结构相似：小生境和技术域都有组织领域的特征（互动群体的社区），社会—技术域大而稳定，小生境小且不稳定。在社会—技术系统的演化过程中，系统、互动规则和行动者三者相互形成了各类互动机制，社会技术域的转型不仅涉及技术的演化，而且涉及规制、基础设施、文化意义和产业网络等维度（Geels，2004；Geels，2007）。

从系统角度来看，作为开放式创新系统的农村电子商务生态系统具备自组织生长、新要素有机聚集和动态演化特征（曾国屏等，2013），同时它也是一种社会—技术系统（孙启贵，2010），这与目前农村电子商务发展过程中的网上商品下行——农产品上行——全方位电子商务三阶段相对应。一个成功的农村电子商务创新需要经历两个相关的发展阶段：一是从小生境到社会—技术域；二是从社会—技术域到地景，这是一种对社会技术要素的组织与重构的过程。

电子商务在农村的发展是农村社会主体借助 IT 赋能所形成的社会创新（social innovation）（崔丽丽等，2014；C Leong 等，2016）：政府、企业、第三部门或个人单独或合作，创造性地整合与利用社会资源，通过新的途径或方式来解决社会问题、满足社会需求（Hamalainen and Heiskala，2007）；实现社会创新的两条关键路径是个体自发形成的创新与社会组织推动的创新（Phill et al.，2008）；社会创新所带来的协同效应不容忽视；社会创新内部各因素之间，以及社会创新与其他因素之间可能存在一系列协同作用，从而形成新的、能够更好解决社会问题、增加社会价值（social values）的路径（Mumford and Moertl，2003；Phill et al.，2008）。

目前，国内对农村电子商务的分析多聚焦于“淘宝村”，有“以淘宝电商生态系统为依托，形成规模和协同效应的网络商业群聚”（郭红东，2016），有“利用电子商务交易平台成为网商，通过产业集群带动其他配套产业发展，形成以公司为主体、多物种并存共生的新商业生态系统”（罗建发，2013），有“以本地化电子商务综合服务商为核心，以网商为基础带动县域电子商务生态发展”的“遂昌模式”等，同时，研究者也注意到，农村地区所存在的物流、金融、电商人才、农产品品牌化等问题非常棘手（赵志田，2014；金晓艳，2015；王军龙，2015），这些研究都涉及农村电子商务的系统视角，但仅止于对现象的描述与解释，而对于系统功能、结构及演进规则缺乏深入解读。本研究试图引入社会—技术系统的多层次分类法，划分农村电子商务发展的阶段，并识别不同阶段影响农村电子商务发展的关键因素。

第二节　影响农村电子商务发展的因素分析

本章选取对农村电子商务第二阶段发展过程，即对应社会—技术域的发展过程进行研究，把政府部门、专业团队、物流企业、专业合作组织、供应链集成商作为一级指标以及罗列出二级指标，从电子商务交易的买卖行为衡量农村电子商务市场的发展情况，构建出如图 3-1 所示的模型和提出以下假设：

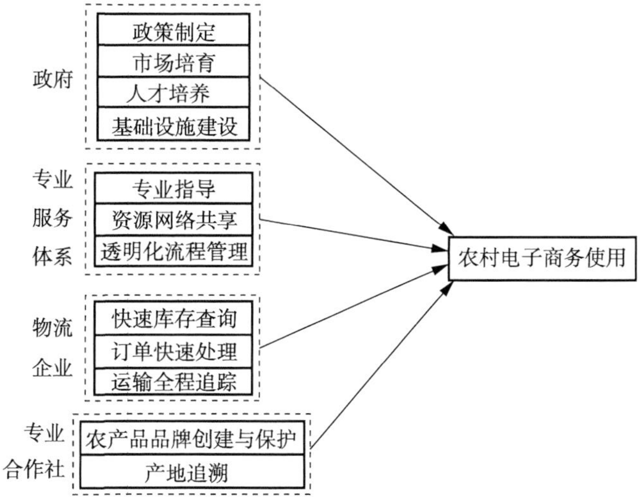

图 3-1　假说框架

H1：政府相关政策制定可有效促进农村电子商务交易

H2：政府主导的市场培育可促进农村电子商务交易

H3：政府规划的人才培养可促进农村电子商务交易

H4：基础设施的建设可促进农村电子商务交易

H5：专业服务体系的专业指导可促进农村电子商务交易

H6：专业服务体系的资源网络共享可促进农村电子商务交易

H7：专业服务体系的透明化流程管理可促进农村电子商务交易

H8：物流企业的创新使库存查询快速可促进农村电子商务交易

H9：物流企业的订单快速处理可促进农村电子商务交易

H10：通过对物流运输全程的追踪可促进农村电子商务交易

H11：专业合作组织的农产品品牌创建与保护可促进农村电子商务交易

H12：专业合作组织创新使产地可以追溯可促进农村电子商务交易

第三节　样本特征及变量测量

本次问卷正式发放时间为 2015 年 11 月中旬至 2015 年 12 月底，发放形式分为线上电子问卷形式和线下纸质问卷形式，线上问卷由广东省清远市清新区、贵州省铜仁市高新区“千县万村”计划的参与者作答，线下问卷发放对象主要针对广东省阳山县农村电子商务的相关参与者，本次问卷共有 201 个被调研者参与答卷，其中 6 份回收问卷存在无效填写，共回收有效问卷 195 份，有效问卷率为 97.0%。

农村电子商务参与者的个体特征表明（见表 3-1），性别参与分布均匀，总体样本的男女比例基本持平；农村电子商务的相关参与者主要以青年为主、趋于年轻化，样本年龄主要分布于 20~29 岁与 30~39 岁两个年龄层；从样本学历上看，大专/本科占超过总体样本的 50%，其次是高中/中专的样本人群，相关从业人员总体上具有一定的文化基础。从本次被调研者的职业看，政府工作人员占 13.89%，村级代购员、阿里专业人员分别占 8.33%，物流人员占 16.67%，网店店主所占比例最大，为 44.44%。总体来说，本次调研样本符合研究定位，有助于提高研究结果的有效性和可靠性。

表 3-1　样本基本情况汇总表

指标名称	详细分类	百分比（%）
性别	男	49.7
	女	50.3
年龄	19 岁及以下	0
	20~29 岁	67.7
	30~39 岁	23.9
	40~49 岁	5.5
	50 岁以上	0
学历	初中及以下	4
	高中/中专/技校	32.3
	大专/本科	56.3
	硕士及以上	4.5

续表

指标名称	详细分类	百分比（%）
职业	政府办公人员	13.89
	村级代购员	8.33
	物流人员	16.67
	阿里专业人员	8.33
	网店店主	44.44
	其他	8.33

表 3-2　各量表的测量指标及指标来源

变量	指标来源
政策制定	徐博艺、杨冬梅（2001）、王胜（2015）
市场培育	王胜（2015）
人才培养	洪涛（2015），王胜（2015）
基础设施建设	胡岗岚（2009）
专业指导	黄页（2007）
资源网络共享	胡俊波（2011）
透明化流程管理	刘辉、刘瑾（2012）
快速库存查询	王宁、黄立平（2005）
订单快速处理	王宁、黄立平（2005）
运输全程追踪	刘丽华（2012）
农产品品牌创建与保护	胡天石（2005）
产地追溯	洪涛（2015）

本次问卷主体共有 21 个题项，从均值上看，基本所有测量题项的均值都介于 4.00~5.00 之间，表明受访者对题项的回答在总体上呈现积极的态度和倾向；从标准差上看，所有测量题项的标准差都介于 0.789~1.014 之间，表明受访者对题项打分的波动幅度不大，数据分布较为合理可信（见表 3-3）。

表 3-3 各变量均值及标准差汇总表

变量	题项	均值	标准差
政府	政策制定	4.17	0.940
	市场培育	4.28	0.798
	人才培养	4.35	0.887
	基础设施建设	4.09	0.832
专业服务体系	专业指导	4.26	0.923
	资源网络共享	4.30	0.789
	透明化流程管理	4.27	0.808
物流企业	快速库存查询	4.11	1.014
	订单快速处理	4.26	0.945
	运输全程追踪	4.27	0.938
专业合作社	农产品品牌创建与保护	4.27	0.893
	产地追溯	4.34	0.793

根据各变量的描述统计分析结果，在农村电子商务发展的阶段，政府从政策、市场、人才以及基础设施方面创新，电子商务人才培养可促进电子商务技能的传播这个题项的均值最高为 4.35；专业服务体系的三个创新行为，信息资源的共享可减少参与者之间、或与市场的信息不对称这个题项的均值为 4.30 为最高，说明专业服务体系通过资源网络的共享为农村电子商务的发展做出了很大贡献。物流企业认为，消费者通过创新运输系统实现全程追踪，是提高农村电子商务使用的重要体现，该选项的均值为 4.27。产地追溯可提高消费者信任度这个题项是专业合作社创新中均值最高的为 4.34，表明消费者对透明化管理以及安全的重视极高。

第四节　农村电子商务发展关键影响因素分析

一、信度分析

信度即可靠性，它是指采用同样的方法对同一对象重复测量以检验结果的一致性和稳定性，是评价测量量表质量的重要指标。本研究使用 Cronbach's α 系数对收集的样本进行信度检验，Cronbach's α 系数介于 0~1 之间，系数与量表的一致性成正比，一般来说，Cronbach's α 系数处于 0.70 为最小可接受值，0. 80 为可信，大于 0. 90 为非常适合做因子分析。本研究中所有变量的 Cronbach's α 系数全部大于 0. 7，说明这几个变量的题项设计非常合理，问卷总体表现出较好的一致性。

表 3-4　信度分析汇总表

变量	项数	Cronbach's α
政府	4	0. 881
专业服务体系	3	0. 739
物流企业	3	0. 815
专业合作社	2	0. 785

二、效度分析

结构效度是指对某一命题或研究假设测量结果进行考察，分析其对该命题或研究假设测量的程度。内容效度在问卷预调查的时候已经测试过，这一章节我们主要分析本研究数据的结构效度。本研究中对自变量所有题项进行因子分析，测得 KMO>0. 5，Bartlett 的球形度检验所得值为 2294. 277，显著性水平 P<0. 05，说明本研究的变量非常适合进行因子分析。分析结果见表 3-5。

表 3-5　效度分析汇总表

KMO 值		0. 830
Bartlett 的球形度检验	近似卡方	2294. 277
	df	66
	Sig.	0. 000

三、因子分析

根据效度分析的结果，说明本研究中的变量适合进行因子分析。通过主成分分析法进行分析，提取出了 4 个公因子，共解释了 74. 788% 的方差变异，运用方差最大化正交旋转法旋转后，得到最终的因子载荷矩阵（见表 3-6）。

表 3-6　因子载荷矩阵

公因子	变量代码	成分			
		1	2	3	4
政府	Q9-1	0.884			
	Q9-2	0.883			
	Q9-3	0.865			
	Q9-4	0.803			
专业服务体系	Q9-5		0.891		
	Q9-6		0.873		
	Q9-7		0.659		
物流企业	Q9-8			0.883	
	Q9-9			0.861	
	Q9-10			0.819	
	Q9-11				0.907
	Q9-12				0.907

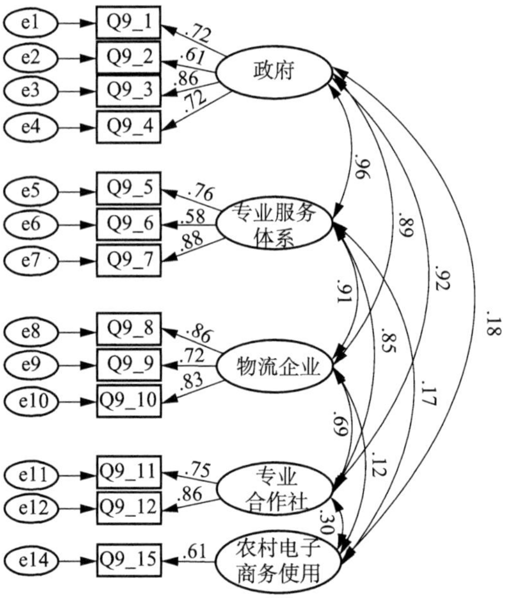

图 3-2　整体模型的验证性因子分析

在进行结构方程分析前，本研究首先检验了模型各个维度的拟合状况，查看所选择的各个题项是否能够良好地反映模型的信息，在此采用验证性因子分析的方法对此分别进行了检验，软件采用 amos21.0。

表 3-7 整体测量模型的拟合结果

拟合指标	χ^2/df	CFI	GFI	NFI	RMR	RMSEA
标准	<5	>0.9	>0.9	>0.9	<0.05	<0.08
实际值	3.679	0.937	0.911	0.904	0.027	0.067

对应的 χ^2/df 为 3.679<5，CFI 和 GFI 的值分别为 0.937 和 0.911，NFI 的值为 0.904>0.9，三者都大于 0.9，RMR 的数值为 0.027<0.05，RMSEA 的值为 0.067<0.08，从以上 5 个指标的结果来看，都达到了临界值的要求，说明本研究模型的拟合程度较好，可以进行下一步的结构方程分析。

表 3-8 整体测量模型的结果分析

路径			标准化路径系数	未标准化路径系数	S. E.	C. R.	P
Q9_ 4	←	政府	0.718	1			
Q9_ 3	←	政府	0.862	1.18	0.1	11.792	***
Q9_ 2	←	政府	0.606	0.992	0.12	8.244	***
Q9_ 1	←	政府	0.722	1.153	0.117	9.848	***
Q9_ 7	←	专业服务体系	0.864	1			
Q9_ 6	←	专业服务体系	0.578	0.653	0.075	8.682	***
Q9_ 5	←	专业服务体系	0.764	1.454	0.114	12.778	***
Q9_ 10	←	物流企业	0.827	1			
Q9_ 9	←	物流企业	0.72	0.772	0.07	10.964	***
Q9_ 8	←	物流企业	0.861	0.892	0.064	13.899	***
Q9_ 12	←	专业合作社	0.864	1			
Q9_ 11	←	专业合作社	0.748	0.769	0.067	11.396	***
Q15	←	农村电子商务使用	0.612	1			

各个维度和其分别对应的题项中的因子载荷数值都大于 0.5，因此，并不需要进行删除题项，可以进行下一步的结构方程分析。

四、结构方程分析

本研究在该部分主要测度了政府政策、专业服务体系、物流企业和专业合作社这 4 个维度分别对农村电子使用维度的影响，本研究在此次采用结构方程方法对此进行了具体的分析。

表 3-9 整体模型的拟合结果

拟合指标	χ^2/df	CFI	GFI	NFI	RMR	RMSEA
标准	<5	>0.9	>0.9	>0.9	<0.05	<0.08
实际值	2.237	0.943	0.919	0.907	0.038	0.071

从表 3-9 中的结果来看，对应的 χ^2/df 为 2.237，CFI 和 GFI 的值分别为 0.943 和 0.919，NFI 的值为 0.907>0.9，三者都大于 0.9，RMR 的数值为 0.038<0.05，RMSEA 的值为 0.071<0.08，从以上 5 个指标的结果来看，都达到了临界值的要求，说明本研究整体模型的拟合程度较好。

表 3-10 整体模型的路径分析

路径			标准化路径系数	未标准化路径系数	S. E.	C. R.	P
农村电子商务使用	←	政府	0.549	0.404	0.103	3.87	* * *
农村电子商务使用	←	专业服务体系	0.261	0.126	0.061	2.07	0.39
农村电子商务使用	←	物流企业	0.462	0.256	0.086	2.943	0.17
农村电子商务使用	←	专业合作社	0.109	0.483	0.042	11.47	* * *

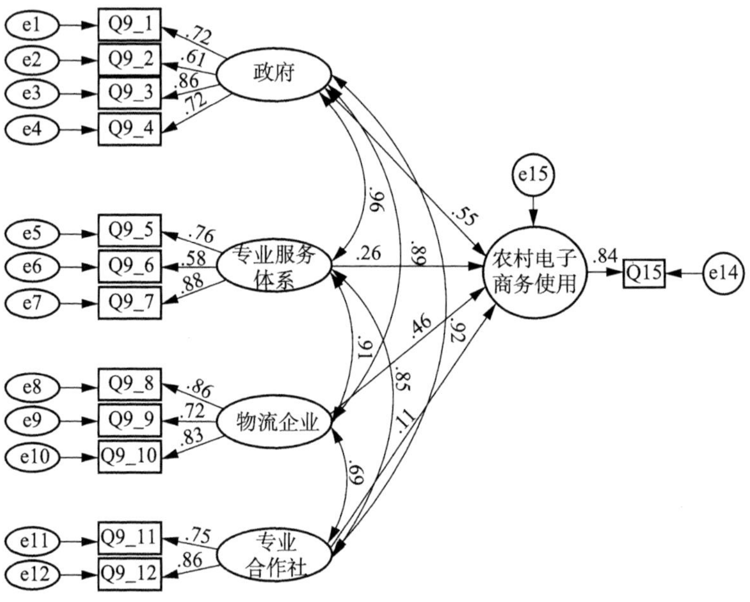

图 3-3 各影响因素的路径系数

从表 3-10 中的分析中，可以看到：

（1）政府对农村电子商务使用有显著的正向作用，其对应的标准化路径系数为 0.549，说明政府的相关政策可以推动农村电子商务使用的大力发展；

表 3-11　变量显著性检验

公因子	变量代码	Beta 值	显著性
政府	Q9-1	0.383	0.000
	Q9-2	0.746	0.045
	Q9-3	0.192	0.000
	Q9-4	0.004	0.000
专业服务体系	Q9-5	1.036	0.008
	Q9-6	0.086	0.000
	Q9-7	-0.227	0.442
物流企业	Q9-8	0.244	0.462
	Q9-9	0.164	0.000
	Q9-10	0.239	0.000
专业合作社	Q9-11	0.173	0.000
	Q9-12	0.064	0.000

（2）专业服务体系对农村电子商务使用有显著的正向作用，其对应的标准化路径系数为 0.261，说明专业服务体系越优越，越可推动农村电子商务使用的大力发展；

（3）物流企业对农村电子商务使用有显著的正向作用，其对应的标准化路径系数为 0.462，说明物流企业越优越，越可推动农村电子商务使用的大力发展；

（4）专业合作社对农村电子商务使用有显著的正向作用，其对应的标准化路径系数为 0.109，说明专业合作社越优越，越可推动农村电子商务使用的大力发展。

使用 SPSS 软件进行回归分析，结果见表 3-11。

其中标准化回归系数（Beta 值）为路径系数值，“政策制定”“市场培育”“人才培养”“基础设施建设”“专业指导”“资源网络共享”“订单快速处理”“运输全程追踪”“农产品品牌创建与保护”“产地追溯”十个自变量对因变量“农村电子商务使用”变量的影响系数分别为 0.383（$p=0.000$），0.746（$p=0.045$），0.192（$p=0.000$），0.004（$p=0.000$），1.036（$p=0.008$），

0.086(p=0.000)，0.164(p=0.000)，0.239(p=0.000)，0.173(p=0.000)，0.064(p=0.000)，均达到0.05显著水平；“快速库存查询”“透明化流程管理”两个自变量对因变量“农村电子商务使用”变量的影响系数分别为-0.227(p=0.442)，0.244(p=0.462)，未达到0.05显著水平。

经过以上分析，之前提出的研究假设得到了验证，见表3-12。

表3-12 研究假设验证情况汇总表

序号	研究假设	验证结果
H1	政府政策制定可促进农村电子商务交易	成立
H2	政府的市场培育可促进农村电子商务交易	成立
H3	政府人才培养可促进农村电子商务交易	成立
H4	基础设施的建设可促进农村电子商务交易	成立
H5	专业服务体系的专业指导可促进农村电子商务交易	成立
H6	专业服务体系的资源网络共享可促进农村电子商务交易	成立
H7	专业服务体系的透明化流程管理可促进农村电子商务交易	不成立
H8	物流企业的创新使库存查询快速可促进农村电子商务交易	不成立
H9	物流企业的订单快速处理可促进农村电子商务交易	成立
H10	通过对物流运输全程的追踪可促进农村电子商务交易	成立
H11	专业合作组织的农产品品牌创建和保护可促进农村电子商务交易	成立
H12	专业合作组织创新使产地可以追溯可促进农村电子商务交易	成立

第五节 本章小结

一、实证研究结论

1. 农村电子商务中间关键影响因素

本研究从利益相关者和社会创新的角度出发，对“千县万村”计划中的广东清远市清新区、阳山县以及贵州省铜仁地区的农村电子商务发展的相关参与者进行调查，运用因子分析中的标准化正交旋转法，将通过社会创新影响农村电子商务发展的因素归纳为政府、专业服务体系、物流企业、专业合作社四个利益相关者的创新，并运用路径分析得出标准化回归系数，对农村电子商务中间关键影响因素进行实证分析，得出以下几点研究结论。

（1）从路径分析结果得出，政府通过出台相关政策可改善电子商务环境 Sig. =0. 000<0. 05，对电子的商务市场培育可促进电子商务主体成长发育 Sig. =0. 045<0. 05，电子商务人才培养可促进电子商务技能的传播 Sig. = 0. 000<0. 05，以及基础设施的建设可促进农村电子商务交易 Sig. = 0. 000< 0. 05 都通过了显著性检验，说明政府的政策制定、市场培育、人才培养、基础设施建设与农村电子商务的使用呈正相关的关系。政府应加强政策扶持，制定出台农村电子商务服务规范和工作指引，指导地方开展工作。把电子商务纳入扶贫开发工作体系，提升贫困户运用电子商务创业增收的能力，增加就业和增收渠道。

（2）专业服务体系不同方式的创新能带动农村电子商务的发展。主要表现为专业团队的指导可带动更多主体加入电子商务领域以及信息资源的共享可减少参与者之间或与市场的信息不对称显著性分别为 Sig. =0. 008<0. 05、Sig. =0. 000<0. 05。专业服务体系的透明化的流程管理可促进农村电子商务的交易 Sig. =0. 442>0. 05，流程管理透明化的创新推动农村电子商务的发展带来的影响甚微。

（3）物流企业在库存查询快速方面创新可促进农村电子商务交易 Sig. = 0. 462>0. 05，未通过显著性检验。但通过订单快速处理、运输全程追踪的创新与农村电子商务的使用呈正相关的关系，显著性分别为 Sig. =0. 000<0. 05、Sig. =0. 000<0. 05。

（4）专业合作组织的农产品品牌创建与保护、产地追溯的创新可促进农村电子商务的交易，显著性分别为 Sig. =0. 000<0. 05、Sig. =0. 000<0. 05，通过显著性检验。

2. 农村电子商务具有很好的发展前景

通过问卷调查发现，在调研的三个“千县万村”试点县中，互联网的使用率占 78%。农民通过互联网了解农业信息的比例为 43%。国家预计到 2020 年，初步建成统一开放、竞争有序、诚信守法、安全可靠、绿色环保的农村电子商务市场体系，农村电子商务与农村一二三产业深度融合，在推动农民创业就业、开拓农村消费市场、带动农村扶贫开发等方面取得明显成效。

二、管理启示与建议

鉴于本研究中四个利益相关者通过社会创新对农村电子商务使用的影响分析发现，我国农村电子商务的发展需要政府、专业服务体系、物流企业、专业合作社等相关利益者有效配合、协调发展。

1. 发展各层次电子商务人才

在农村电商发展初期，极度缺乏具备电子商务理论与实践的人才。结合农村电商发展的不同阶段，本研究将人才的培训分为三个阶段，从“工业品下乡”到“农产品进城”的发展过程中逐步构建电商人才的培训体系。第一层面，培训重点在于当地返乡的务工青年、大学生和大学生村官。第二层面，培训对象从产品下乡的从业人员群体扩展到农村电商的从业人员。第三层面，农村电商的发展到成熟阶段，吸引了物流、金融、数据、市场营销等大量相关产业链在县域范围内整合聚拢，县域电商逐渐演化为一个完整的生态系统。

2. 完善农村物流体系

随着我国大多数农村的县域电商计划逐步推进，农村物流体系仍处于起步阶段，严重阻碍电子商务活动在农村顺利开展。为了满足电商发展的需求，电商物流一体化势在必行。首先，建立新的配送模式。依靠原有邮政系统的网络优势建立起“从厂家到田间地头”的深度物流配送模式。客户拨打电话至村级站购买产品，订单经过计算机处理，跨越五级邮政网络再由省邮政公司向厂家订货，通过物流网络把产品送至村站点，最终送到客户手中。其次，与菜鸟网络进行合作。中国邮政通过与菜鸟网络在物流仓储、处理中心和配送等方面的合作，共同打造农村电商的公共物流体系，并在各地中国邮政的邮局，以及邮政的报刊亭和代办点等新增网购自提点，使农村居民能够享受到更好的网络购物体验。

3. 推动产品品牌建设

农产品的品种类别较多，而且复杂多样，因此相关部门应该协商出相应的统一标准、定价，包括绿色农产品、无公害农产品、有机农产品、中国地理标志产品的确定标准。把传统的手工制作品用于网上销售，使其走上了规范化生产、精细化品牌包装、多渠道推广的路子。通过微博、微信等网络平台深度挖掘特色农产品的价值与推广；政府、销售商协助供应商不断完善品牌的建设。

4. 重视农村电子商务信息平台搭建

专业信息平台的搭建缓解了农民与市场信息不对称、农产品滞销的状况。通过示范带动部分农民进入电子商务的环境，同时也吸引了大批返乡创业的人们，推动了电子商务扶贫的发展，也解决了部分农村空心化问题。

第四章　农村电子商务生态系统生成路径及主体间互动机制

第一节　背景及理论基础

电子商务在农村的发展是农村社会主体借助 IT 赋能所形成的社会创新。对于发动和引导农村电子商务进程的平台企业而言，农村电子商务战略是众多电子商务平台企业出于对周边环境的认知以及行业发展趋势的判断，主动拓展农村市场的商业模式创新行为，其所形成的新型商业模式是开放式创新的结果。这种开放式创新的实质是大型电子商务平台企业依托自身强大的品牌、技术、专业知识，同时与众多弱小的市场主体合作（培育式合作）；农村电子商务合作创新得以实现的前提是平台企业与地方政府的合作：电子商务平台企业逐个与县域政府签订合作协议，并以各类“县长班”“研修班”等形式培训、辅导各县域主要领导，以形成政府与企业间共同的“认知图式”；各县域则通过各类代理机构，代表政府与平台企业合作；平台企业作为合作的发起者，主导着合作过程，分布在各县域的众多市场主体适应平台规则、学习电子商务知识和技能，并逐步融入各平台企业为核心的电子商务生态系统，作为开放式创新系统的农村电子商务生态系统具备自组织生长、新要素有机聚集和动态演化特征。

已有实践表明，生态系统模式是区域性农村电子商务（县域电商）得以快速生长并在全国范围内广为扩散的主要形态，那么，农村电子商务生态系统是如何生长发育并迅速发展壮大？在系统成长过程中，内部众多的主体（政府、行业协会、专业服务机构、电子商务平台企业、农业龙头企业、专业合作组织、农户等）是如何相互作用，共同促进农村电子商务生态系统的进化与发展？

一、商业生态系统理论

已有文献的生态系统研究集中在创新网络（Tseng et al.，2016；Rehm，et

al.，2016）等方面，研究者借用生物学集群或种群的发展规律对商业系统进行了演化路径分析，提出了自组织创新系统的生成演化和生态平衡修复等问题，商业生态系统由经济主体、经济关系以及技术、机构、社会交往和文化等非经济元素构成，其形成及演化实际上是生态系统中各要素及其相互之间的关系相互作用、相互交流和相互影响来共同决定的（Clarysse，2015）。社会商业领域的生态系统强调企业的核心平台作用，企业与生态系统内的其他企业是合作共赢的关系。在电子商务环境下，创新生态系统的实质表现为基于平台以聚合形式自发形成的协作网络型结构（Schmidt et al.，2016），在这个网络中各参与者进行直接或间接的连接，通过资源共享，创造价值和传递价值。

二、社会—技术系统理论

复杂的技术创新系统不断增长会导致技术与社会环境的融合，形成社会—技术系统。该系统创新过程可以从微观技术小生境（Niche）、中观社会—技术域（Regime）和宏观地景（Landscape）三个层次来分析：①小生境阶段。新兴技术的创新和应用在得到暂时保护的封闭环境中成长，避免受到现有成熟技术和社会环境带来的压力；②社会—技术域阶段。技术、科学、用户（市场）、政策和社会文化等要素主体通过特定规则相互协调、相互作用，从而维持稳定和持续成长；③地景阶段。宏观经济、基础建设、制度和深层的文化环境等一系列广泛的缓慢变化的异质性要素组成了系统，向更广阔的空间拓展成长成熟的环境。

社会—技术理论还认为，三个层次间转型通过相互作用过程形成：①小生境创新通过主体学习、产品（服务）的价格（性能）改善、权力团体的支持等形成了内在动力；②地景层次的变革对社会—技术域形成了成长的压力；③现有社会—技术域的扰动为小生境创新创造了机会窗口。三者协调的过程使得新商业模式能够在主流市场有所突破，最终实现经济和社会的转型；社会—技术域的转型不仅涉及技术的演化，而且涉及规制、基础设施、文化意义和产业网络等维度。

商业生态系统和社会—技术系统领域的研究成果对我们解读农村电子商务生态系统有极大帮助，但农村电子商务生态系统毕竟是最新出现的创新系统，具有独特性，学术领域对其关注不多，尤其是对其展开系统全面的过程型研究更是鲜见。因此，本研究将采纳小生境——社会技术域——地景这一多层次分析框架，探究农村电子商务生态系统的生成过程，试图在系统性过程分析的基础上，归纳其成长路径，分析系统内主体的互动机制。

第二节　研究过程

一、研究方法

案例研究方法通过研究案例进行系统的理解和详细的描述，回答“Why”和“How”的问题，它比起问卷调查分析更具有解释性（Yin，1994），能够更好地保留现实生活中有意义的特征。根据案例研究的作用又分为提供描述与说明、检测理论和构建理论，而本研究旨在农村电子商务特色情境下，探究电子商务生态系统生成路径，并描述各电商主体间的互动和行为，进而挖掘构建新的理论。而且，从多案例中推导的理论更具有说服力，因此，本章应用理论构建型的多案例研究方法，选择 2 个淘宝县案例，采用遵循逐项复制逻辑（Eisendhardt，1989；Kirsh，2004），研究系统形成过程以及主体间如何互动形成创新规则。

二、案例选择及数据来源

（一）案例选择背景

本研究遵循以下标准选择案例样本：①农村电子商务先于国内众多的区域发展起来，并已具有一定规模的淘宝县；②所选淘宝县的发展模式不一，以便于对比。基于上述标准，本研究选择了广东省阳山县和吉林省通榆县两个淘宝县作为案例样本。2014 年 9 月，阿里巴巴启动“农村淘宝”战略，选择实施的第一个县是广东省阳山县。本研究作者当时以挂职政府人员身份参与了阳山县农村电子商务建设全过程。与阳山县差不多同时推进的是吉林省通榆县，这两个县同属贫困县，都是农村电子商务的“探路者”，后期的农村电子商务发展多借鉴了这两个县的做法；不同之处在于，阳山县的农村电子商务是完全由政府与阿里巴巴联合发起和推动，而通榆县的农村电子商务则是在与阿里巴巴合作之前就已经自发开展起来。

（二）数据来源

本章采用多层次、多数据源的资料收集方法，以便形成三角验证（Jick，1979），增强研究结果的准确性。

（1）地方政府部门和企业的档案资料，如政府文件、媒体报道、工作总结、内刊、档案材料、内部会议记录等。

表 4-1　案例资料来源及编码

数据来源		数量量	编码
一手资料	通过深度访谈获得的资料	38	F1
	通过非正式访谈获得的资料	17	F2
二手资料	地方政府文件或规定	17	S1
	企业会议记录	10	S2
	网站及相关内部文件	80	S3
	媒体访谈资料	23	S4
	外部文献	17	S5

（2）半结构式访谈。本研究总共进行了三个阶段的访谈。第一阶段的访谈为实验性访谈，主要是本研究作者到通榆及阳山调研时展开集体访谈、小组探讨和部分单独访谈，目的是找出研究问题；在对所收集的资料及访谈录音进行分析后，本研究发现这两个县域的农村电子商务发展过程值得研究。第二阶段访谈，根据第一阶段找出的研究问题，本研究作者分别和相关高层人员进行深度访谈，以获取有关通榆及阳山农村电子商务发展的具体历程及相关信息，并与相关负责人共同绘制农村电子商务发展历程图。第三阶段的访谈，主要是和农村电子商务的政府部门负责人、阿里派驻县域的管理人员确认之前所收集的资料信息是否准确，并采访他们对农村电子商务建设的经验进行总结及概述。

此外，数据来源还包括参与式观察及参加企业的会议等活动；企业提供或认可的媒体访谈记录和研究文献；一些非正式的信息获取渠道，如电子邮件及观察等。

三、案例研究的信度和效度保证策略

为确保本研究案例研究的有效性和可信性，依据 Yin（2009）提出的分析推广逻辑，首先通过结合原始数据、二手数据，识别农村电子商务生态系统成长动因、采取的措施和成长结果，通过丰富的数据建立证据链，寻找农村电子商务生态系统的内在逻辑。然后，采用双盲方式对资料进行编码，通过编码将收集到的质性材料归纳成概念，然后将这些概念归类并分配到相关的构念中去。在正式编码开始之前，先由参与编码的人员进行预编码，并对编码的结果进行比对，用以测试编码人员对于研究构念内涵及维度的理解，如果编码结果的一致率超过 90%，则可以开始正式编码，数据来自同一来源的相似意思的表达记为 1 条条目。并将编码的结果以表格的方式呈现出来。双盲式编码完成后，两组编码人员一起核对编码的结果，对于编码不一致的条目，则请双方人员进行辩护，并保留最终达成一致的编码结果。

四、数据分析

由于案例写作的核心是通过访谈资料和档案数据之间的“三角检验”，以提供给所研究主题更丰富、更可靠的解释（Jick，1979），故本研究根据 Patton（2002）所提出的方法，从不同证据源，由不同评估员（研究者）对证据进行分析，以提高研究的信度。

首先，本研究对数据进行三角验证，要求所有主题必须经过不同数据收集方法和不同受访者的印证（Jick，1979）。其次，本研究使用访谈、档案资料和观察等得到三角验证的数据撰写解决方案的开发过程（属于个案的历程）（Eisenhardt，1989b；Yin，1994）。再次，根据 Patton（2002）所提出的方法，从不同证据源，由不同评估员（研究者）对证据进行分析，以提高研究的可信度。最后，本研究使用表格和其他单元设计来比较一些可能的概念（Miles & Huberman，1994），通过案例企业的比对，形成构念并初步建立各构念间的关系，回归案例反复验证，进而强化构念间的理论关系（Eisenhardt，1989b）。

第三节　案例描述

一、案例背景介绍

案例一：广东省阳山县

阳山县位于广东省西北部，是一个典型的贫穷落后山区农业县。县内农业资源丰富，孕育了许多优质的农产品，例如深受珠三角人群欢迎的“阳山鸡”，还有淮山、水果、蔬菜、七拱米等。阳山共建有10大特色种养基地、11个无公害农产品产地认定基地、6个出口蔬菜生产基地，被国家质检总局批准为“国家级出口食品农产品质量安全示范区”。但阳山和其他农村一样，农村“空心化”、农产品滞销、交通欠发达等问题一直阻碍阳山脱贫。直到2014年9月，阳山县开始与阿里巴巴集团达成发展农村电子商务的合作协议，阳山成为阿里巴巴农村淘宝广东省第一个试点县，并且聘请华南农业大学经济管理学院的专家任副县长。阳山的电子商务开始正式启动，由于缺乏通榆县那样的电商基础，不可复制模仿通榆的“协会+公司”的发展模式。因此，阳山政府选择联合专业团队、高校专家共同探讨阳山的定位，坚持政府引导与市场指导并重，加强本县对于电商宣传和培训，加快建设电商基础设施，引进孵化相关配套服务商。经过协商与规划，政府决定在阳山成立电子商务行业协会和新农村供销合作社两大组织，积极服务于阳山农村电商的建设，同时建立起农村电商物流产业园、农村电商县级运营中心和农村淘宝服务站三大平台。在建设电商物流产业园区上，阳山县整合并装修改造了当地的农贸市场及周边厂房，建成全省首个农村电子商务物流产业园，总体规划占地面积120亩，首期70余亩，建筑面积7000多平方米，分商务综合服务中心、农产品检测配送中心、物流企业仓储基地、农村青年创业孵化基地、农民专业合作社办公区5大功能区。引进阿里巴巴等知名的电商企业、相关配套的物流企业、农民专业合作社和农业龙头企业。园区内还设有物流仓储基地、农产品特产淘宝实体店、农产品检测分拣中心、电子商务服务中心、农村创业青年孵化基地。

案例二：吉林省通榆县

通榆县隶属于吉林省白山市，是东北一个国家级贫困县。由于绿豆、葵花等多项农产品的产量丰富，被称为我国著名的“杂粮杂豆之乡”。与阳山一样，通榆由于地处偏远，交通不便，以往农产品的销售均为批发和零售等传统渠道。但在2013年底，通榆开始发展县域电商，政府组建农产品电商发展中心，并联合社会力量投资成立“云飞鹤舞”电商公司，整合生产方资源，通过天猫、一号店等平台将“三千禾”品牌产品销往全国。在国内率先走出了一条“政府背书、基地支撑、统一品牌、营销创新”的电子商务新路，后被誉为“通榆模式”。至此，通榆的电商发展在全省处于领先水平，在省内首次设立电子商务发展专门机构，也先于省内出台近十个电商扶持政策，并开设了两万人淘宝课堂普及电商知识。通榆的成功也使其顺利地被选为阿里巴巴“千县万村”计划中全国第三个试点县。随后，通榆顺利挑选并成立了16个村级服务站，还参与了阿里巴巴组织的“农村淘宝2015网上年货大促”活动，为村民在网上代购年货。据受访者回忆，村级服务站为了吸引更多村民参与，特意在农村淘宝服务站里举办了写春联、放电影、联欢会等文化活动。在年货活动期间，全县村级服务站共成交23919单，总金额86.98万元，销售单数和购买金额在全国农村淘宝购物点均名列第一。

二、农村电子商务发展历程

（一）阳山县的电商发展历程

在县级运营中心和村级服务站建设的基础上，阳山建成全省首个农村电商产业园，并且借助原有的县镇村三级涉农服务平台，在全市推广建立了32家村级服务站，与通榆模式的“赶街”较为相像，更多的是将阿里巴巴的电商服务推广到乡镇去，让人民享受电商带来的便利与实惠。其中，县级运营中心负责村级服务站的开发建设、运营管理、培训发展，提供县村物流服务。而淘宝村级服务中心，阳山首选阳城镇范村、岭背镇黄屋村等作为首批村级综合服务中心。在调研访谈的过程中，作者发现这些村级服务站基于原有小商店的基础上，店家经过培训后成了服务站的代购员，负责提供给村民生活生产用品的代购，包括日常用品和一些农药化肥等，同时能够帮助村民代收代售农产品、生活缴费服务和小额借贷服务，逐渐改变并培养村民对网购及电商的观念，而且实现了电子支付在阳山的推广。其中一位受访村民提道：“现在网购在村里就是很普遍的，基本上都在网上买，不管是吃的用的还是基本小零件都是在网上买的，不用再上县城，而且多了很多选择，‘双十一’、‘双十二’这些节日，我们的购物积极性很高。我们还办了网银和支付宝，购物、缴费什么的都很方便，赶了时髦，还过了一把瘾。农村淘宝满足了很多我们日常生活的需要，不会的地方直接问站点的工作人员，他能帮你搞定，确实很方便。”

此外，阳山还建立了农产品支撑、人才支撑、金融支撑、物流支撑四个支撑体系。阳山政府在与阿里巴巴合作的过程中，充分借鉴阿里巴巴在品牌、技术、营销等方面的经验，推动阳山农产品上行。正如当时阳山副县长提道：

"阳山农产品做到本地最好还不够，还要通过互联网和前端批发市场连接，建立固定的合作关系。"

阳山借助"千县万村"计划打通的商品下行渠道，推动农产品上行，一方面可以拓展阳山农产品销售渠道，另一方面也可以通过消费者对产品质量、规格的要求，反过来改进农业生产技术，提高农产品质量。于是，物流产业园区内应机成立了县新农村供销合作社，积极将阳山现存的农村专业合作社、家庭农场、种养大户和零散农户聚拢，将他们所提供的农产品统一标准和包装，统一注册为"阳农牌"。同时，阳山还建立起农产品的溯源系统，网上销售的农产品包装盒上印有农产品编制"二维码"和物流条形码，消费者用手机在包装盒子上扫一扫，即可查询到农产品相应的种植产品及种植户的信息，并能实时反馈消费者意见。将产品摆在淘宝网上注册的"阳农生态农产品店"上销售，该店于2014年11月上线，两个月来便为群众销售农产品600多单，成交金额10万多元。对于供销社转型的决定，项目负责人陈主任解释道：

"与原供销社不同，新农社除提供传统的农技服务、农药化肥等农业生产资料销售外，还将解决农村电商机遇下如何实现农业生产规模化、专业化、标准化等系列问题。而新供销农产品配送公司则负责进行特色农产品的普查、征集、展示、电商化等工作。"

此外，在探索阳山模式的道路，阳山还提出了"上游+下游"模式。从供应链上游看，提出建设"产量保障+质量控制+冷链运输"的发展模式。从农产品源头开始实行统筹调配，严格划分出不同品种农产品的种植区域，结合不同季节挖掘阳山特色农产品，实行统一种植生产，保证农产品质量规模化、标准化，采集后送往产业园的农产品检测中心、冷库和仓储分拣中心。但由于现阶段阳山的冷链配送基础建设仍未完善，生鲜农产品的配送暂时与当地顺丰达成合作，全程冷链配送保证了农产品的质量。而在下游，则是提出"品牌推广+网上直营+线下实销+实体门店"的发展模式，由县供销社牵头，重点打造"阳农"区域品牌，既保证农产品品牌、包装的统一性，又可有针对性地在各大电商平台进行营销推广。而线下也大力发展实体营销，与阳山的旅游业相结合，在阳山各景点附近开设门店，针对阳山旅客进行体验营销。

（二）通榆县的电商发展历程

农村淘宝项目为通榆电商的发展注入更强大的动力。为了更好地配合阿里巴巴农村淘宝的试点工作，通榆成立了专门的合作领导小组，为宣传项目做前期准备，利用平台在村点建立的运营点解决了村民网购难题，农产品完善通榆村点原来落后的电商基础设施，通过农村淘宝项目，拓宽了农民日常消费购物的渠道，改善了农村的物流、信息传输难题。通榆村级服务站开设的第一天，就吸引了众多村民前来采购，其中一位年轻的村民提道：

“有了淘宝太方便了，价格便宜、东西好，更不用背来运去。往年春节买年货，我都要跑到镇上或者县城买，又要坐车又要运输，很不方便。现在我已经成为村里‘农村淘宝服务点’的粉丝。”

通过农村淘宝项目，不仅拓宽了农民日常消费购物的渠道，改善了农村的物流、信息传输难题，还让许多在外打工的青年看到了回家创业致富的希望，通过合伙人项目的考核和县内组织的电商培训，在解决了就业难题同时，也引导他们带领着家乡走向脱贫致富的道路。

淘宝服务站为本地农产品的销售新增一条上行的渠道。本地村民可与站长联系，帮助自家农产品实现网销。随着农民对电子商务的认识越来越浓，为了让更多人参与到电子商务创业就业中，通榆县邀请阿里巴巴研究院和淘宝大学启动电商培训，通过对电商的理论和实战技术、网上开店流程等课程培训，带动更多通榆农民参与发展本地电商，引导村民利用村淘的项目自己开设网店，解决村民的创业难题，由此更延伸出电子商务产业链上包装、营销策划等产业的发展。通榆结合自身的电商优势，规划建成自身电子商务产业园，吸引电商产业链上的物流、金融和其他服务产业进驻。通榆县电商促进中心负责人提道：

“过去想推动农民返乡创业，但缺乏合适的载体。现在引入互联网和电子商务，有了这个平台，农民创业不再是梦想。”

此外，通榆县还与菜鸟网络合作共建农村淘宝物流中心。中心总计 1800 平方米，日配送约 3 万单。这是“菜鸟”在东北区域建设的首个县级物流节点仓。随着农村淘宝项目在通榆的试点日渐增多，通榆政府又与阿里巴巴平台展开了新的合作项目——“云上通榆”项目，平台与政府共同引导传统企业参与到广阔的农村市场中，通过“触网”拓宽企业的销售渠道。同时，村民可以通过项目享受到更大的网购选择空间和更佳的服务体验。“云上通榆”的项目中，阿里巴巴的蚂蚁金服、远程医疗、网络教学等业务都将接入到通榆的农村淘宝中，真正丰富了通榆的淘宝村生态圈，缩短城乡鸿沟。正如媒体报道结尾总结该项目的益处：

“它为通榆传统企业转型注入了新的活力，为解决农村发展电商的根本问题开辟了新途径，让农民现有的小生产能够更好地去对接大市场，为电子商务进农村项目的推进开启了新篇章。”

（三）两个案例县共同的农村电商发展阶段

比较两个县的农村电商发展过程，发现它们经历了相似的三个阶段：工业产品下行、农产品上行和农村电子商务综合发展。

（1）工业产品下行。地方政府政策的引导、电子商务专业团队以及物流企业的进驻（电子商务园区），形成了县域电子商务发展的初始力量，专业团队在政府部门的支持及相关团体配合之下，搭建起基于电子商务平台的县级运营中心+村级服务站的基本组织运作架构，物色并培养村级服务点的代购员（农村合伙人），通过这个体系实现农村的网上购物，并通过本地物流公司配送到村点，更加多样化的购物选择、更优惠的商品价格以及送货到家的便利，网络购物逐步影响进而改变了农民的购物方式，以大型电商平台为依托的“专业团队+农村合伙人+本地物流企业”这个新型组合，形成了农村电商最初的推动力，并引导网上商品向农村的下行。这一阶段解决农村电商发展的关键问题是：信息基础设施建设、专业电子商务团队的进驻、本地电商人才的培训、农村物流体系的铺设以及地方政府支持。

（2）农产品上行。伴随着政策逐步落实、基础设施和物流环境的日渐完善，本地的各类农村专业合作社、农产品供应链集成商、与电商活动相关联的各类配套服务商纷纷进驻电子商务园区或开始与电商团队合作，变化促进和实现了电子商务园区的进一步成熟和繁荣。农村网购发展会带动农产品的上行，利用网上商品下行的渠道把农产品卖出去，逐渐解决农民销售渠道窄、与市场信息不对称等问题。这一阶段解决农村电商发展的问题是：本地电商人才的培训、农产品供应链集成、村级服务网点的金融服务体系建设、农产品质量检测体系建设、农产品追溯体系建设等。

（3）农村电子商务综合发展。更多的主体源源不断地加入，主体间逐步形成明确的分工，规范的合作制度开始形成，随着越来越多的电子商务配套服务商的加入，专业服务商开始分化出来，各类电子商务主体的行为通过邻里示范和社交示范，影响和带动更多的农民加入农村电子商务环境中，促使县域电子商务初具雏形，这标志着完整的电子商务“生态系统”逐渐成形。这一阶段解决农村电商发展的关键问题是：电子商务生态系统的稳固、区域市场的拓展、新型产业形态的孵化与培育、营销工具的创新与应用、商业模式的创新与发展、电商社会化服务体系的培育、相关政策与法规的创新等。

第四节 案例发现

基于上述材料，以下从小生境——社会技术域——地景这一多层次框架视角，对农村电子商务生态系统演化路径及其主体互动机制展开分析。

一、农村电子商务生态系统演化路径

（1）电商专业团队激活区域电子商务应用的“小生境”阶段。我国大多数农村还停留在信息化程度低、工业基础薄弱、物流条件极其不发达的状态。城乡之间随着两者在基础设施、信息化、经济、文化、教育水平等方面出现越来越深的“鸿沟”，人才主动迁移到城市地区，农村逐渐被边缘化，电子商务在农村的发展由于种种因素更是“举步维艰”。此时，阿里巴巴等电商平台与地方政府进行合作，挑选并建立县、村级代购点，派出专业团队教会农民网购，将电子商务先引进农村、服务农村，让村民切实感受到电子商务给农村的生产生活带来的巨大改变，才能让他们从形式和心理上接受并鼓励支持当地发展电子商务。该阶段类似于社会—技术系统中“小生境”阶段，从农村原有的社会—技术域突围而出，为突破性创新（淘宝村）的生成及发展提供了一个很重要的场所。

（2）物流、金融、农业企业、专业合作社及电商专业服务商围绕农产品上行组建合作网络，形成“社会—技术域”。随着电子商务运营中心在农村落实开展，村民观念的转变、农村信息化程度逐渐提高、电商人才增多、物流运输状况改善等一系列条件与小生境的发展越发协调，农村开始思考利用网上商品下行的渠道销售农产品，但基于农产品种类众多、标准未统一、季节性、农产品的保鲜度、认证标准繁杂等难题阻碍了淘宝村的进一步发展，而且与之相应的农产品供应链、品牌化、追溯体系等仍未建立。由小生境形成的网上商品的流通渠道也逐渐演化成创新发展的内动力，增加了淘宝村小生境创新的潜能，现有域的张力和地景外加的压力会为小生境创造“机会之窗”，促使现有社会—技术域的转型。

表 4-2 淘宝县的多层次框架及其内涵

层次	层次内涵
小生境阶段	淘宝县发展的初期 · “千县万村”选中试点县，与当地政府接洽商谈 · 平台与政府共同挑选并启动村级代购服务点 · 服务点提供代购服务，村民反响热烈
社会—技术域	淘宝县发展的中期 · 村民电商意识觉醒，电商培训火热开展 · 农村农产品供应链体系开始整合 · 农产品注重品牌打造 · 电商配套服务落地 · 涌现一批新型经营主体
地景阶段	淘宝县发展后期的宏观环境 · 国家各部门密集出台了扶持电商发展的政策十余项 · 阿里巴巴、京东等互联网巨头积极参与农村金融布局 · 农业部印发《农业农村大数据试点方案》等

（3）农村电子商务综合发展的地景阶段。实际上，电子商务技术在农村地区的应用与发展过程中，同时伴随着农村社会更深层次的变革，如政策规则、基础设施、文化意义和产业网络等。淘宝村发展到一定程度后，农村电商总体战略也会逐渐成形，与电商相关产业链在农村范围内慢慢整合聚拢，包括农村金融战略、农业大数据建设等。宏观层面上的行业规则、信用评价体系、税收制度也会根据各省市农村电子商务的开展情况纳入法律法规。全新的市场秩序开始建立，相应的人才培养机制在农村地区逐渐得以推广应用。淘宝村已经成为转变农村经济和社会发展的重要手段，地景层次的变化会推动新的社会—技术域的演化，新的社会—技术域又反过来影响地景层次。小生境、社会—技术域和地景三个层次既相互区分，又互为补充。

Levinthal 提出，发生在小生境阶段的激进式创新逐渐在应用领域和细分市场中使用，形成小生境的积累过程，在相对稳定一段时期后，必然突破其所遵循的成长轨迹，Schot 和 Kemp 将从小生境上升到社会—技术域层次的过程分为试验、学习、调整和重构四个阶段；从社会—技术域到地景层次，Geels 总结了转化的路径与过程，包括：①复制；②转变（调整）；③共生创新；④资源整合重构；⑤技术替代等。三者协调的过程使得新技术应用能够在主流市场有所突破，最终实现经济和社会的转型（Rip & Kemp，1998；Geels，2002；Geels，2007；Nelson & Winter，1982；Unruh，2000）。社会—技术域的转型不仅涉及技术的演化，而且涉及规制、基础设施、文化意义和产业网络等维度。

二、农村电子商务生态系统内主体间互动规则

在社会—技术系统的演化过程中，系统、互动规则和行动者三者相互形成了各类互动机制，表现为规范型、规制型和认知型三类规则。我们通过上述两个案例研究，发现阿里巴巴平台通过与系统内其他主体的互动，既扩大了农村淘宝项目的覆盖率，又降低了农村购物和农产品销售的成本，缩小了城乡差距。我们将案例按照三个层次逐一排序分析，发现了每个层面主体都创造且遵守着互动规则发挥自身效用，这三项互动规则分别是：资源整合共享规则、价值创造规则和利益分配规则，汇总见表 4-3，创新规则列举如下：

（1）资源整合共享规则。Sirmon、Hitt 和 Ireland 认为资源整合是一个动态过程，是企业通过不同渠道、层次获取所需的资源后，将其进行融合、筛选，摒弃无用的资源，将资源体系重构并形成能力的过程，并从资源涉及的范围从小到大，将其分为稳定调整的资源整合方式（Stabilizing）、丰富细化的资源整合方式（Enriching）和开拓创造的资源整合方式（Pioneering）。Ge 和 Dong 则以企业定为边界，将资源整合分为资源识取（resources identification and acquisition）和资源配用（resources allocation and leverage）。前者是企业识别资源和获取资源，而后者是企业对已有资源的配置和使用。随着市场经济的发展，Robin Chase 认为应该积极调动社会各界对过剩闲置资源进行整合优化，打破各方利益樊篱并运用到消费者、政府、供应商和各个平台上，并且人人参与，从技术、知识到平台和商业基础设施上实现从供给侧到需求侧间共享资源，形成共享经济，用共享经济重构商业新模式。而且共享行为已不仅是有形产品的共享、租赁或所有权二手转让，而更趋向对于时间、知识和技能等无形资产的共享，对于案例一来说，阳山物流产业园区内的村级服务点和电商服务中心、农业合作社、农产品企业和物流企业等行动主体就实现了场地空间和政策等资源整合与共享，扩大了平台的农村市场占有率。

按照广东省委“把公共服务下移”的要求，阳山县目前已建成了 32 家“农村淘宝”村级服务站、一批村级综合服务中心，为群众提供生活用品网上代购、特色农产品代收代售、农资供应、农技服务、医疗救助、农村金融等便民服务。

表 4-3　创新规则在社会—技术系统不同层次的识别

规则＼系统层次	小生境	社会—技术域	地景
资源整合共享	主体包括：政府、电商专业团队、物流企业。 整合共享资源分为：场地空间、政策、技术、人才、物流资源	主体包括：政府、电商专业团队、物流企业、专业合作组织、供应链集成商、配套服务商。 整合共享资源分为：场地空间、政策、技术、人才、物流、信息、财力资源	利用场地空间、政策、技术、人才、物流、信息、财力等资源自由流动，使得行业规则、电商政策、服务平台、金融、云端大数据、税收制度等更广泛的维度发生变革
价值创造	农村成立村级代购点，为村里提供了一批电商岗位，物流配送状况更为便捷，网购消费模式逐渐被村民所接受，农村信息化程度提高	电子商务园区落成，农民相关合作组织形式改变，培养一批从事电商运营销售的本地人才，同时展开相关的金融信贷服务，农产品实现网销，与之配套的服务也开始形成，颠覆了农村生产经营方式	电子商务生态系统形成，主体间分工已然明确，相应政策法规落实，农村各生产要素均重新洗牌，从分工协作到共享各类数据与信息，成功实现以电子商务带动信息化发展，解决贫困问题
利益分配	政府履行了经济职能； 专业团队和物流企业将业务拓展至农村市场，获取经济利益和知名度； 村民改变了消费方式，工作机会增加	政府履行了经济职能和行政职能； 专业团队和物流企业将业务拓展至农村市场，获取经济利益和知名度； 专业合作组织成功转型； 供应链集成商、配套服务商等改变合作形式，实现互利共存； 村民工作机会和收入增加	政府提高了执政水平和监管能力； 专业团队、物流企业、供应链集成商、专业服务商、新型经营主体独自运作获取经济利益，又相互依存； 村民全方位参与到互联网经济中

而对于案例二来说，电商平台、通榆县政府与物流企业在服务站内实现了技术和制度的资源整合与共享，生活成本与城市看齐。

阿里集团为每个“村淘”服务站统一配置电脑、电视等设备，实时显示淘宝网上商品的价格及优惠动态等，目前通榆县 15 家村淘服务点全部试营业，农民可以享受到与城市居民一样的消费选择和生活品质。

（2）价值创造规则。在“互联网+”时代，信息的快速流动及对其快速的处理分析打破信息不对称，促使价值创造的内涵发生了变化。Porter 提出的价值链框架中强调企业层面的价值创造，而 Zott 和 Amit 则认为企业的绩效在很大程度上受活动的价值影响。Alvarezh 和 Busenitz 认为资源转化程度可以产生不同的价值，Cooper 和 Kaplan 也明确指出资源共享是价值网创造价值的基础。从价值创造和获取上看，价值创造由产业链逐渐向产业网络拓展。随着云经济发展，价值创造不再单一依赖于内部的价值链，更多由消费者为主导。平台服务商主动与消费者及整个生态系统协调形成各类机制，实现价值创造。

分析两个案例，本研究发现了两个模式都是推动网上商品下行和农产品上行，通过增加收入、降低生活生产成本的方式创造价值，而且两者相互关联。比如阳山模式，降低生活生产成本有利于扩大农村市场占有率。阿里巴巴搭建起乡镇物流体系，为当地提供了村淘项目中采购所需的电视、电脑和显示屏，并对本地代购员进行简单的运营培训。村点建立后，代购员完成交易后会获取相应的佣金。这种方式代购员基本不需要自身投入资金，还能在原有实体店铺收入基础上增收，村淘项目自推出以后深受群众支持，阳山代购点迅速增加。

至于通榆模式，降低成本也推动了通榆本地带来积极的经济效应。阿里巴巴集团农村淘宝通榆项目，不但破解了农村群众网购难题，还将推动通榆县优质农产品实现网上销售，为通榆县电子商务发展注入了强劲动力。

（3）利益分配规则。任何行动者群体的行为活动最终是为了获取相关的利益，因此一个公平、合理的利益分配规则是其维持良好、高效、稳定的合作关系的前提。在合作中，不同主体间的利益随着投入资源的多寡、责任的轻重得以合理区分。为了更好地解决利益的合理分配问题，学者在企业供应链、产学研合作、企业动态联盟等方面都提出了合理的利益分配机制，通过交互资源有效地多方共享，实现相应的价值创造，最后实现利益在各个主体间合理分配。对于阳山而言，在此发展过程中农民和农业企业获益良多。

一方面，村民足不出户就能买到物美价廉的商品，拿到货后，满意的就付钱给代购员，不满意的就由代购员帮忙交到县里的运营中心退货，村民不用支付运费。另一方面，村民和农业企业足不出村就能把农产品销往全国、销向世界，电商平台比实体市场售价提高了 16%，促进农业增效、农民增收和农村青年创业成才，促进了农业生产的转型升级。

而在通榆，通榆在此过程中获取了更多社会效益，而不仅仅是在网购网销层面。

通过农村淘宝服务中心，利用两年时间在全县设置 100 个村级淘宝服务点，推动项目在基础设施、物流通路、发展环境等方面的建设，实现带动本土企业向电子商务领域拓展，吸引更多电商企业落户通榆，促进通榆电子商务行业的整体发展。

随着三个层次的递进演化，价值创造规则、资源整合共享规则和利益分配规则并非静态存在于一个层次，而是在每个时期都与行动者、系统产生形成互动，相互作用。虽然两个案例在发展过程中都体现了这三项规则，但在规则侧重上各有不同，广东阳山的电商基础为零，需要完全依托阿里巴巴平台给予的人才、技术资源带动本地电商发展，从工业品下乡到农产品上行逐步实现当地的价值创造。而吉林通榆在农村淘宝项目之前，本地已建成专门的电商运营中心和农产品电商公司，在意识和物质上都具备一定的电商发展基础，与阿里巴巴平台的合作更侧重于进行资源整合共享与利益分配。所以创新规则的应用需根据不同情况落实开展。

三、电商平台企业行为如何影响农村电子商务生态系统发展

农村电子商务生态系统是围绕电商平台企业成长和发展起来的，因此电商平台企业的行为方式直接决定了农村电商生态系统的生成和演化。为了进一步识别出影响农村电商平台企业对生态系统的影响因素，作者逐一回放了录音材料，仔细检查了访谈记录等文本数据。通过两个案例间的多个影响因素的筛选与对比，挑选出四个有助于推动广东阳山和吉林通榆的农村淘宝项目顺利进行的因素：准确把握市场需求、善于运用 IT 技术进行服务创新、持续地学习跟进和建立规范灵活的组织架构。

（1）准确把握市场需求。用户需求是个体对某种事物感到匮乏的一种状态，这种需求可以推动用户行为的改变，企业或商家对用户需求能形成有效感知，并做出相应的策略可以更好地形成用户的忠诚。在城市电子商务市场已经进入“瓶颈”阶段，国内农村市场仍未被开发。随着互联网技术正逐渐渗透到农村，农村淘宝项目对农村市场和用户需求的有效感知，了解农村需求，迅速进入农村消费市场，扩大平台市场占有率。

（2）善于运用 IT 技术进行服务创新。阿里巴巴坚信以电子商务技术可以改变农村落后的经济、社会现状。自 2014 年“千县万村”计划的提出以来，无论在新闻舆论还是实践推广上，全国都在谈论发展农村淘宝，农村处处可见农村淘宝的宣传字样。让其他电商主体切实感受到发展的信心，从而更加积极地投身到农村电商的发展中。阿里巴巴利用这一项 IT 创新项目实实在在

地降低农村社会的生产生活成本，提高了农村的经济水平。此外，还改变了农村群众守旧观念，缩短城乡鸿沟，具有不可估量的社会效应。

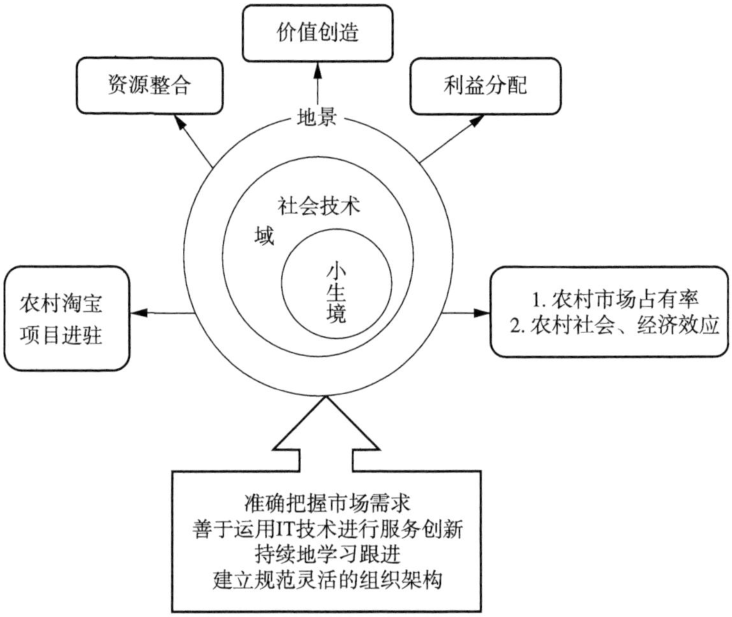

图 4-1　农村电商发展及其创新互动规则模型

（3）持续地学习跟进。优秀的企业不仅要熟悉熟知自身的业务工作，更要密切关注当地情境下的变化。该项目上至平台高层，对参与合作各省市制定农村电商发展中长期计划，便于随时跟踪动态，定期进行参观考察。下至淘宝合伙人或村级代购员，对村民代购代卖予以耐心讲解，长期跟进，随时解决突发状况。

（4）建立规范灵活的组织架构。农村传统的消费方式较为单一，缺乏选择性和多样性，传统农业产业组织形式为“公司+农户”形式或“公司+合作社+农户”，农民往往因缺乏谈判能力而处于劣势地位。而项目引进以来，村内小店化身淘宝村级代购点，一台电脑、一个显示屏就可以帮助农民购买到称心的商品，节约了时间和金钱，又易于全国各地模仿推广。打工青年回乡创业变身合伙人，电商培训团队频繁下乡启蒙村民电商意识，村内日益改善的交通运输环境，无疑都在推动农村淘宝项目落地全国。

第五节　本章小结

从系统角度来看，作为开放式创新系统的农村电子商务生态系统具备自组织生长、新要素有机聚集和动态演化特征，同时它也是由小生境、社会—技术域和地景三个层次所构成的社会—技术系统，目前，农村电子商务发展过程中对应于这三个层次的是“网上商品下行”“农产品上行”（农产品通过在线渠道实现销售）和全方位电子商务三阶段。一个成功的农村电子商务发展需要经历两个关键的跨越，即从“网上商品下行”发展到“农产品上行”，继而到农村全方位电子商务，形成电子商务生态系统，这类似于社会—技术系统演化中的从小生境到社会—技术域，再从社会—技术域到地景，都是一种对社会技术要素的组织与重构的过程。

通过对我国两个农村淘宝县的案例研究，本研究提出了一个农村电商的多层次分析框架，从小生境、社会—技术域和地景三个层次解剖淘宝村的发展，从最初的网上商品下行的小生境到社会—技术域的壮大，到后期电子商务使得整个农村的生产方式面临转型形成新的地景，村民生活和收入产生了巨大的变化。在农村电子商务的三个层次演化过程中，本研究也总结归纳以阿里巴巴平台与其他电商主体共同形成的三大规则：资源整合共享规则、价值创造规则和利益分配规则。此外，强烈的服务需求感知、IT 创新项目的信心、持续地更新改进和规范灵活的组织架构这四项重要因素也是促成淘宝村能快速进驻农村市场，加强农村基础设施建设，改善农村社会生产生活水平的关键。结合本研究对于农村电商演变过程中的发展研究，站在政府角度，应在不同层次根据实际发展情况做出相应的政策支持，吸引更多人才、资金、技术资源等进驻农村。另外，还要加强基础设施的建设、改善本地交通运输状况、增加当地村民贷款额度等。除了保证小生境阶段各行动主体的进一步需求，政府更需要就农产品的特性关注整条农产品供应链的建设、农产品品牌的建设。而在宏观外围环境，如今大数据的分析与运用是区域经济增长的关键点，政府应该紧紧把握大数据技术，灵活运用在下一阶段的经济发展竞争中。对于平台商而言，淘宝村发展中在继续提高整合各类有效资源能力的前提下，设计更多商业模式与政府开展更多有效合作，使得农村经济实现可持续发展。

本研究尚存在以下两点局限：①选取案例个数不多，且具有一定特定情境性，作为样本其代表性有限。农村淘宝县目前正处于快速演变发展的阶段，农村电商的发展已经晋升至淘宝 2.0 时代和淘宝 3.0 时代，现阶段数据收集也具有一定的滞后性。②作者在进行编码分类和案例对比分析的过程中难免存在一定的主观偏差，需要结合定量方法进行结果验证和补充。

第五章　电子商务专业服务商与农户的合作

第一节　背景与理论基础

一、研究背景和研究目的

从2014年开始，中国政府先后下达《关于促进电子商务应用的实施意见》《推进农业电子商务发展行动计划》《国务院办公厅关于促进农村电子商务加快发展的指导意见》《国务院关于大力发展电子商务加快培育经济新动力的意见》等多个指导性文件，中国的农村电子商务得到了前所未有的迅猛发展。截至2016年12月，中国网民规模达到了7.31亿人，全年共计新增网民4299万人；其中农村网民占比27.4%，规模达2.01亿人，较2015年底同比增加了526万人。随着电子商务在农村的迅猛发展，中国农村电子商务进入“多方协同发展”新阶段，企业、政府、电商服务商以及高校、媒体、协会等，多方合力，推动县域电子商务快速发展。政府方面，在中央政策的支持下，各级地方政府高度重视电子商务，尤其是农村电商，为农村电商提供了大量的资金、基础设施、政策与法律保障的支持，促进农村电子商务的运行；企业方面，以阿里、京东、苏宁为首的电商巨头先后进入农村电商领域，建立各自的农村电商服务站点，并在各自的站点招募合伙人与当地农户进行对接，这些合伙人因其所对应的企业不同，其称呼也不同（如阿里巴巴的农村电商基层负责人称为“农村淘宝合伙人”，京东则将其称为“乡村推广员”）。除此之外，还有一部分没有与电商巨头合作，但从事着与负责人一样的农村电商基层工作的“农村能人”。虽然称呼不一，但就功能而言，他们都是连接农户与市场纽带，承担着工业品下行与农产品上行两项流通功能的中间商（中介组织）。在农村经济领域，提供中介性质的服务，从事撮合或直接组织交易，从中获取一定利益的自然人、法人和其他组织，被统一称为“农村经纪人”，属于中介组织的一种形式（刘丽珍，董立红，2007）。根据职能与定义，我们可以把农村淘宝合伙人、乡村推广员、农村能人等相关性质的职称归入农村经纪人的范畴。与传统的农村经纪人不同的是，以农村淘宝合伙人为代表的群体在农村电商中主要解决的是农产品网上流通的问题，属于电子商务环境下的新型农村经纪人——农村电商专业服务商。

新型农村经纪人面对的最基础也是最重要的问题是与当地农户的合作，这种合作主要体现为代购与代销。代购是指经纪人给农户代为购买商品，并从中收取一定佣金的行为；代销是指经纪人给农户代为销售农产品，并从中收取一定佣金的行为。在电子商务背景下，新型农村经纪人主要借助网络平台，通过电子商务形式整合供应链上下游的资源来开展。

互联网为缺乏信息沟通的村庄带来获利机会，提高农村居民的学习和参与机会，缩小“数字鸿沟”（Akca et al.，2007）；电子商务技术不仅为农产品营销服务提供便利化、在线化的市场环境和渠道，实现农户与市场的有效连接（Parker et al.，2016），还通过整合乡村特色要素与互联网资源，推动农民创业，促进偏远农村发展和实现农村现代化（Leong et al.，2016；崔凯等，2018）。电子商务在中国农村的应用和推广，伴随着农民学习仿效、多元主体参与的过程，产生新交易主体（网商），导致各地农村电商呈现出多样化的发展形态。各类电商从业人员打破传统行业和部门界限，积极与快递公司、培训机构、品牌运营商、公益机构等建立联系，开展电商服务，客观上提升了电商行业附加值；涌现出电商交易服务、业务外包服务、技术培训服务、多方物流服务等多种业务类型（崔凯等，2018）。这类农村电商服务商被归类为“新农人”：年轻化、文化素质高、拥有互联网基因、具备时代发展需要的意识与能力（曾亿武等，2016），对农村电商发展具有重要的影响。电商服务商凭借其特有的优势，例如资源网络、专业技术能力以及对国家政策和市场信息的掌握，来弥补农户在信息、资源与能力上的欠缺，更好地帮助他们开展网上经营（崔丽丽等，2014）。

随着农村电子商务发展深入，农产品上行（网络销售）“瓶颈”开始出现，商务部、农业部联合发布《关于深化农商协作大力发展农产品电子商务的通知》，提出十项重点任务，其中之一是“提高农产品网络上行的综合服务能力”,① 要求“充分发挥农村电商公共服务中心、益农信息社、行业组织、农民合作社、龙头企业和专业运营公司的作用，强化资源整合和集成，为农产品

① 《关于深化农商协作大力发展农产品电商的通知》，商建函〔2017〕597 号。

生产和流通企业提供从种子、畜禽良种、原材料供应，到农药、兽药、饲料、肥料、田地管理、品质管控，以及农产品加工、包装、物流仓储、营销策划和金融保险等全链条服务”，这更体现了服务商之于农产品电商发展的重要性。

为了设计好研究框架，我们预先进行了一次实地调查，调查发现：由于各种原因，不同的农户与新型农村经纪人的合作意愿存在明显差异，有的表现出强烈的合作意向，而另一些却不以为然。这也从侧面反映了农户存在缺乏参与合作的积极性和参与程度低的问题（孙亚范，余海鹏，2012）。对于农户合作意愿问题，过往的研究往往采用委托—代理理论、交易成本理论、契约理论等理论来进行解释和研究（郭小玉，2013），很少深入考虑农户合作意愿形成过程中的内在因素。已有的研究认为，关于农户与农村经纪人的合作意愿，在传统的农产品流通过程中，农户与农村经纪人之间存在委托—代理关系——农村经纪人被理解为“代理人”，农户则被认为是“委托人”，两者之间存在明显的信息不对称，主要体现在两个方面：（1）信息接收时间上的不对称（如农村经纪人先于农户获取某种产品的市场信息）；（2）信息内容上的不对称，如农村经纪人知道而农户不知道（巩前文，李瑾，2008）。然而，在电子商务背景下，农户获取信息的渠道大大拓宽，信息的时效性与内容的准确性越来越高，信息不对称的情况已得到明显改善；另外，由于农村电商的开展，农产品流通的商业环境发生变化，已有的研究结论不再适用于农村电商环境中。

农产品上行离不开一批精通网络营销的专业人才和运营商，但有开发能力和高水平应用能力的人才非常有限（查金祥等，2006）；多数电子商务专业的人才也不愿意到农村去，使得农村电商人才严重缺乏，影响农产品上行（曾亿武，2016），所以现阶段农产品上行在很大程度上需要依靠电商服务商的力量，而电商服务商作用的发挥，又取决于农户是否愿意与之合作。在农产品上行过程中，农户对于电商服务商的作用认知存在明显差异，有人认为电商服务商能够通过电子商务帮助自己打开销路，开辟新的市场；有人认为电商服务商无法通过电子商务为其增加收益，农户普遍存在缺乏参与合作的积极性和参与农产电商程度低的问题（孙亚范等，2012）。

二、国内外研究现状

1. 农村电商服务商

Leong（2016）等在研究中国农村自组织形式的电子商务生态系统时发

现，农村地区的草根领袖首先尝试通过第三方平台销售商品，在获得成功以后与当地的农户进行合作，与这些散户分享经验并从事代购代销业务（Leong 等，2016），这是农村电商服务商的雏形；Srivardhini 等（2016）在研究印度电商企业 eKutir 时，认为小微企业家通常是受过教育的、进步的农民，他们愿意采用新的农业实践方式，并通过为农户提供技术、资金支持帮助企业建立用户基础，扩大农村电商的范围。概言之，农村电商服务商（网商、物流服务商、业务外包机构）能够为农户提供丰富、优质的信息资源，帮助农户了解在线市场供求状况，知晓同类商户释放的市场信号，包括商品价格、促销的时间和力度等农户难以获得的重要信息，农户在相对充分地掌握市场竞争状况的基础上，能更有针对性、更有效地制定自己的营销策略，并借助服务商提高农产品的品牌知名度，进一步放大营销策略的效果（崔丽丽等，2014）；商户在信息网络平台上释放的包括网店商品展示以及卖家信用等级的市场信号，成为影响销售额增长的重要因素（Melnik et al.，2002），卖家的信用等级高更容易受到顾客信赖（Lucking-Reiley et al.，2007），从而有助于提高其商品的成交价格，增加其取得超额收益的可能性，大多数农户在学会开网店之前，会委托服务商在线销售（崔丽丽等，2014）。

从更广泛意义上来说，农村电商服务商属于以互联网为依托的新型中介，他们提供的服务主要包括以下类型：集中交易的虚拟市场、专业信息、信用支持、物流服务及其他个性化服务，起着方便生产者和消费者、降低交易成本、发挥规模经济、提高市场交易效率的作用（Bakos Y.，1998）。

2. 计划行为理论

计划行为理论（TPB；Ajzen，1985，1988，1991）是理性行为理论（TRA；Ajzen & Fishbein，1980；Fishbein & Ajzen，1975）的延伸，它仍在社会心理学上引起人们的注意（Eagly & Chaiken，1993；Olson & Zanna，1993；Sheppard，Hartwick & Warshaw，1988）。这两个模型都旨在为行为的信息影响和动机影响提供一种简要的解释。两者均可视为审慎处理模型，因为它们表明了个体做出的决策是基于现有信息谨慎考虑。TRA 模型起源于 Fishbein 在研究“态度引起行为”的心理过程中的成果（Fishbein，1967a），以及一项分析个体态度认知未能预测行为的原因的研究。TRA 理论指出意志行为的重要决定因素是个体从事该行为的意愿。意愿体现了一个人有意识地做出计划或决定的动机，并付诸努力，制定行动。当在相同的特异性水平下，进行与行动、目标、环境及时间框架相关的测量时（Fishbein & Ajzen，1975；兼容性原则），意愿与行为呈现强相关。同样的结果也发生于时间间隔足够短以保证意愿没有改变的情况下（Randall & Wolff，1994），对某一特定行为的态度通过意愿对行为产生影响。TRA 理论表明了行为仅仅受控于意愿，限制了自身的意志行为。需要不容易获得的技能、资源或机会的行为通常不考虑在 TRA 理论的适用域内，或者说，这些行为难以用 TRA 理论预测（Fishbein，1993）。

TPB 理论也尝试通过整合行为表现的控制感知来预测非意志行为，这将作为额外的预测（Ajzen，1988，1991）。感知控制的考虑是很重要的，因为它扩展了理论的适用性而不仅限于简单地实施，更可以用于复杂目标的意志行为，独立于一系列其他复杂行为表现的成果（如减肥）。TPB 将行为当作是行为意愿与感知行为控制（PBC）作用的结果。PBC 是个体的感知表现的难易程度（Ajzen，1991）。此概念与 Bandura（1982）提出的“自我效能”的概念相类似。控制被看作将易于实施的行为（如刷牙）与行为目标所需的资源、机会与特定技巧（如成为世界级的棋手）联结在一起的连续统一体。然而，PBC 与行为的联结更为复杂。这种关系提示我们更多地采取可控的行为，而避免不可控的行为。反过来，如果意愿保持不变，行为将更有可能作为 PBC 的下一步来进行。

TPB 模型被认为是一个完整的行为理论，任何对行为的影响都被认为是通过 TPB 的变量来实现。更准确地说，TPB 是一个关于行为的近端决定因素的理论。它描述了态度与信念决定行为的过程而不是其他变量（如人格）对 TPB 的成分的影响。人们普遍认为 TPB 描述了变量（如态度）影响行为的过程。但是，大多数的 TPB（与 TRA）的测试都采用相关性设计，这不允许我们对此因果假设进行检验。

TPB 的荟萃分析文献，通过 TPB 的成分对行为与意向的解释方差的百分比，为 TPB 的预测效度提供了有力的支持（Godin & Kok，1996；Sutton，1998）。虽然效应值存在测量的问题（Sutton，1998），但是效应值仍然十分重要：Godin 和 Kok（1996）指出，在一系列健康行为上，TPB 能够解释 41%的意向方差，同时也能解释 34%的行为方差。然而，我们应该注意到，该研究主要采用自我报告测量法，模型中支持因果关系方面的证据相当薄弱（Jonas & Doll，1996），这需要进行进一步的实证论证。

根据已有研究，中国农户参与合作的行为是农户在比较合作收益、成本及风险后进行的理性选择，这种选择既受农户合作认知、文化水平、资源禀赋、家庭经营的产品类型、外部经济条件和政府政策的制约，也受合作社发展状况、服务功能，以及组织内部产权结构、治理机制、利益分配等方面正式制度和非正式制度的影响。根据计划行为理论，农户加入合作社后，这些因素将通过影响农户的行为态度、主观规范和知觉行为控制而影响农户的合作意愿与合作行为（孙亚范、余海鹏，2012）。

3. 农户合作意愿

意愿体现了一个人有意识地做出计划或决定的动机，并付诸努力，制定行动。当在相同的特异性水平下，进行与行动、目标、环境及时间框架相关的测量时（Ajzen & Fishbein，1975），意愿与行为呈现强相关。同样的结果也发生于时间间隔足够短以保证意愿没有改变的情况下（Randall & Wolff，1994）。合作是一个由个体、团队和组织聚集在一起，为了相互增益或共同利益而相互作用，形成不同关系的过程（Giovannetti & Piga，2017）。在这方面，合作意愿是人际关系的核心，最终将促进合作者的表现（Beersma et al.，2003）。对于农户合作意愿的探讨，前人已做出大量研究，为了更好地了解农户合作意愿，以进行下一步研究，本研究对农户合作意愿的相关文献进行了归纳和整理（见表5-1）。

表5-1　关于农户合作意愿的影响因素研究

理论视角	研究层面	作者/年份	描述	是否考虑内在因素
交易成本理论	个体	Ferto and Szabó（2002）	在与批发商的合作中，农户的年龄、信息成本对农户营销合作的选择具有显著的正向影响；议价能力、监控的可能性则有显著的负向影响；资产专用性的影响不显著	否
交易成本理论	个体	Key and McBride（2003）	在养猪业中，农户的受教育程度与工作经验对农户的签约意愿呈负相关；此外，农户的签约意愿还受年龄、主要职业、农业特征、地域特征、投入产出比、生产规模、生产率等因素影响	否
新制度经济学	个体	郭红东，蒋文华（2004）	农户参与专业合作经济组织的行为受到户主的文化程度、生产的商品化程度、市场发育程度、政府支持力度以及经济发展水平等多方面因素的影响，并随着这些因素的变化而不断变化	否

续表

理论视角	研究层面	作者/年份	描述	是否考虑内在因素
交易成本理论	个体	郭锦墉，尹琴，廖小官（2007）	对于中介合作组织，农户的合作意愿与农户的生产规模、生产集中度呈正相关。农户的文化程度、风险态度、市场距离对农户的合作伙伴的选择影响不显著	否
交易成本理论	个体	卢向虎，吕新业，秦富（2008）	农户的文化程度、年龄、生产经营情况、合作认知、政府支持等因素对农户的合作意愿有显著影响	否
交易成本理论	组织	江波，吴秀敏（2008）	农产品种类、收购合同、收购方式、固定资产、信息交流频率、违约惩罚、利益分配认知、信息共享程度、合作意愿影响农产品加工企业垂直协作方式的选择	否
交易成本理论	个体	郭红东，陈敏（2010）	农户参与合作社的意愿受农户的经营规模、生产经营情况、对合作社的认知程度，以及当地政府的支持的影响	否
理性行为理论	个体	王芸，吴秀敏，赵智晶（2012）	农户的受教育程度、对农产品可追溯体系的成本感知、利益感知对农户的持续参与意愿有显著的正向影响；感知风险对农户有显著的负向影响	是

根据表 5-1 可知，过去对农户合作意愿的研究大多是基于交易成本理论展开的，很少有考虑到农户的内在因素在其合作意愿中的影响，而基于计划行为理论（TPB）探讨农户合作意愿的研究就更少。作为个体层面的研究，将个体的内在因素考虑到意愿框架中，可以更有力地解释个人行为的意愿与动机，这为农户合作意愿的研究提供了一种更为可靠和合适的研究方法（孙亚范，余海鹏，2012）。作为个体行为研究的经典理论，计划行为理论在探讨个体行为意愿时全面地把个体的内在感知考虑到其中，并从心理学的角度把个体的行为意愿的影响因素分为三个主要维度：态度、主观规范、感知行为控制。因此，采用计划行为理论，能够更好地把农户的内在心理因素考虑其中，从个体的层面更为合理地解释农户的合作意愿，从而以更全面的方式找出影响农户合作意愿的因素。因此，在电子商务背景下，本章把电子商务环境作为其中的一个重要维度整合到理论框架中，形成更贴合实际的研究模型，以进一步全面地探讨农户与农村经纪人的合作意愿问题。

第二节　研究框架

针对农户的合作意愿影响因素的研究问题，从宏观、中观、微观三个层面对农户合作意愿的影响因素进行梳理，结合 TPB 理论框架，以及学者们的相关研究，归纳出在农户形成与农村经纪人的合作意愿的过程中，影响其心理活动的前因。接着进一步研究这些前因如何通过影响农户的内在因素进而影响其合作意愿的形成。具体而言，本研究的研究内容如下：

（1）宏观层面：外部环境对农户合作意愿的内在因素的影响。结合 TPB 理论，整理农户合作意愿的相关文献，发现政府支持是影响农户合作意愿及其内在因素的重要因素。因此，在外部环境下，着重研究政府支持对农户合作意愿及其内在因素的影响。

（2）微观层面：个体认知对农户合作意愿的内在因素的影响。在本研究中，农户的个体认知主要体现为农户对农村经纪人和电子商务的认知。借鉴国内外学者对个体认知的研究成果，结合 TPB 理论框架，分析其与农户合作意愿相关的研究内容，在此基础上归纳出三个重要的因素：农户对农村经纪人的信任、农户对电子商务的感知利益与感知风险，并进一步研究其对农户合作意愿及其内部心理活动的影响。

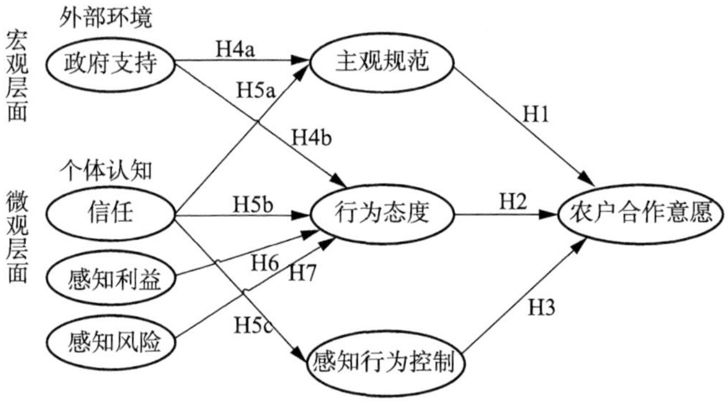

图 5-1　研究框架

一、个体行为意愿

（一）态度与行为意愿

根据计划行为理论（TPB），个体的行为态度是其行为意愿的最重要的影响因素（Ajzen，1991）。个体的态度和支撑它的信念，在决定个人行为与意愿方面是突出的（T. Barkatsas & A. Bertram，2016）。而无论是认同还是反对的态度，都与可能产生结果的行为信念的强度成正比，这可以用期望值模型表示出来（Chechen Liao，Jain-Liang Chen & David C. Yen，2007）。在农户与新农村经纪人的合作中，农户持有的积极态度将首先激起其对新农村经纪人的好感和合作意愿（张高亮，张璐璐，邱咸，朱文征，2016），反之亦然。另外，农户会考虑把自己生产的农产品交给新农村经纪人通过电子商务进行销售的行为是否可取、明智等，从而决定要不要与其进行交易合作。在 TPB 模型中，这些考虑的问题将会形成农户的合作态度，影响合作意愿，从而影响其最终的合作行为。由此，我们假设：

H1：农户的行为态度对农户的合作意愿具有积极影响。

（二）主观规范与行为意愿

作为一个社会化因子，主观规范是影响个体行为的第二个重要因素（Ajzen，1991）。在计划行为理论（TPB）中，主观规范与来自他人期望的规范信念密切相关，并且在很大程度上是一个显著的规范信念的功能（Jason Lortie & Gary Castogiovanni，2015）。一个人对某一特定行为存在的主观规范的态度反映了他对他人行为所持有的积极或消极的看法（Jason Lortie & Gary Castogiovanni，2015）。这些看法会形成个体的行为意愿，从而产生实际行动。以往的研究文献认为，农户感知到的主观规范越强烈，其内心的合作意愿就越强，合作行为中的表现就越积极（张高亮，张璐璐，邱咸，朱文征，2016）。在与新农村经纪人的合作中，农户身边的人的看法会左右农户是否将农产品交给新农村经纪人通过电子商务进行销售。在 TPB 中，农户身边的人的看法会形成农户的主观规范，对其合作意愿产生影响。由此，我们假设：

H2：农户的主观规范对农户的合作意愿具有积极影响。

（三）感知行为控制与行为意愿

在计划行为理论（TPB）中，除了行为态度与主观规范以外，感知行为控制也是影响个体行为重要因素之一（Ajzen，1991）。以往的研究表明，个体认为他们拥有的资源和机会越多，他们预期的阻力和障碍就越少，对行为的控制感知就越大（Ajzen，1991）。换言之，感知行为控制是对行为控制的感知，而不是实际行为的控制程度，它能直接影响个体执行行为的意愿，以及该行为的实际表现（Elizabeth White Baker，Said S. Al-Gahtani，Geoffrey S. Hubona，2007）。感知行为控制反映了实际控制条件，主要体现为自我效能（完成行为能力的信心）和相关行为控制（控制力）（Ajzen，2002）。在农户与新农村经纪人的合作中，具有较高的自我效能感的农户，对自己充满信心，从而表现出积极的合作意愿；同样地，对合作具有较高控制力的农户能够掌控多种资源（如知识、体力、财力等）来应对合作的不确定性，因而也会表现出积极的合作意愿（张高亮，张璐，邱咸，朱文征，2016）。由此，我们假设：

H3：农户的感知行为控制对农户的合作意愿具有积极影响。

二、宏观层面：政府支持与个体行为

以往的相关研究表明，政府支持对个体行为具有重要的正向影响，具体表现为对个体的行为态度与主观规范具有积极影响。个体的行为态度是其在社会环境中逐渐发展形成的，作为社会环境中的主要组成部分，个体的行为态度常常会受到政府行为的影响；同时，政府行为（如政策支持、制度倾斜、制定法规等）会对个体产生一定的“压力”，这些“压力”通过改变个体的主观规范，从而影响个体的行为决策（陈楠，郝庆升，2013）。在农业生产经营领域，由于大部分农户自身的文化素质和地位较低、生产经营过程中所拥有的信息和渠道相对匮乏，以及一直以来我国的农业产业经济长期受到政府政策的影响，农户生产经营决策及其经济行为的调整表现出对政府较强的依赖性（张兆同，李静，2009）。同时，郭锦墉和冷小黑（2006）在农户的营销合作意愿的实证研究中发现，在其他条件不变的情况下，有政府支持的地方比没有政府支持的地方，农户的合作意愿更强。在与新农村经纪人的合作中，政府支持（政策扶持、制度倾斜等）一方面能改善农户对新农村经纪人的看法，使其合作的态度变得更为积极，另一方面会给农户带来“指引”，在这些“指引”中，农户更愿意达成合作。由此，我们假设：

H4a：政府支持对农户的主观规范具有积极影响。

H4b：政府支持对农户的行为态度具有积极影响。

三、微观层面：个体认知

（一）信任与个体行为

基于个体的信任会直接影响个体的行为（单泪源，黄婧，彭丹旎，

2009）。在信任度较高的环境下，个体会表现出较强的交易意愿，交易成本下降，从而促进合作的形成（Fukuyma，Kilgour，Hipel，1996）。换言之，信任是个体间合作和协调互动的前提（Andersson，Shivarajan，Blau，2005），同时也是推动个体间合作的关键因素（Ledyard，Palfrey，1995）。信任与 TPB 之间的关系可以从各个方面进行研究，其中信任通常作为态度、主观规范和感知行为控制的前因变量出现（Ing Long Wu，Jian Liang Chen，2005）。对于态度，信任被视为一种突出的行为信念，极大地影响人们的态度信念和结果判断，是个体行为态度的直接影响因素；对于主观规范，主体间的相互信任与相互影响高度相关，无论何种类型的信任，对主观规范都有着直接或间接的影响，是主观规范的重要前提；对于感知行为控制，信任能够通过自我效能的控制因素，促进有利条件的形成，从而影响感知行为控制（Ing Long Wu，Jian Liang Chen，2005）。在农户行为方面，以往的研究认为，信任是促成农户进行合作的基础，具有较大的推动作用（林舒，吴声怡，林翊，2015）。同样地，在农户与新农村经纪人的合作中，农户对新农村经纪人的信任度越高，其交易的合作意愿就越强烈。这种强烈的合作意愿在 TPB 中具体表现为农户的态度信念更为积极，对于新农村经纪人的合作感到更符合自己的主观预期、更有信心和可控。由此，我们假设：

H5a：农户对新农村经纪人的信任对农户的主观规范具有积极影响。

H5b：农户对新农村经纪人的信任对农户的行为态度具有积极影响。

H5c：农户对新农村经纪人的信任对农户的感知行为控制具有积极影响。

（二）感知成本与个体行为

以往的研究表明，个体的感知成本对个体的行为态度具有显著的负向影响（Hongwei Yang，Liuning Zhou，2011）。早前的研究者使用离散实验法，把感知成本定义为货币成本（如生产收入损失、交易成本）和非货币成本（如焦虑、选择自由减少）的总和（S. Lizin，S. Van Passel，E. Schreurs，2015）。而无论是货币成本还是非货币成本，都对农户的个体行为产生重要的负向影响（S. Lizin，S. Van Passel，E. Schreurs，2015）。这是因为，当个体认为如果采取某一行为能够降低自己的货币成本与非货币成本，他会表现出积极的行为态度，从而更倾向于采取该行为。在农户与新农村经纪人的合作中，当农户认为与新农村经纪人的合作能够降低自己的农产品交易成本和生产收入损失（货币成本），同时也能降低自己对农产品销售的焦虑、增加销售市场的选择自由，他们就会表现出愿意与新农村经纪人积极合作的态度，从而达成双方的合作。由此，我们假设：

H6：农户的感知成本对农户的行为态度具有负向影响。

除了信任以外，在电子商务环境的背景下，农户与新农村经纪人的合作还会受到农户对电子商务的感知利益和感知风险的影响。其中，感知利益对农户的合作行为呈正向影响，感知风险为负向影响（肖艳丽，2012；郭锦墉，冷小黑，2006）。根据 Lee（2008）的研究成果，个体的感知利益可以分为直接感知利益（如增加个体的收入）和间接感知利益（如为个体提供便利的服务），同时两者都对个体的行为产生积极影响（Ming-Chi Lee，2009）。另一方面，早在 1960 年，感知风险理论就已经被用来解释个体行为，它被认为是衡量个体对损失的主观预期，对个体的行为产生消极影响（Ming-Chi Lee，2009）。在农户与农村经纪人的合作中，由于电子商务是新农村经纪人主要采用的技术，同时双方的合作都处于电子商务的环境下，因此，农户对电子商务的感知利益和感知风险将会通过影响其对待合作的态度，从而影响双方的合作。由此，我们假设：

H7：农户对电子商务的感知利益对农户的行为态度具有积极影响。

H8：农户对电子商务的感知风险对农户的行为态度具有负向影响。

第三节　研究方法

一、变量测量

本研究选取的 10 个变量分别为：行为态度、知觉行为控制、主观规范、政府支持、信任、合作认知、感知成本、感知利益、感知风险、农户合作意愿。其中，农户合作意愿为因变量，其余变量为自变量。

本研究分别采用 Likert 5 级量表对所有问题进行打分，填答者在 1~5 之间选择，1 为非常不赞同，2 为不赞同，3 为中立，4 为赞同，5 为非常赞同。文中的所有变量均采用多个测度项，这些测度项均由已有文献改编而来，以保证量表的内容效度。

表 5-2　变量测量项

变量	测度（中文）	来源（作者）	文献
政府支持、信任（Government Support）	政府的政策与经济补贴支持农户与农村经纪人的合作	张兆同，李静. 2009	农民的农业生产经营决策分析——基于江苏省苏北地区的调查
	政府生产的要求和安排趋向于农户与农村经纪人的合作		
	乡村干部要求和安排农户与农村经纪人的合作		
市场不确定性（MU）	我所种植（养殖）的农产品的市场需求量变化非常大	田敏，张闯，夏春玉. 2013	市场不确定性与农产品收购商投机行为：私人关系的作用
	我所种植（养殖）的农产品的品种市场需求经常变化		
	我所种植（养殖）的农产品的市场行情变化很快		
感知利益（Perceived benefits）	新客户可以更容易发现和购买我销售的农产品商品	Christian FelzenszteinA, Susan E. Brodt B, Eli Gimmon, 2014	Do strategic marketing and social capital really matter in regional clusters? Lessons from an emerging economy of Latin America
	农产品电子商务更容易吸引更多的新客户		
	农产品电子商务可以让我获取更大的市场		
	农产品电子商务可以让我掌握准确的市场资讯及知识		
感知风险（Perceived risk）	我种植（养殖）的农产品通过电子商务进行销售也许会比传统销售模式所得的净利润额少	Jen－Ruei Fu a, Cheng－Ki-angFarn a, 1, Wen－Pin Chao, 2006	Acceptance of electronic tax filing: A study of taxpayer intentions
	将我种植（养殖）的农产品通过电子商务进行销售，会使我在心理上感到不安		
	因为市场竞争很激烈和复杂，我不认为通过电子商务销售我种植（养殖）的农产品一定会得到收益		
感知成本（Perceived cost）	农村经纪人帮我销售我种植（养殖）的农产品，会使我失去对我种植（养殖）的农产品进行快速直接处理的权利	Hongwei Chris Yang, Liuning Zhou, . 2011	Extending TPB and TAM to mobile viral marketing _ An exploratory study on American young consumers ' mobile viral marketing attitude, intent and behavior
	请农村经纪人帮我销售我种植（养殖）的农产品，我需要支出一定的费用，占所得利润的比例大		
	请农村经纪人帮我销售我种植（养殖）的农产品，我不能实时掌握我种植（养殖）的农产品的销售和收益情况		

续表

变量	测度（中文）	来源（作者）	文献
对农村经纪人的信任：由能力、仁爱和诚信构成的形成性测度（Trust in Seller：Formative Measure formed by Ability, Benevolence and Integrity）	信任：能力	Carol Xiaojuan Ou，Paul A. Pavlou，Robert M. Davison，2014	Swift guanxi in online marketplaces：The role of computer-madiated communication technologys
	农村经纪人使用电子商务销售农产品，是非常有能力和有效益的		
	农村经纪人可以很出色地在网上推销销售农产品		
	总的来说，农村经纪人是一个能干和精通电子商务的合作者		
	总的来说，农村经纪人对我种植（养殖）的农产品非常了解		
	信任：善意		
	我认为农村经纪人会以实现我的利益最大化的方式进行行动		
	如果我需要帮助，农村经纪人会尽力帮助我		
	农村经纪人关心我的幸福感，而不只是关心自己		
	信任：诚实		
	农村经纪人在与我打交道的过程中是诚实的		
	我会认为农村经纪人是诚实的		
	农村经纪人会信守承诺		
	农村经纪人是真诚和坦诚的		
行为态度（Attitude）	对我来说，将我种植（养殖）的农产品交给农村经纪人通过电子商务进行销售非常好	Rambalak Yadav，Govind Swaroop Pathak，2016	Young consumers' intention towards buying green products in a developing nation：Extending the theory of plannedbehavior
	对我来说，将我种植（养殖）的农产品交给农村经纪人通过电子商务进行销售非常可取		
	对我来说，将我种植（养殖）的农产品交给农村经纪人通过电子商务进行销售非常明智		
	对我来说，将我种植（养殖）的农产品交给农村经纪人通过电子商务进行销售非常有利		
	对我来说，将我种植（养殖）的农产品交给农村经纪人通过电子商务进行销售非常愉快		

续表

变量	测度（中文）	来源（作者）	文献
主观规范（Subjective norm）	对我很重要的人会认为我应该将我种植（养殖）的农产品交给农村经纪人通过电子商务进行销售	Ming-Chi Lee，2009	Factors influencing the adoption of internet banking：An integration of TAM and TPB with perceived risk and perceived benefit
	对我产生影响的人会认为我应该将我种植（养殖）的农产品交给农村经纪人通过电子商务进行销售		
	那些想法对我有价值的人更倾向于让我将种植（养殖）的农产品交给农村经纪人通过电子商务进行销售		
感知行为控制（Perceived behavior control）	不管我要不要把我种植（养殖）的农产品交给农村经纪人通过电子商务进行销售，都完全取决于我自己	Rambalak Yadav，Govind Swaroop Pathak，2016	Young consumers' intention towards buying green products in a developing nation：Extending the theory of planned behavior
	我有资源、时间和机会将我种植（养殖）的农产品交给农村经纪人通过电子商务进行销售		
	我自信如果我想，我就可以把我种植（养殖）的农产品交给农村经纪人通过电子商务进行销售		
农户合作意愿（Purchase Intention）	我将会把我种植（养殖）的农产品交给农村经纪人通过电子商务进行销售	Rambalak Yadav，Govind Swaroop Pathak，2017	Young consumers' intention towards buying green products in a developing nation：Extending the theory of planned behavior
	我愿意把我种植（养殖）的农产品交给农村经纪人通过电子商务进行销售		
	我将会致力于把我种植（养殖）的农产品交给农村经纪人通过电子商务进行销售		

二、问卷设计

本研究采用问卷设计调查方法对实证模型进行验证。问卷主要由两大部分组成，第一部分为调查对象的人口统计特征，包括性别、年龄、文化程度、种植/养殖类型、年收入情况、对电子商务的了解程度，以及对新农村经纪人了解的情况等；第二部分包含实证模型中所有变量的测度项，包括政府支持（GS）、感知利益（PB）、感知风险（PR）、感知成本（PC）、信任（TR）、行为态度（AT）、主观规范（SN）、感知行为控制（PBC）、合作意愿（IN）9项。问卷采用Likert 5级量表对所有问题进行打分。

三、数据与样本采集

鉴于样本的典型性和代表性，本研究调查对象为已开展或正在开展农村电商的不同地区的农户、农场主和农业大户。因此，本研究将部分问卷通过现场问卷与在线问卷的发放形式对调查对象进行数据收集，确保收集各数据的代表性和有效性。

第四节　数据处理

本研究采用 SPSS 19.0、PLS 2.0 对调研所得的数据进行一系列的统计分析，包括样本描述性分析、信度分析、效度分析（验证性因子分析）、模型假设检验等相关分析。

一、样本人口统计分析

表 5-3A　样本人口统计

特征	项	数目（人）	百分比
性别	男	104	58.76%
	女	73	41.24%
年龄	小于 30 岁	47	26.55%
	30~40 岁	79	44.63%
	40~50 岁	38	21.47%
	50~60 岁	8	4.52%
	大于 60 岁	5	2.82%
文化程度	小学及以下	13	7.34%
	初中	59	33.33%
	高中（含中专）	50	28.25%
	大专及以上	55	31.07%
农产品行业	种植业	75	42.37%
	养殖业	53	29.94%
	种植业和养殖业都从事	49	27.68%

续表

特征	项	数目（人）	百分比
种植（养殖）时间	小于 1 年	28	15.82%
	1~3 年	50	28.25%
	3~5 年	43	24.29%
	5~10 年	32	18.08%
	大于 10 年	24	13.56%
年收入	小于 5 万元	51	28.81%
	5 万~10 万元	63	35.59%
	10 万~30 万元	42	23.73%
	30 万~50 万元	17	9.60%
年收入	大于 50 万元	4	2.26%
了解电子商务的时间	小于 6 个月	40	22.60%
	6~12 个月	43	24.29%
	12~24 个月	44	24.86%
	24~36 个月	17	9.60%
	大于 36 个月	33	18.64%
与农村经纪人打交道的时间	小于 1 个月	36	20.34%
	1~3 个月	29	16.38%
	3~6 个月	35	19.77%
	6~12 个月	30	16.95%
	大于 12 个月	47	26.55%

根据预调研的结果和农村当地的实际情况，本研究采用了如下人口统计变量：性别、年龄、文化程度、农产品行业、种植（养殖）时间、年收入、了解电子商务的时间、与农村经纪人打交道的时间，具体的样本人口描述性统计结果见表 5-3。从表 5-3 可以看出，受访者中的性别分布分别为男性 104 名（58.76%），女性 73 名（41.24%），男性受访者填答的比例高于女性，表明男性受访者积极性较高；在年龄结构方面，30 岁以上的人群占了大部分比例，比率为 73.45%，而 30 岁以下的年轻人比例仅占 26.55%，这说明目前在中国农村，劳动主力仍是 30 岁以上的青壮年人群；在受教育水平上，六成以上（61.58%）的受访者的学历都集中在初高中水平，小学以下的较为少见（7.34%），而大专以上的占有了一定比例（31.07%），这说明农户的文化程度相对以往而言有了一定的提高；受访者中，42.37% 的农户从事种植业，

29.94%的农户从事养殖业，27.68%的农户两者均有从事；在种植（养殖）时间方面，大部分受访者集中在3~10年（70.62%），这是因为现在农户并不是从学校毕业后就马上从事农业，现在的大部分青壮年农户毕业后都先在工资水平相对较高的城市工作一段时间后再返回农村安家立业，开始从事种植（养殖）业；从收入水平上看，大部分的农户的年收入仍然少于10万元（64.4%），其中，少于5万元的占28.81%，且多为散户，另外，年收入10万元以上的农户占有一定的比例（35.6%），且多为大户，这说明同是农户，但大户与散户之间存在较大的收入差距；半数以上的农户（53.1%）对电子商务有1年以上的了解，说明通过近年政府、企业等社会各界对农村电商的推动和宣传，越来越多的农户已认识并了解电子商务，电子商务在农村已渗透到一定程度；在农村经纪人的认知方面，43.5%的农户表示他们与农村经纪人打交道的时间达半年以上，这说明农村经纪人在农村地区有一定的口碑和知名度，但仍有20.34%的农户与农村经纪人交往较少（小于1个月）。

二、测度项的描述性统计分析

可以看出，所有测度项的最小值和最大值分别为1和5，反映了测度项中最大值和最小值的差距。而均值在2.65~3.56之间，反映了各测度项集中在2.65~3.65之间，在本调查中，1代表非常不赞同，2代表不赞同，3代表中立，4代表赞同，5代表非常赞同，所以，该区间反映了被调查者对测度项的态度多表现为中立。所有的测度项的标准差均低于其对应均值，没有出现过离散现象，处于正常范围。

表5-3B　测度项的描述性统计分析

测度项	最小值	最大值	均值	标准差	方差
GS1	1	5	4.03	1.241	1.539
GS2	1	5	4.09	1.159	1.344
GS3	1	5	4.05	1.242	1.543
MU1	1	5	3.79	1.256	1.579
MU2	1	5	3.73	1.280	1.639
MU3	1	5	3.86	1.166	1.361
PB1	1	5	4.07	1.151	1.325
PB2	1	5	4.12	1.144	1.310
PB3	1	5	4.07	1.101	1.211
PB4	1	5	4.08	1.115	1.244

续表

测度项	最小值	最大值	均值	标准差	方差
PR1	1	5	3.12	1.409	1.984
PR2	1	5	2.88	1.482	2.196
PR3	1	5	2.83	1.460	2.130
TA1	1	5	4.01	1.121	1.256
TA2	1	5	3.99	1.100	1.210
TA3	1	5	3.99	1.108	1.227
TA4	1	5	3.90	1.142	1.303
TB1	1	5	3.97	1.135	1.289
TB2	1	5	3.99	1.084	1.176
TB3	1	5	3.90	1.186	1.405
TI1	1	5	4.10	1.085	1.178
TI2	1	5	4.16	1.040	1.081
TI3	1	5	4.13	1.113	1.239
TI4	1	5	4.08	1.117	1.248
AT1	1	5	4.18	1.077	1.160
AT2	1	5	4.16	1.060	1.123
AT3	1	5	4.06	1.124	1.263
AT4	1	5	4.12	1.101	1.212
AT5	1	5	4.12	1.104	1.219
SN1	1	5	3.91	1.179	1.390
SN2	1	5	3.93	1.201	1.443
SN3	1	5	3.99	1.138	1.295
PBC1	1	5	4.14	1.130	1.277
PBC2	1	5	4.02	1.115	1.244
PBC3	1	5	4.03	1.084	1.175
IN1	1	5	4.11	1.146	1.312
IN2	1	5	4.12	1.126	1.269
IN3	1	5	4.05	1.073	1.151

三、信度检验

本次研究的 Cronbach Alpha 值在 0.8～0.9 之间，所以量表具有非常高的信度水平，说明本次问卷调查所得数据具有较高的可靠性与稳定性。其中感知风险（PR）的测度项 PR1 的项已删除后的 Cronbach Alpha 值比原来的 Cronbach Alpha 值高，说明该测度项为干扰项，故删掉 PR1。

表 5-4 信度分析结果

因子	变量	均值	标准差	Cronbach Alpha 值	项已删除后的 Cronbach Alpha 值
GS	GS1	4.028249	1.241	0.912	0.874
	GS2	4.090395	1.159		0.872
	GS3	4.045198	1.242		0.873
MU	MU1	3.785311	1.256	0.882	0.840
	MU2	3.734463	1.280		0.836
	MU3	3.858757	1.166		0.823
PB	PB1	4.067797	1.151	0.917	0.906
	PB2	4.118644	1.144		0.885
	PB3	4.067797	1.101		0.894
	PB4	4.079096	1.115		0.887
PR	PR1	3.124294	1.409	0.875	0.894
	PR2	2.881356	1.482		0.793
	PR3	2.830508	1.460		0.775
PC	PC1	3.237288	1.469	0.920	0.903
	PC2	3.248588	1.412		0.904
	PC3	3.242938	1.375		0.845
TR	TA1	4.00565	1.121	0.966	0.962
	TA2	3.99435	1.100		0.963
	TA3	3.988701	1.108		0.962
	TA4	3.903955	1.142		0.962
	TB1	3.971751	1.135		0.963
	TB2	3.99435	1.084		0.962
	TB3	3.903955	1.186		0.964
	TI1	4.096045	1.085		0.962
	TI2	4.163842	1.040		0.962
	TI3	4.129944	1.113		0.962
	TI4	4.084746	1.117		0.961
AT	AT1	4.180791	1.077	0.956	0.944
	AT2	4.158192	1.060		0.944
	AT3	4.062147	1.124		0.942
	AT4	4.124294	1.101		0.948
	AT5	4.118644	1.104		0.948

续表

因子	变量	均值	标准差	Cronbach Alpha 值	项已删除后的 Cronbach Alpha 值
SN	SN1	3.909605	1.179	0.935	0.884
	SN2	3.926554	1.201		0.919
	SN3	3.988701	1.138		0.912
PBC	PBC1	4.135593	1.130	0.888	0.867
	PBC2	4.016949	1.115		0.818
	PBC3	4.028249	1.084		0.837
IN	IN1	4.107345	1.146	0.924	0.885
	IN2	4.124294	1.126		0.885
	IN3	4.050847	1.073		0.900

四、效度分析

本研究采用因子分析法来检验问卷的收敛程度和判别程度，收敛程度是指同一变量的测量度项，彼此之间的相关程度高；区别效度是指不同变量的测度项，彼此相关程度低。可通过验证性因子分析法（CFA 法）进行检验。

（一）KMO 检验

Kaiser 给出了常用的 KMO 度量标准：0.9 以上表示非常适合；0.8~0.9 表示适合；0.7~0.8 表示一般；0.6~0.7 表示不太适合；0.5 以下表示极不适合。本研究收集的数据为 0.958，大于 0.9，所以非常适合做因子分析。

表 5-5　KMO 和 Bartlett 的检验

取样足够度的 Kaiser-Meyer-Olkin 度量		0.958
Bartlett 的球形度检验	近似卡方	7727.470
	df	703
	Sig.	0.000

（二）验证性因子分析

本研究提出的结构方程模型中，AVE（Average Variance Extracted）是指各因子抽取的平均方差，AVE 衡量的是因子解释的方差与测量误差解释的方差的比率，一般要大于0.5，表示因子解释了大部分的方差。CR（Composite Reliability）是指复合信度，CR值大于0.7表示因子的指标信度较好。表5-6A中总结了结论。从表5-6A中可知，所有的CR都大于0.90，表现出较好的可靠性。而且，每个结构的平均抽取变量（AVE）都高于0.5，表明衡量标准具有良好的收敛效度。

表5-6A　AVE、CR、R方、α值分析结果

	AVE	CR	R Square	Alpha
1GS	0.8507	0.9447	0	0.9122
2MU	0.8099	0.9274	0	0.883
3TR	0.7458	0.9699	0	0.9659
4PB	0.8019	0.9418	0	0.9176
5PR	0.8868	0.9398	0	0.8936
6SN	0.8848	0.9584	0.6839	0.9349
7AT	0.8497	0.9658	0.7837	0.9558
8PBC	0.8171	0.9306	0.6943	0.8882
9IN	0.8682	0.9519	0.8386	0.9241

以下表5-6B列出了各因子的相关系数及AVE值的平方根，从表5-6B中可以发现，各因子的AVE值平方根远大于其余其他因子的相关系数，表明良好的判别效度。

表5-6B　各因子AVE值平方根及相关系数

	1GS	2MU	3TR	4PB	5PR	6SN	7AT	8PBC	9IN
1GS	0.922334	0	0	0	0	0	0	0	0
2MU	0.6395	0.899944	0	0	0	0	0	0	0
3TR	0.7243	0.659	0.863597	0	0	0	0	0	0
4PB	0.7542	0.6342	0.83	0.895489	0	0	00	0	0
5PR	0.0388	0.2315	0.1386	0.1109	0.940638	0	0	0	0
6SN	0.6502	0.6188	0.8233	0.6574	0.0627	0.940638	0	0	0
7AT	0.7771	0.5865	0.8512	0.7677	0.038	0.8007	0.921792	0	0
8PBC	0.7129	0.5829	0.8332	0.7266	0.0721	0.8061	0.9078	0.903936	0
9IN	0.7411	0.5646	0.8243	0.7334	0.0525	0.7682	0.8918	0.896	0.931773

数据结果表明，政府支持对行为态度有较大影响，信任对主观规范、行为态度、感知行为控制均有显著影响，行为态度、感知行为控制对农户合作

意愿有较大影响。另外，政府支持对主观规范，感知利益、感知成本对行为态度，主观规范对农户合作意愿的路径系数不显著，表明这些变量之间没有重大影响。

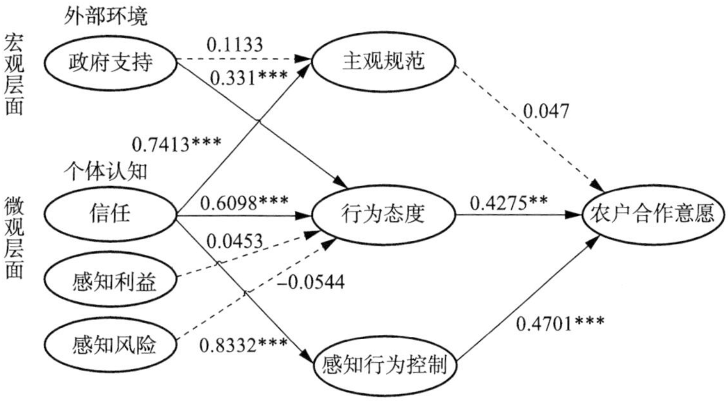

图 5-2 模型结果

表 5-7 模型假设数据分析

	Original San	Sample Mean (M)	Standard Dev	Standard E	T Statistics
1GS->6SN	0. 1133	0. 1134	0. 0823	0. 0823	1. 3767
1GS->7AT	0. 331	0. 3236	0. 0802	0. 0802	4. 1292
2MU->7AT	-0. 0432	-0. 0428	0. 0601	0. 0601	0. 7182
3TR->6SN	0. 7413	0. 7428	0. 0613	0. 0613	12. 0838
3TR->7AT	0. 6098	0. 6019	0. 1155	0. 1155	5. 2776
3TR->8PBC	0. 8332	0. 8331	0. 0364	0. 0364	22. 8856
4PB->7AT	0. 0453	0. 0605	0. 1188	0. 1188	0. 3818
5PR->7AT	-0. 0544	-0. 0484	0. 0332	0. 0332	1. 6383
6SN->9IN	0. 047	0. 0536	0. 0603	0. 0603	0. 779
7AT->9IN	0. 4275	0. 4268	0. 13	0. 13	3. 2878
8PBC->9IN	0. 4701	0. 4634	0. 1214	0. 1214	3. 8721

第五节 研究结论

根据以上分析，我们得出最终的假设检验结果，如表 5-8 所示。

表 5-8　假设结果一览

假设	是否成立
H1：农户的行为态度对农户的合作意愿具有积极影响	是
H2：农户的主观规范对农户的合作意愿具有积极影响	否
H3：农户的感知行为控制对农户的合作意愿具有积极影响	是
H4a：政府支持对农户的主观规范具有积极影响	否
H4b：政府支持对农户的行为态度具有积极影响	是
H5a：农户对新农村经纪人的信任对农户的主观规范具有积极影响	是
H5b：农户对新农村经纪人的信任对农户的行为态度具有积极影响	是
H5c：农户对新农村经纪人的信任对农户的感知行为控制具有积极影响	是
H6：农户对电子商务的感知利益对农户的行为态度具有积极影响	否
H7：农户对电子商务的感知风险对农户的行为态度具有负向影响	否

一、结果分析

在研究模型验证的结果中，假设 H1、H3、H4b、H5a、H5b、H5c 均得到支持，而假设 H2、H4a、H6、H7 结果均不显著。这表明，在交易过程中，农户的行为态度及其感知行为控制会直接影响农户的交易意愿，从而左右其交易行为；在与农村经纪人打交道的过程中，信任不仅是其交易的基础，而且是农户与农村经济人之间交易的至关重要因素。信任通过影响农户的行为态度与感知行为控制，从而间接地影响农户的交易行为意愿；政府支持也是其中重要的一环，它对农户的行为态度具有直接的、重要的正向影响——从某种程度上来说，它会左右农户的态度，从而影响其与农村经纪人合作的意愿。

根据已有的文献，我们预想感知风险和感知利益会左右农户的行为态度，然而研究的结果却表明它们并非如此。但是现有的文献未能合理解释这一现象。为此，我们专门进行了一次实地回访，回访结果表明：尽管电子商务会给农户带来能感受到的利益与风险，但农户更多的是将电子商务当作除传统销售外的一种线上分销渠道。对于没有固定经销商、产量较大的农户而言，尽管知道电子商务有一定的风险，除去线上推广费用后其收益有可能比不上传统渠道，但作为未来农产品行业发展的方向与重要渠道，这些本来交易意愿不强的农户大多都接纳了电子商务和农村经纪人；对于有固定经销商、产量较少的农户而言，电子商务对其产生的风险远少于其带来的收益，但由于已有的销售渠道的饱和（已有足够的线下固定经销商），或受限于其产量（产量不多，不足够应对网上大量的订单），因此这些本来对电子商务有浓厚兴趣、交易意愿也很高的农户最终选择了保持原来的模式（线下分销），而没有采纳电子商务（线上分销）。

同时，我们也发现，农户的主观规范与我们预想的结果不一致：一方面，它对农户的交易意愿的影响并不显著；另一方面，政府支持对农户的主观规范的影响不大，而信任却对其有显著影响。我们在回访中，特意对当地政府的工作人员以及本地农户就上述问题进行深入的探讨，结果表明：在现阶段，尽管电子商务已在农村发展开来，但由于硬件措施、政策导向、媒体舆论引导的原因，农户未能完全形成自身的一套主观规范，目前仍处在农户主观规范的形成过程中，因此农户的主观规范在本研究中未能对农户的交易意愿产生显著影响；而在农户的主观规范形成过程中，农户的信任会在很大程度上影响农户的感知，因此，信任对主观规范具有显著影响；在政府支持方面，虽然政府已在硬件措施、物流通信方面大有作为，但在政策导向、思想引导方面却有所欠缺，现阶段还未能对农户的主观规范形成有效的引导，因此政府支持对农户的主观规范影响并不显著。

二、建议

（1）建立和完善农村电子商务支持政策，加强软硬件设施的建设，尤其是在思想引导方面。在硬件设施方面，政府在通信、网络、物流、资金、人力方面的投入已然获得较好的反响和效果，为农村电商的推行打下了坚实的物质基础。然而，在软件设施方面，纵使政府先后颁布了多项惠农、利农的农村电子商务政策，但是这些政策大多停留在利益层面，未能在思想导向方面对农户的主观规范做出有效引导。政府在下一步制定政策时，应当针对农户的主观规范方面做出有利的、合理的思想引导，引导其形成合理的交易意愿，从而促进交易行为的达成。

（2）加强政府与农户之间的信任，建立长期有效的政府—农户信任机制。信任是影响农户交易意愿的重要因素，政府支持将通过信任影响交易意愿，因此，加强政府与农户之间的信任，建立长期有效的政府—农户信任机制成为接下来政府在推进农村电商中的重中之重。

第六章　电商服务质量与农户再次交易意愿
——基于村级电商服务点的研究

第一节　背景与理论基础

一、研究背景

随着互联网基础设施在农村地区的迅速普及，尤其是各大互联网公司启动“电商下乡”战略，各种新型互联网服务纷纷落户农村，网购、网销等商品服务，缴费、理财、订票等生活服务，以及远程医疗服务等纷至沓来，服务方式发生巨大创新，农民们开始享受到前所未有的实惠和便利。2013 年，淘宝网《全国县域地区网购发展报告》显示：2012 年县域人均网购 54 次，超过一二线城市的人均网购 39 次。县域人均网购金额也超过一二线城市。2014 年全国亿元淘宝县超过 300 个，遍及 25 个省市区，其中来自中西部的亿元淘宝县超过 100 个。这些数据表明，农村存在巨大市场，在城市电商市场日渐成熟和逐渐饱和的状况下，农村电商无疑成为各大电商巨头角逐的新战场，阿里巴巴、京东、苏宁、慧聪等电商巨头，纷纷加大农村市场拓展力度，农村出现了一批新型服务组织与服务人员。因而，不断创新服务方式，提高农村的落地服务质量成为重要的话题。

为打通农村市场，完善农村服务体系，2014 年 11 月阿里巴巴启动了庞大的“千县万村”农村电子商务战略，计划在未来 3～5 年内投资 100 亿元，建立 1000 个县级运营中心和 10 万个村级服务站，带动农村创业机会，让“淘宝村”模式在全国范围推广。苏宁也把各地原有的 200 家乡镇服务点，升级为可提供代客下单、“最后一公里”配送、售后维修、批发销售等服务的新式乡村服务站，村级服务站点在农村逐渐普及开来，成为为农户提供服务的一个重要组织。首先，村级服务站可进行代买与代卖活动，农户需要的生活用品、农资都可以通过村级服务站的服务人员进行代买，能享受到淘宝网上同样的价格实惠，淘宝上的打折促销活动，村级服务站点也会进行实时促销，由代购人进行代买，统一配送到村级服务站点，再由村级服务站的人员对农户进行配送，村级服务站成为农村里的“淘宝网”；同时，村级服务站在农产品上行阶段也发挥了重要功能，来自生产者的农产品千差万别，村级服务站点从生产者中收集农产品后，能为其制定统一的农林产品产销标准，如可以统一包装、统一价格、统一每箱重量等；统一制作商品的数据包，如图片、描述等，统一在网上进行售卖等，村级服务站在农村电子商务的发展和农村经济的发展过程中扮演了重要角色，成为连接农户与互联网平台的一个重要组织，可以为农户提供各种个性化服务，因此研究村级服务站的服务质量对促进农村电商的进一步发展具有重大意义。其次，村级服务站具有公益功能，村级服务站既有别于过去的农村供销社，又不同于城市社区，它建于自然村中，能够为农民提供直接和高效的服务，不仅能够为农民提供所需的技术和市场信息，还能解决农民日常的生活需求和文化需求，部分村级服务站点建有老人娱乐中心，并且能为留守儿童提供亲情视频，关怀弱势群体，发挥重要的公益功能。虽然村级服务站点在农村逐渐普及开来，但是各地村级服务站发展程度参差不及，有些淘宝村村级服务站每天的交易量相当可观，而有些淘宝村村级服务站的交易量并不大。村级服务站接触群体众多，既与平台商紧密相关，又与村民关系密切，基本都是乡亲邻里，社会关系紧密，大都沾亲带故，本研究尝试探讨村级服务站服务质量的哪些方面会对农户的交易意愿产生影响。因此，本研究将分为两步：第一，通过对村级服务站提供的服务进行分析，归纳出顾客感知服务质量评价维度；第二步，分析这些因素对农户交易意愿是否有影响，是直接影响还是通过满意度间接影响交易意愿。

村级服务站点连接了阿里与农户，一方面，起到了重要的桥梁作用，实现了淘宝网的落地化；另一方面，村级服务站发挥了重要的公益功能，不仅能够为农民提供所需的技术和市场信息，还能解决农民日常的生活需求和文化需求，关怀留守儿童和老人等弱势群体，是一个重要的服务提供组织，因此对村级服务站的研究具有重要意义。本研究从村级服务站点的服务质量入手，揭示互联网背景下影响农户交易意愿的服务质量因素，具有重要的现实意义。虽然许多村级服务站点的责任已经意识到自身服务质量的重要性，但是具体哪些方面会影响到农户的交易意愿还很模糊，因此，研究服务质量的具体方面对农户交易意愿与满意度的影响，以及满意度与交易意愿之间的关系，不仅能够让服务商站在消费者的角度更好地理解农户的行为，有效地调整自身的服务水平，改善服务质量，提高农户的满意度，在工业品下行的同时，还能推动农产品上行，拉动农村经济增长，具有重要现实意义。

从理论意义来看，农村电商作为一种新兴的技术，村级服务站作为一个新型组织，以往学者对农村服务商服务质量的研究还比较少，站在服务商的角度，研究影响农户交易意愿的服务质量的因素，将是对感知服务质量理论体系的一个重要补充，也是对农村电子商务理论体系的一个重要补充，能进一步丰富农村电子商务理论体系，具有重要理论意义。

二、文献回顾

（一）服务质量理论

1. 服务质量的概念

把质量引入服务领域始于 20 世纪 70 年代后期，从那时起，服务质量便引起了许多学者极大的研究兴趣。但是，由于服务的差异性、抽象性和不可分离性等特性，使服务质量的概念和有形产品的质量概念在内涵上有很大的不同。

Lewis 和 Booms（1983）认为，服务质量是一种衡量企业服务水平能否满足顾客期望程度的工具。Gronroos（1982）根据认知心理学的基本理论明确提出，服务质量是一个主观范畴，顾客所感觉到的质量是重要的，服务质量的最终评价者是顾客而不是企业。因此，他将感知服务质量定义为顾客对期望服务与实际感知的服务之间的比较；瑞典的 Lehtinen U 和 Lehtinen JR（2002）认为服务质量是顾客所感知的质量，具有主观性，是顾客通过对比他们认为服务提供者应该提供的服务与他们对实际感知的服务而产生的，并提出结果质量和过程质量的概念，将服务质量与产品质量（只关心结果质量）从本质上区别开来。Lewis 和 Booms（2003）也指出，服务质量是（服务）期望与实际表现的比较，即服务质量是顾客感知到的服务水平与服务期望相比较的衡量结果。因此，企业提供任何形式的服务都要尽量符合顾客的期望，力求达到顾客满意。PZB（2003）在回顾了服务质量及其与顾客忠诚的关系研究方面的相关研究文献之后得出结论，服务质量不能依赖于传统的产品质量理论进行定义或测量，将服务质量定义为实际服务绩效感知与服务期望之间的比较结果。顾客对服务质量的感知包括在服务的交付过程及结果之中（白海燕，

2013)。服务质量水平的高低取决于服务过程中顾客的服务感知与服务期望之间差异程度的大小，该理论得到了学者们的广泛认同，并成为服务质量研究的经典理论基础之一。Hoffman 和 Bateson（2001）认为服务质量是顾客对服务提供者的活动表现做出的持续性、整体性的评估，以及由此形成的态度。菲利普·科特勒等人（2003）将服务质量定义为相对于顾客的期望值而言，所提供的服务处在一个较高的水平。Gregory 等（2007）定义服务质量是消费者的感受价值同预期价值的差距。雷江升（2010）认为服务质量从服务提供者和顾客各自的角度来看应有所区别，对前者而言，服务质量意味着服务属性对组织规定的符合程度，对后者而言，服务质量意味着服务达到或超过其期望的程度。在前人研究的基础上，付媛和拓少峰（2012）认为电子商务服务质量是包括广告、交易、支付、服务等在内基于网络平台进行的各种商务活动，能够便捷、高效、被满意以及被信任的程度。近年来，在不同领域对服务质量的研究，在服务质量的具体要素上会有所不同，但是基本上都是从顾客感知或评价的角度来对服务质量进行定义。马阳（2016）在研究高铁服务质量上，也是从顾客评价的角度来定义服务质量，服务质量的定义离不开顾客感知和顾客评价。

服务质量是顾客感知的服务质量，这已经成为服务管理中的一项基本原则。它的含义是服务质量不能由管理者来决定，相反，它必须建立在顾客的需求、向往和期望的基础之上。更重要的是，服务质量不是一种客观决定的质量，而是顾客对服务的主观感知。这实际上意味着顾客对服务质量的评价会因人而异，并且会随时间变化，因为顾客的消费心理与行为会逐渐成熟。

综上所述，学者们虽然从不同角度研究了不同行业的服务质量，但是，一般都将服务质量定义为期望服务与实际感知之间的差异程度和趋势。目前国内外学者主要采用 Gronroos 和 Parasuraman 等提出来的两个重要的服务质量模型来计量顾客感知的服务质量。

2. 服务质量构成的要素

服务质量维度，是指对顾客感知服务质量产生影响的要素。在顾客感知服务质量评价与管理研究中，对这些要素的界定有十分重要的意义。有关服务质量的维度，学者们观点各异，现将其观点总结如下：

Gronroos 提出感知服务质量概念的同时，还指出了顾客感知服务质量是由技术质量（technical quality，即服务的结果）和功能质量（functional quality，即服务过程质量）构成，服务的技术性质量表示服务结果的质量，指服务本身的质量标准、环境条件、网点设置、服务设备以及服务项目、服务时间等是否适应和方便顾客需要；服务的功能性质量表示服务过程的质量，指在服务过程中服务人员的仪态仪表、服务态度、服务程序、服务行为是否满足顾客需求（金献幸，2007）。PZB（2002）对感知服务质量的构成进行了进一步探索。在大规模实证研究的基础上，他们认为服务质量的构成要素包括可靠度、反应力、胜任力、易接近性、礼貌性、沟通性、信赖性、安全性、了解和熟知顾客及有形性十个因素。经过进一步的研究，他们又将服务质量的要素缩减为五个，它们分别为：可靠性、有形性、反应性、保证性和移情性。除了以上所提北欧及北美两大学派具有代表性的研究成果以外，其他学者也对感知服务质量的维度进行了深入研究，并提出不同的观点。Sasser、Olsen和 Wyckoff（2000）通过研究认为服务质量的维度包括七个方面：安全性、一致性、态度、完整性、调整性、方便性和时效性。Lehtinen（1982）把服务质量分为物质质量、交互质量和公司质量。Edvardsson（1989）提出的服务质量包括技术质量、整合质量、功能质量和产出质量。Gummersson（2000）将服务质量划分为设计质量、生产质量、过程质量和产出质量四大要素。Olsen（2006）认为服务质量包括了设计质量、生产质量和过程质量。1991 年，Lehtinen U. 和 Lehtinen J. 从服务生产过程角度，将服务质量区分为实体质量、互动质量和企业质量；Dabholkar、Thorpe 和 Rentz（2007）提出并验证了一个零售业服务质量的多层次模型，即顾客对服务质量的总体感知、主要维度（包括物理环境、可靠性、人际互动、问题解决及政策等）及次级维度（包括外观、便利、承诺、准确、信心及礼貌等）。Rust 和 Oliver（2005）认为顾客感知服务质量除技术质量和功能质量外，还应纳入第三个要素，即有形的环境质量。他们认为服务质量由服务产品、服务传递和服务环境构成。Gronroos（2000）认为良好服务质量的维度有七个，即职业作风与技能、态度与行为、服务的易获得性与灵活性、可靠性与信任性、服务补救能力、服务环境组合和声誉与信用。Brady Cronin（2001）将服务质量分为交互质量、实体环境质量和结果质量。

在学术界公认的服务质量测度模型是由著名的 Zeithaml L.，L. Berry 和 A. Parasuraman 三位学者的研究成果，他们先后于 1985 年和 1988 年在“Journal of Marketing ”和“Journal of Retailing”中发表了两篇文章，阐述了著名的 SERVQUAL 量表（姚山季，李健，来尧静，2012）。该量表虽然饱受争议，但至今仍是使用最为广泛的度量服务质量的方法（范秀成，杜建刚，2006）。它通过衡量顾客服务预期与服务感知的差值来测度服务质量，如果后者大于前者，消费者才会认为服务质量是令人满意的（陆旦强，2013）。按照 SERVQUAL 量表的论述，服务质量被分解成五个维度，分别为可靠性、响应性、安全性、移情性和有形性。可靠性是指可靠、准确地履行服务承诺的能力（陈敬科，2014）。可靠的服务行动是顾客所希望的，它意味着服务以相同的方式，无差错的准时完成。响应性是指帮助顾客并迅速提供服务，减少顾客等待时间，出现服务失败时，迅速解决问题。安全性是指员工表达出自信和可信的知识、礼节的能力（赵践锋，2010），包括完成服务的能力，对顾客的礼貌和尊敬，与顾客的有效沟通，并将顾客最关心的事放在心上（刘新云，2012）。移情性是指设身处地为顾客着想和对顾客给予特别的关注（黄洁，2009），包括接近顾客的能力、敏感性，理解顾客新的需求等。有形性是指有形的设施、设备、人员和宣传资料等（景丽萍，2016），如地毯、办公桌、灯光和服务人员的服装和外表等。本研究在借鉴 Parasuraman 的五维度模型基础上，根据所研究的具体对象进行适当修正。

（二）服务质量与满意度的关系

对顾客感知服务质量与顾客满意关系的看法归纳起来共有三派观点。第一派认为服务质量是顾客满意的前因（Aderson & Sullivan，1993；Anderson et al.，1994；Cronin & Taylor，1992；Gotlieb et al，1989）。在该因果顺序里，满意被描述为“消费后对感知质量的评价”（Aderson & Fomen ，1994）。鲁斯特和奥利弗（Rust & oliver，1994）认为质量是“消费者对服务维度进行满意判断的一个因素”，这与普拉苏拉曼等人（1985，1988）明确提出服务质量是顾客满意的前因的观点是一致的。

然而，另一些研究者认为满意是服务质量的前因。Btner（2001）借用奥利弗（1980）研究满意度、服务质量和消费者行为之间关系的概念模型，指出服务接触满意（Service eneounter Satisfaction）是服务质量的前因。Bofotn 和 Derw（2002）使用代数法表示服务质量也对该因果顺序表示支持。最终，Btenr 和 Hubbert（2002）指出满意与服务质量的因果顺序所基于的假定是服务质量与全面态度（globalattitude）是类似的，因此会包含瞬时的满意评估。笔者认为该总结从理论角度听上去是可以解释得清的，但进行实证研究的学者在请消费者填答问卷时不大可能测量到精确的“瞬时”（transient）满意评估。如前所述，满意评估是可以累积的，消费者在某一时刻（填答问卷时）的满意评价可能是包含累积效果的。众多学者能够达成一致的是满意来自服务传递和服务基础过程中，而服务质量是在这一过程中令消费者印象最深的首要因素。

在服务质量与满意度的关系上，Bitner 等（1990）应用 CIT 研究方法尝试识别出导致消费者满意和不满意的因素。他们在航空、旅馆和餐饮行业调研了 700 个事件后发现，服务人员回答顾客疑问的愿望、对顾客需要及请求的响应速度和行为的主动性是影响消费满意的关键因素，而这些因素均属于服务质量五维度的范围之内。菲利普·科特勒（2003）同样证实了这一观点，顾客满意度是指顾客通过对某种产品的可感知效果（或结果）与其期望值相比较后，所形成的愉悦或失望的感觉状态，即满意度来源于顾客的服务质量。Hess 等（2003）认为由于服务次数增加所导致的感知风险降低及满意程度提高会提升顾客保持与企业之间关系的意愿。类似的观点在董法根（2006）的研究中也得到了证实。可以想象，服务质量作为一种主观感受，顾客对企业或者组织所提供的服务评价越高，自然满意度也会越高，则他们愿意保持与企业维持长久关系的可能性就越大。Oliver（2007）也指出，无论是交易导向的满意还是累积性满意，服务质量都是顾客满意的重要驱动因素。范秀成、杜建刚（2006）在研究服务质量对顾客满意度与忠诚度实证研究中，也将服务质量的维度作为影响满意度的前因变量。盛天翔、刘春林（2014）在研究电子服务质量对顾客满意度与忠诚度的研究中也是将电子服务质量的维度作为满意度的前因变量，顾客的满意度是对电子服务质量感知的一个结果。在旅游业研究方面，赵艳林、毛道维、钟兰岚（2016）的研究表明，感知服务质量的保证性、移情性、文化学习、审美愉悦、压力释放五因子对游客行为意愿总影响效应显著，是刺激游客行为意愿产生的激励因素。满意度是服务质量感知的情感表现。王恩旭、武春友（2008）的研究结果与上述一致，服务质量的要素将会影响顾客的满意度。

综上所述，大部分学者在研究服务质量与满意度的关系中，都将服务质量作为前因变量，顾客对多次消费后形成的总的包含认知和情感两方面的评估即是总的顾客满意度，因此本研究也将服务质量作为满意度的前因变量。

（三）服务质量与交易意愿的关系

Cronin 和 Taylor（1992）研究得出服务质量对顾客行为意愿没有直接的影响，但是，通过顾客满意度作为中介变量对顾客行为意愿产生影响。Llusar 和 Tena（2001）对产品和服务的研究、Lee 和 Hwan（2005）对台湾银行业的研究也都支持了这种观点，感知质量对顾客行为意愿产生重要的影响且这种影响是通过顾客满意来施加的。Zeithaml（1998）的研究表明感知服务质量通过感知价值对行为意愿产生影响。Murray 和 Howat（2002）通过对澳大利亚体育和休闲中心的实证研究得出，服务质量通过顾客满意对行为意愿产生影响，同时顾客满意在对行为意愿产生影响的过程中受到顾客价值的中介作用。在万映红、申杨（2007）以移动通信顾客为调研对象的实证研究中，得出高水平顾客满意度对保持关系意愿存在显著正向影响的结论。FZB（1996）和汪纯孝（2010）等的研究也都证明感知服务质量对消费者的行为意愿有正向的直接影响。Chiu（2002）的研究证明，消费者对服务质量的认知成分和情感成分都与他的行为意愿呈正相关。Brady（2001）在跨文化背景下对顾客的感知服务质量、满意度和行为意愿之间的关系进行了探讨，发现感知服务质量在不同的文化背景下对行为意愿均产生显著影响。Cronin（2000）等人的研究指出，顾客感知服务质量不仅通过感知价值和满意度对行为意愿产生影响，而且感知服务质量会直接对行为意愿产生影响。已有营销类经验研究结果表明，感知服务质量对行为意愿有直接的正向影响。赵艳林、毛道维、钟兰岚（2016）证明了旅游行业内服务质量对顾客的行为意愿有正向影响。企业或者组织只有提供高服务质量，满足了顾客的需求，才能更好地与顾客建立关系，激发下一次的购买或交易意愿（冯琼，2010），为企业带来新的竞争优势。鉴于村级服务站点的特殊性和实际情况，农户的行为意愿主要表现在交易意愿上，因此本研究在构建模型的时候选取交易意愿来描述农户的行为状况。

第二节　研究设计

结合选题的背景和意义，以及我国农村电子商务和服务质量的相关研究，确定研究方向。并通过资料收集以及对罗定、揭阳等地的实地调查，对村级服务站点的服务内容进行总结，将农村电子商务的多个相关利益群体作为研究对象，运用服务质量理论研究影响村级服务站点交易的服务质量因素，从而对村级服务站点的服务质量进行改进。具体研究内容如下。

在政府政策的引导和农村巨大市场的吸引下，各大电商巨头纷纷入驻农村，在政府政策支持和共同合作下，纷纷在农村建立服务中心，服务内容发生巨大改变，近两年来，村级服务站点如雨后春笋般涌现，成为农村提供服务的一个重要新型组织。2014 年 10 月，阿里巴巴集团发布了“千县万村”计划，宣布将在未来 3~5 年，投资 100 亿元，建设一个覆盖 1000 个县、10 万个行政村的农村电子商务服务体系。在淘宝村大面积崛起、阿里发布淘宝村支持策略的背景下，“千县万村”和“淘宝村”将形成阿里巴巴集团农村战略的犄角之势，前者以拉动农村消费为先行抓手，后者以农村卖家为核心，从买和卖的角度分别推进，最终推动全国农村电子商务市场的发展。村级服务站成为农村生产者售卖农产品购买生活用品、农资的一个重要渠道，成为推动农村经济发展的一个重要组织，但是大部分村级服务站的成交额并不大，通过对罗定、揭阳等地区村级服务站点的调研，村级服务站提供十大服务功能。

第一，网购平台，为村民提供网购平台，帮助村民购买更实惠的生活必需品、大型家电设备等，大家电由村级服务站点派送人员送货到家；

第二，特产推广，收集村内特色农产品、工艺品等在网上进行推广，并帮助农户在网上售卖农产品；

第三，亲情视频，金合镇农村淘宝体验馆每月定期为留守儿童与外出务工父母提供亲情视频平台；

第四，娱乐天地，目前部分村级服务站点内由政府出资建立娱乐场所，为留守儿童、空巢老人提供娱乐；

第五，交通服务，为周围村民提供汽车、火车、飞机时刻表及司机的联系方式；

第六，信息发布，发布正规企业招工信息、产品信息，天气信息；

第七，公益读书，为附近村民提供公益读书，免费借阅；

第八，农牧培训，每月农技公司、化肥公司等企业不间断地为村民展开培训讲座，拓宽村民学习渠道；

第九，资源对接，当地旅游资源与阿里巴巴平台进行对接；

第十，创业基地，开办农村青年电商培训班，帮助其拓宽就业渠道。

在过去的研究过程中，学者们不仅对服务质量做了概念性和结构性研究，还对服务质量的测量工具做了很多的探索，就具体测评方法和量表的开发而言，引发争议最多但也被后来学者运用最为广泛的当属 SERVQUAL 量表。SERVQUAL 量表是按照严格的心理学测量程序开发出来的。研究首先设计了含有 97 个对服务质量感知和期望进行测量的题项的问卷，每一个题项都采用 Likert 7 级量表测量。问卷受访者对某个题项的感知项减去期望项得分就得到了该题项的服务质量得分。接下来在数据分析过程中剔除相关性和可靠性较弱的一些题项，目的是使剩下的那些题项能够集中地聚类成几个影响服务质量的一般化维度。这一过程重复了多次，就产生了包括 5 个维度，即有形性、保证性、可靠性、移情性、响应性，共 21 个题项的 SERVQUAL 量表，见表 6-1。

表 6-1 SERVQUAL 量表

构成	定义	项目
有形性	服务中的实体部分	1. 设施外表具有吸引性
		2. 具备完善的设备
		3. 员工具有清洁、整齐的外表
		4. 公司的各项设备与所提供的服务匹配
可靠性	提供所允诺服务的能力	5. 能履行对顾客的承诺
		6. 顾客有困难时表现出协助的诚意
		7. 公司是可信赖的
		8. 准时提供所承诺的服务
		9. 将与服务相关的记录正确地保存
响应性	乐于帮助顾客与提供及时的服务	10. 确实告知顾客各项服务的时间
		11. 所提供的服务符合顾客的期待
		12. 服务人员总是乐于帮助顾客
		13. 服务人员不会因忙碌而无法提供
保证性	知识和态度使顾客信任放心	14. 服务人员是可以信任的
		15. 提供使顾客安心的服务
		16. 服务人员总是很有礼貌
		17. 服务人员能互相帮助，提供更好的服务
移情性	对顾客的关心与照顾	18. 对不同客户付出个人关怀
		19. 服务人员关心顾客
		20. 了解顾客特殊需求
		21. 重视顾客的利益

根据 SERVQUAL 量表服务质量的维度，同时结合村级具体服务内容，提出村级服务站点服务质量的维度。

有形性：村级服务站点的服务人员在提供网购服务、特产推广、亲情视频以及娱乐服务等方面都对服务有专业的要求，服务人员的仪表和服务设施方面要具备一定条件，这些和 SERVQUAL 模型的有形性相关，因此，将有形性作为村级服务站点服务质量的一个维度。

可靠性：村级服务站点在替村民网购的时候要提供承诺，比如，如果货物在中途发生损毁，村级服务站点要退换；买回的货物农户不满意，服务人员要帮忙退换；大型家电村级服务站的派送人员要送货到家等；这些承诺与 SERVQUAL 模型可靠性相关，因此，将可靠性作为村级服务站点服务质量的一个维度。

响应性：村级服务站点在帮农户卖货、提供送货上门服务、信息发布服务等服务内容时，以及处理农户退换货要求时，都有及时性的要求，这与 SERVQUAL 模型的响应性在概念上基本相同。因此，将响应性作为村级服务站点服务质量的一个维度。

保证性：村级服务站点从事代买和代卖服务的人员对专业技能要求不高，服务人员一般都为本村的年轻人或中年人，都是邻里乡亲，与农户之间都比较熟悉，因此村民都会比较信任，代买和代卖都比较安全，在村级服务站点购物不存在不安全的风险，因此，将保证性作为村级服务站点服务质量的一个维度。

移情性：村级服务站点的亲情视频、娱乐服务都体现了对农户情感的关怀与照顾，这与 SERVQUAL 模型的移情性有关，因此，将移情性作为村级服务站点服务质量的一个维度。

便利性：在罗定和揭阳的调查中了解到，农户选择到村级服务站点卖东西或者卖东西的一个很大原因，就是村级服务站点离家近，购物更方便、更快捷；而且，村级服务站点直接连接淘宝平台，商品种类更多，选择空间更大，因此，将便利性作为村级服务站点服务质量的一个维度。

综上所述，村级服务站点提供的服务从感知服务质量的角度可以归纳为六个方面，即有形性、可靠性、响应性、移情性、便利性、保证性。本研究旨在研究影响村民再次交易意愿的服务质量因素有哪些，以及服务质量是否会影响满意度，进而满意度是否会影响服务质量。

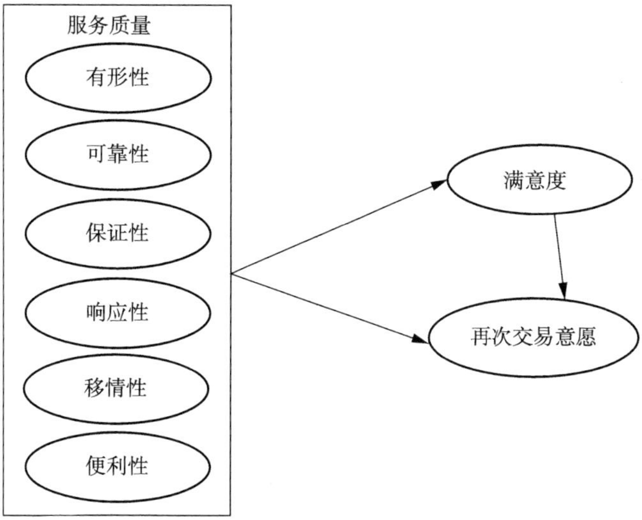

图 6-1 模型图

有形性是指在服务过程中，能够被顾客感知到的实体部分，包括服务场所的布置、现代化的服务设施和工具、员工的外表及其整洁的服装等。许多学者（Shamdasani，Balakrishnan，2000；Bitner，1990；Bateson，1999；Hsieh，Hiang，2004）的研究均指出，实体环境质量或服务场所的物质环境（包括服务场所的布置、特殊的硬件设施等）会对顾客对企业的信任和满意产生重要的影响。Lee、Dubinsky（2003）在对销售人员特质对顾客情绪影响的研究中，提出销售人员职业化外表会影响顾客消费时的心情，进而影响对关系的满意，最终对购买意愿造成影响。陈永愉等（2010）研究了服务质量对满意度和购买意愿的影响，结果表明服务质量有形性对满意度和再购买意愿都有显著的正向影响。根据大多数学者的看法，本研究提出如下假设：

H1：有形性对农户的满意度有促进作用。

H2：有形性对农户的交易意愿有促进作用。

可靠性是指公司或组织是可靠的，能够及时、正确地履行所做出的服务承诺。可靠的服务意味着每一次都及时、高效、一致、无差错地完成所承诺的服务内容。Mogrnaa 和 Hunt（1994）在以汽车轮胎经销商为对象的研究中发现，承诺能够降低经销商与供应商解除和约的可能性，减少客户离去的倾向，即当企业越加强承诺时，顾客离去的意愿将越低，而合作的意愿将会越强。陈永愉等（2010）验证了可靠性对顾客满意度有显著的正向影响。黎冬梅、朱坑（2007）从服务接触的角度对引起顾客的不满因素进行了分析，研究结果发现服务操作系统的差错及服务组合设计的缺陷是导致客户不满意和合作意愿降低的重要因素。因此，若能切实提高村级服务站对农户服务的承诺并避免履行承诺过程中的差错，则将有助于提高农户的满意度和顾客未来的再购买意愿，所以本研究提出如下假设：

H3：可靠性对农户的满意度有促进作用。

H4：可靠性对农户的交易意愿有促进作用。

响应性是指服务商具有及时、有效地服务顾客的能力，对于顾客咨询、提出的要求和投诉，企业应该迅速地给予解决，因为长久的、毫无原因的等待会使顾客对服务体验产生强烈的消极后果。Albrecht 和 Zemke（2001）的研究表明，如果客户投诉能够得到及时处理，企业可以留住不满的客户，反之如果企业拖延，虽然问题最终得以解决，但只能使客户不满，因此，快速响应性对下次购买意愿有积极的影响。范秀成（2005）指出哪怕是在服务失败的情况下，如果服务人员能够做出快速和积极的响应，往往会给客户留下记忆深刻的好印象，甚至出现客户的评价高于服务未失败的情形，仍能得到较高的顾客满意度。徐翼（2007）在 B2B 环境下实证研究发现供应商服务质量对再次购买意愿和顾客忠诚度有直接的正向影响，而及时性是服务质量的组成部分。基于此，本研究提出如下假设：

H5：响应性对农户的满意度有促进作用。

H6：响应性对农户的交易意愿有促进作用。

移情性是指服务人员具有同理心，体会顾客的情感，了解顾客的真实需求并予以满足。它需要服务人员具备了解顾客需求的意识和对顾客需求敏感性的反应，给予客户充分的关心和相应的体贴，使服务过程充满人情味。移情性是进行情感沟通的基础，而情感沟通是交换双方建立和发展关系的重要活动（Mohr，Fisher，Nevin，2001）。在服务过程中，移情性一方面可以使服务人员最大可能地满足顾客的需求，另一方面也有助于顾客了解问题的性质以及企业为解决该问题付出的努力，理解企业的处境和难处，使双方能够就解决方案、解决效果达成共识（Bisi，2006）。苏秦等（2007）和徐翼等（2007）的研究结果表明无论是在 B2C 还是 B2B 环境下，员工与客户的交互质量（包括同理心和客户意识）都对满意度与购买意愿有显著的正向影响。钱克平（2011）实证研究发现服务人员与顾客的良好互动对顾客满意度和再购买意愿正向影响。移情性作为一种情感上的积极态度，将提升顾客对产品和服务价值的感知，提高顾客服务过程中的满意度，进而促进顾客的行为意愿，所以，本研究提出如下假设：

H7：移情性对农户的满意度有促进作用。

H8：移情性对农户的交易意愿有促进作用。

保证性是指服务人员的知识和态度能使顾客信任放心。范秀成、杜建刚（2006）在研究我国服务业服务质量中指出，服务人员具备专业的知识能提高顾客的满意度，并使顾客对企业更忠诚。阿里县级服务中心不定期组织村级服务站点的负责人进行培训，不断完善村级服务负责人的专业知识水平，使其能够顺利地完成代买、代卖、生活服务等内容，能提高顾客的信心和满意度，所以，本研究提出如下假设：

H9：保证性对农户的满意度有促进作用。

H10：保证性对农户的再次交易意愿有促进作用。

便利性是指顾客容易接触且易于获取服务的方便程度。在罗定、揭阳、清远、高州等地的调查中了解到，农户选择到村级服务站进行交易的一个重大原因是，村级服务站地理位置方便，离家近，购物更方便、更快捷；村民去镇上买东西或卖东西将要花费更多的时间成本，而且，村级服务站点直接连接淘宝平台，商品种类更多，选择空间更大，是影响农户满意度和再次交易意愿的重要原因。所以，基于村级服务站的具体情况，本研究提出假设：

H11：便利性对农户的满意度有促进作用。

H12：便利性对农户的再次交易意愿有促进作用。

在顾客满意度和行为意愿二者关系的研究中，Bolton（2002）认为满意度可能在很大程度上影响顾客对服务质量、行为意愿和购买意愿的评价。Boulding et a1.（2004）则认为影响整体服务满意度评价的因素应为顾客对服务质量的感知，同时顾客行为意愿又会受到服务满意度的影响。Brady 和 Hult（2000）在研究中指出，满意度与行为意愿二者间存在直接影响关系。Oliver（2000）发现，满意度的水平高能够倾向顾客的品牌喜好，因而能够间接加强其对该品牌的再次购买意愿，同时也有研究者认为满意度水平高很可能会直接影响再次购买意愿（Labarbera & Mazursky，2001）。赵艳林、毛道维、钟兰岚（2016）对游客行为的研究表明，当游客经历了一段愉快或是超过原有期望的旅行后，游客将会产生对旅行活动的满意情感，感到快乐和愉悦。在这种满意情感的支配下，游客在未来可能选择重游该目的地，或为了分享旅行带给自己的愉悦，积极向周围的亲朋好友推荐该目的地等，即满意情感将会影响游客的行为意愿。因此，基于以上学者的研究，本研究提出假设：

H13：满意度对再次交易意愿有促进作用。

综上所述，本研究提出的变量定义见表6-2。

表6-2 变量定义表

变量	定义
有形性	村级服务站中的实体部分，包括有形设备、实体环境
可靠性	村级服务站提供所允诺服务的能力，即承诺是否实现的能力
响应性	村级服务站乐于帮助顾客与提供及时的服务能力
保证性	村级服务站服务人员的知识和态度使顾客信任放心
移情性	指村级服务站的服务人员具有同理心，体会顾客的情感，了解顾客的真实需求并予以满足
便利性	指顾客容易接触且易于获取服务
行为意愿	下次再进行交易（找村级服务点代买或代卖）的意愿
满意度	对村级服务站的服务情况是否满意

第三节 样本特征及变量测量

一、样本地区选取

2014年广东省与阿里巴巴签署了战略合作协议，将在县域电子商务、云计算和大数据、跨境电子商务、智能物流骨干网等领域展开合作，打造阿里巴巴华南区域中心，共同推动广东产业转型升级。2014年阿里巴巴启动了“千县万村”计划，广东作为首批农村淘宝项目的重点区域；2015年阿里计划在全国250个县、12000个村建立县级运营中心和村淘点，广州在2015年第一季度前启动第一批阳山、清新等示范县。2016年阿里计划在700个县、50000个村建设县级运营中心和村淘店，截至2016年9月，阿里农村淘宝团队已经对接了27个省份，23个省建成落地，开业了167个县级服务中心、7870村点，广东省更是村淘建设的大军，到2016年9月，阿里在广东省19个县成立县级运营和相应的村淘点，具有广泛的代表性，因此本研究选择广东省作为本研究实证分析的数据来源。首先，清远市阳山县成为广东省内首个对接阿里巴巴农村电商项目的传统农业大县，打造一个电商物流园、一个服务中心、一个农村青年创业孵化基地、一个电子商务培训学校和一个电商物流网，并打造了覆盖全县的农村电子商务平台，也是阿里“千县万村”的重要试点，2014 年阿里启动“千县万村”计划，到 2014 年 12 月，清远市阳山县共建成村淘点 32 个，是村淘点建设比较早的地区之一，因此，本研究选择将阳山县作为本研究的实证研究的数据采集地之一；其次，罗定市的军埔村是农村电子商务发展最早的几个村点之一，基础设施完善，几乎家家户户都在做电商，成为本次调研的一个地点。再次，揭阳的村级服务站发展势头迅猛，迅速从村淘 2.0 进入村淘 3.0 时代，村级服务站服务内容完善，且发展势头迅猛，成为本次调研的一个地点。最后，茂名的高州市近年来村级服务站点的数量增长迅速，村淘体系不断完善，成为本次调研的一个地点。综上所述，本次调研把广东省清远市的阳山县、茂名市的高州市、揭阳市的揭西县、罗定市的军埔村作为本研究实证分析的样本来源地。

二、问卷设计及预调研

（一）问卷设计介绍

本研究的数据主要通过问卷发放的方式获得，为使研究结果可靠有效，将严格控制问卷质量。

本研究的问卷设计主要分为三个阶段：

第一，广泛回顾相关领域的研究成果，根据研究目的的具体需求在理论的基础上对变量进行归纳和提炼，构思问卷具体测量项，设计问卷初稿；

第二，在征求本研究相关学者和专家意见的基础上对量表进行适当的修改，保证问卷描述清晰中立，表达准确得当，更加符合本研究的特征；

第三，在进行正式的问卷调查前，先经过小规模的预调查，调查人数在 30 人左右，经过预调查修缮问卷细项，形成最终问卷。

基于此，本研究的问卷主要分为三个部分：

第一，简单介绍本次问卷调查的背景，并对问卷和作答要求进行简要说明，提高问卷回答的有效性；

第二，研究变量主体部分，问卷按照 Likert 5 级量表格式进行设计，按照被调查者的认同程度分为“非常赞同”“赞同”“一般或中立”“不赞同”“极不赞同”五个等级，分别对有形性、可靠性、响应性、移情性、保证性、便利性、满意度和交易意愿进行测量和分析；

第三，被调查者基本信息，以及被调查者从事这一行业前后经济状况的对比。

（二）问卷预调研

为了保证本研究的科学性和合理性，提高研究变量的信度和效度，在正式大规模地发放问卷和收集数据之前应先进行问卷的预调研，对初始问卷进行内容效度分析。内容效度即逻辑效度，是指测验题目对有关内容或行为取样的适用性，从而确定测验是否是所欲测量的行为领域的代表性取样，即测量内容的适当性和相符性。本次预调研请预调查对象对问卷设计与内容陈述提出修改意见，并基于此对问卷进行修改，以获得更好的实证研究结果。

本次问卷预调研在广东省揭阳市揭西县进行小规模的问卷发放，选取样本量为 30 份。广东省揭阳市揭西县成为阿里“千县万村”计划之一，所以预调研对象主要针对揭西县在村级服务站有过交易行为的顾客展开的。

在回收调研问卷中，被调研者反映问卷存在以下三个问题：

第一，问卷总体太过冗长，部分题项有重复；

第二，某些题项表述不当，有歧义，让被调研者无法理解；

第三，某些题项不属于变量范围，应予以删除。

根据预调研的结果，笔者对问卷的主体部分进行修改，首先对部分重复设置的题项、不属于变量范围的题项进行删除，继而对表述不当的题项重新描述，对某些概念重新进行明确的界定，最后将修改后的问卷重新梳理并敲定最终问卷，并将最终问卷于线上和线下进行发放。

三、样本基本情况分析

本次问卷正式发放时间为 2016 年 11 月中旬至 2017 年 5 月底，发放形式分为线上电子问卷形式和线下纸质问卷形式。线上问卷选取了广东省清远市的阳山县、茂名市的高州市、揭阳市的揭西县、罗定市的军埔村等地的几个村淘点，针对在村级服务站有过交易的顾客进行线上与线下问卷发放。本次问卷共有 412 个被调研者参与答卷，包括实地发放的问卷和网上回收的问卷，其中，剔除一些不完整的问卷，并剔除网络渠道中有相同 IP 来源的问卷，其中 48 份问卷存在无效填写，共回收有效问卷 364 份，有效问卷率为 91.0%。

农村电子商务参与者的个体特征表明，总体样本女性稍高于男性，符合日常的购物行为，一般女性比男性更倾向于去村点进行买卖行为；村淘的参与者比较趋于年轻化，样本年龄在 25 岁以下的有 42.3%；从样本学历上看，初中、高中/中专/技校占超过总体样本的 70%，其中初中学历的占 40.38%，高中/中专/技校的占 32.69%。从频次来看，顾客每月去村淘进行交易的频率集中在 0~8 次，占 79.48%，其中交易频率在 4 次以下的占 52.56%，交易频率在 4~8 次的占 26.92%。总体来说，本次调研样本符合研究定位，有助于提高研究结果的有效性和可靠性。

表 6-3 描述性统计分析

指标名称	详细分类	百分比（%）
性别	男	39.1
	女	60.9
年龄	18 岁及以下	26.92
	19~25 岁	15.38
	26~39 岁	42.31
	40 岁及以上	15.38
学历	小学	13.46
	初中	40.38
	高中/中专/技校	32.69
	大专/本科	10.9
	硕士及以上	2.56
交易的频率	每月 4 次及以下	52.56
	每月 4~8 次	26.92
	每月 8~12 次	8.33
	每月 12~16 次	3.21
	每月 17 次及以上	8.97

第四节 数据分析

本章运用统计软件 SPSS19.0 和 AMOS17.0 对回收的有效问卷数据进行统计分析，具体方法包括：描述性分析、信度与效度分析、探索性和验证性因子分析、模型拟合优度分析等，以验证本研究的研究假设。

一、测量变量的统计描述

对量表部分题目进行描述性统计，其中主要包含均值、标准差、偏度、峰度等信息，从而判断量表中的题目的基本水平和数据呈现的分布。其中，A1、A2、A3、A4 是有形性的四个测度，B1、B2、B3、B4 是可靠性的测度，C1、C2、C3、C4 是响应性的测度，D1、D2、D3、D4 是保证性的测度，VE1、VE2、VE3、VE4 是移情性的测度，F1、F2、F3 是便利性的测度，G1、G2、G3 是满意度的测度，H1、H2、H3 是再次交易意愿的测度。

表 6-4　各个测量题目描述分析

测量题项	N	最小值	最大值	平均值	标准偏差	偏度	峰度
A1	364	1	5	3.48	1.267	-0.473	-0.865
A2	364	1	5	3.47	1.225	-0.456	-0.853
A3	364	1	5	3.50	1.274	-0.470	-0.910
A4	364	1	5	3.52	1.263	-0.506	-0.834
B1	364	1	5	3.21	1.152	-0.013	-0.883
B2	364	1	5	3.31	1.181	0.029	-1.137
B3	364	1	5	3.14	1.135	0.177	-0.989
B4	364	1	5	3.18	1.104	0.301	-0.870
C1	364	1	5	3.41	0.918	-0.214	-0.176
C2	364	1	5	3.55	0.885	-0.466	0.145
C3	364	1	5	3.46	0.860	-0.112	-0.297
C4	364	1	5	3.50	0.966	-0.534	0.041
D1	364	1	5	3.43	1.196	-0.169	-0.989
D2	364	1	5	3.57	1.208	-0.455	-0.829
D3	364	1	5	3.57	1.237	-0.464	-0.861
D4	364	1	5	3.57	1.219	-0.456	-0.841
VE1	364	1	5	3.52	1.274	-0.564	-0.677
VE2	364	1	5	3.60	1.161	-0.601	-0.455
VE3	364	1	5	3.48	1.254	-0.540	-0.674
VE4	364	1	5	3.55	1.224	-0.566	-0.577
F1	364	1	5	3.65	1.103	-0.553	-0.278
F2	364	1	5	3.72	1.054	-0.734	0.181
F3	364	1	5	3.66	1.096	-0.549	-0.279
G1	364	1	5	3.69	1.093	-0.512	-0.540
G2	364	1	5	3.80	1.139	-0.870	-0.048
G3	364	1	5	3.58	1.046	-0.307	-0.490

续表

测量题项	N	最小值	最大值	平均值	标准偏差	偏度	峰度
H1	364	1	5	3.66	1.217	-0.534	-0.785
H2	364	1	5	3.81	1.204	-0.774	-0.357
H3	364	1	5	3.57	1.185	-0.278	-1.012

由表6-4可知，调查问卷所包含的29个题目数据进行统计分析结果，包括个案数、最小值、最大值、平均值、标准偏差、偏度和峰度，用来验证调查所获得的资料是否服从正态分布。数据是否服从正态分布将会对后续分析产生至关重要的影响，克莱恩（Kline，1998）认为，当偏度绝对值小于3，峰度绝对值小于10时，表明样本基本上服从正态分布。表中正式样本结果显示各个题目的均值介于3.14~3.81之间，标准偏差在0.86~1.274之间，偏度介于-0.87~0.301之间，峰度介于-1.137~0.181之间，偏度和峰度都满足正态分布的条件，说明这29个题目都能够服从正态分布。问卷所回收的数据可以直接用于后面的信效度等统计学分析。

二、信度检验

信度即可靠性，是指采用同样的方法对同一对象重复测量以检验结果的一致性和稳定性，是评价测量量表质量的重要指标。本研究使用Cronbach's α系数对收集的样本进行信度检验，信度系数来检查调查问卷研究变量在各个测量题项上的一致性程度。Cronbach's α系数介于0~1之间，系数与量表的一致性成正比，一般来说，Cronbach's α系数处于0.70为最小可接受值，0.80为可信，大于0.90为非常适合做因子分析。本研究中所有变量的Cronbach's α系数全部大于0.7，说明这几个变量的题项设计非常合理，问卷总体表现出较好的一致性，分析结果见表6-5。

表6-5 信度分析

因素	测量题项	CITC	Cronbach's α if Item Deleted	Cronbach's α
有形性	A1	0.733	0.905	0.910
	A2	0.754	0.898	
	A3	0.846	0.865	
	A4	0.853	0.863	

续表

因素	测量题项	CITC	Cronbach's α if Item Deleted	Cronbach's α
可靠性	B1	0.690	0.831	0.862
	B2	0.727	0.816	
	B3	0.709	0.823	
	B4	0.709	0.824	
响应性	C1	0.676	0.844	0.866
	C2	0.791	0.798	
	C3	0.621	0.864	
	C4	0.779	0.801	
保证性	D1	0.732	0.851	0.881
	D2	0.653	0.881	
	D3	0.752	0.843	
	D4	0.835	0.810	
移情性	VE1	0.752	0.900	0.910
	VE2	0.827	0.875	
	VE3	0.810	0.879	
	VE4	0.802	0.882	
便利性	F1	0.836	0.725	0.866
	F2	0.588	0.946	
	F3	0.830	0.731	
满意度	G1	0.727	0.753	0.839
	G2	0.697	0.784	
	G3	0.687	0.793	
再次交易意愿	H1	0.773	0.757	0.856
	H2	0.712	0.816	
	H3	0.704	0.822	

由上表得到各个维度的 Cronbach's α 系数均大于 0.7，表明变量具有良好的内部一致性信度，CITC 均大于 0.5 的标准，表明测量题项符合研究要求。从“删除该题项的 Cronbach's α 值”看，删除任意一题均不会引起 Cronbach's α 值增加，这也同样表明变量具有良好的信度。

三、探索性因子分析

（一）自变量探索性因子分析

利用 SPSS 22.0 对自变量量表进行探索性因子分析对量表进行 KMO 和 Bartlett's 球形检验，结果见表 6-6。

表 6-6　KMO 与 Bartlett's 检验

取样足够多的 Kaiser-Meyer-Olkin	度量	0.856
Bartlett 的球形检验	近似卡方	5643.308
	df	253
	Sig.	0.000

由表 6-6 可得到 KMO = 0.856，大于 0.7，Bartlett's 球形检验值显著（Sig. <0.001），表明问卷数据符合因子分析的前提要求。本研究使用主成分分析法提取因子，及最大变异转轴法，来估计因素之负荷量，以特征根大于 1 为提取原则进行因子分析，得到表 6-7。

表 6-7　因子分析结果

测量题项	成分					
	1	2	3	4	5	6
VE2	0.881					
VE3	0.872					
VE4	0.851					
VE1	0.793					
A3		0.880				
A4		0.880				
A2		0.848				
A1		0.803				
D4			0.879			
D3			0.844			
D1			0.784			
D2			0.761			
C2				0.853		
C4				0.842		

续表

测量题项	成分					
	1	2	3	4	5	6
C1				0.771		
C3				0.762		
B2					0.842	
B4					0.819	
B3					0.806	
B1					0.789	
F1						0.880
F3						0.874
F2						0.691
特征值	3.202	3.170	2.998	2.893	2.876	2.318
解释方差（%）	13.921	13.782	13.035	12.579	12.505	10.077
累计解释方差（%）	13.921	27.703	40.738	53.317	65.822	75.899

从表6-7可以看出因素分析结果总共得到6个因素，各个因素的解释能力分别为13.921%、13.782%、13.035%、12.579%、12.505%、10.077%，总解释能力达到了75.899%，大于50%，表明筛选出来的6个因素具有良好的代表性，各个测量题项的因素负荷量均大于0.5，且交叉载荷均小于0.4，每个题项均落到对应的因素中，因此保留所有的测量题目进行后续分析。

（二）满意度探索性因子分析

利用SPSS 22.0对自变量量表进行探索性因子分析对量表进行KMO和Bartlett's球形检验，结果见表6-8。

表6-8 KMO与Bartlett's检验

取样足够多的Kaiser-Meyer-Olkin	度量	0.723
Bartlett的球形检验	近似卡方	496.332
	df	3
	Sig.	0.000

由表6-8可得到KMO=0.723，大于0.7，Bartlett's球形检验值显著（Sig. <0.001），表明问卷数据符合因子分析的前提要求。本研究使用主成分

分析法提取因子，及最大变异转轴法，来估计因素之负荷量，以特征根大于 1 为提取原则进行因子分析，得到表 6-9。

表 6-9 因子分析结果

测量题目	成分
	1
H1	0.906
H2	0.871
H3	0.867
特征值	2.331
解释方差（%）	77.708
累计解释方差（%）	77.708

从表 6-9 可以看出因素分析结果总共得到 1 个因素，总解释能力达到了 77.708%，大于 50%，表明筛选出来的这个因素具有良好的代表性，各个测量题项的因素负荷量均大于 0.5，且交叉载荷均小于 0.4，每个题项均落到对应的因素中，因此保留所有的测量题目进行后续分析。

（三）因变量探索性因子分析

利用 SPSS 22.0 对自变量量表进行探索性因子分析对量表进行 KMO 和 Bartlett's 球形检验，结果见表 6-10。

表 6-10 KMO 与 Bartlett's 检验

取样足够多的 Kaiser-Meyer-Olkin	度量	0.725
Bartlett 的球形检验	近似卡方	436.760
	df	3
	Sig.	0.000

由表 6-10 可得到 KMO = 0.725，大于 0.7，Bartlett's 球形检验值显著（Sig. <0.001），表明问卷数据符合因子分析的前提要求。本研究使用主成分分析法提取因子，及最大变异转轴法，来估计因素之负荷量，以特征根大于 1 为提取原则进行因子分析，得到表 6-11。

表 6-11 因子分析结果

测量题目	成分
	1
G1	0.884
G2	0.866
G3	0.861
特征值	2.273
解释方差（%）	75.753
累计解释方差（%）	75.753

从表 6-11 可以看出因素分析结果总共得到 1 个因素，总解释能力达到了 75.753%，大于 50%，表明筛选出来的这个因素具有良好的代表性，各个测量题项的因素负荷量均大于 0.5，且交叉载荷均小于 0.4，每个题项均落到对应的因素中，因此保留所有的测量题目进行后续分析。

四、效度检验

效度即有效性，是指测量工具或手段能够准确测出所需测量的事物的程度，包括内容效度和结构效度。内容效度即逻辑效度，是指测验题目对有关内容或行为取样的适用性，从而确定测验是否是所欲测量的行为领域的代表性取样；结构效度是指对某一命题或研究假设测量结果进行考察，分析其对该命题或研究假设测量的程度。内容效度在问卷预调查的时候已经测试过，这一章节我们主要分析本研究数据的结构效度，结构效度检验主要包含收敛效度检验与区分效度的检验。收敛效度主要是指在使用不同方式测量同一构念时，所得到的测量分数之间由于反映同一构念而应该高度相关（陈晓萍，2012），一般采用验证性因子分析（CFA）来评价量表的收敛效度。

（一）收敛效度

从表 6-12 可知 CMIN/DF 为 1.884，小于 3 以下标准，RMR 为 0.063 小于 0.1 的标准，GFI、NFI、TLI、IFI、CFI 均达到 0.9 以上的标准，RMSEA 为 0.049，小于 0.08，AGFI 为 0.887，大于 0.8，在可接受范围内，大部分拟合指标均符合一般的研究标准，因此可以认为这个模型有不错的配适度。

表 6-12　验证性因素模型拟合指标

拟合指标	CMIN/DF	RMSEA	GFI	RMR	AGFI	NFI	IFI	TLI	CFI
判断标准	<3	<0.08	>0.85	<0.1	>0.8	>0.9	>0.9	>0.9	>0.9
模型结果	1.884	0.049	0.912	0.063	0.887	0.93	0.966	0.96	0.966
结论	合格	合格	合格	合格	合格	合格	合格	合格	合格

表 6-13　收敛效度

因素	题项	非标准化负荷	S.E.	C.R.	P	标准化负荷	CR	AVE
A	A1	1				0.763	0.911	0.721
	A2	0.993	0.063	15.719	* * *	0.783		
	A3	1.205	0.064	18.843	* * *	0.914		
	A4	1.206	0.063	19.006	* * *	0.923		
B	B1	1				0.76	0.862	0.61
	B2	1.078	0.073	14.71	* * *	0.8		
	B3	1.012	0.07	14.393	* * *	0.781		
	B4	0.987	0.068	14.423	* * *	0.783		
C	C1	1				0.68	0.867	0.626
	C2	1.29	0.085	15.198	* * *	0.91		
	C3	0.851	0.078	10.89	* * *	0.618		
	C4	1.411	0.093	15.208	* * *	0.912		
D	D1	1				0.745	0.883	0.657
	D2	0.893	0.071	12.608	* * *	0.659		
	D3	1.203	0.071	17.034	* * *	0.867		
	D4	1.287	0.071	18.1	* * *	0.942		
E	VE1	1				0.803	0.912	0.722
	VE2	0.986	0.052	18.9	* * *	0.868		
	VE3	1.065	0.056	18.907	* * *	0.869		
	VE4	1.026	0.055	18.577	* * *	0.857		
F	F1	1				0.948	0.882	0.722
	F2	0.616	0.045	13.633	* * *	0.611		
	F3	0.99	0.035	28.283	* * *	0.945		

注：* * * 代表在 1%的显著性水平上显著。

由表 6-13 可知，各题标准化因素负荷均大于 0.6 以上，残差均为正而且显著。各个因素组成信度均大于 0.7，平均变异萃取量均大于 0.5，均达到收敛效度的标准。

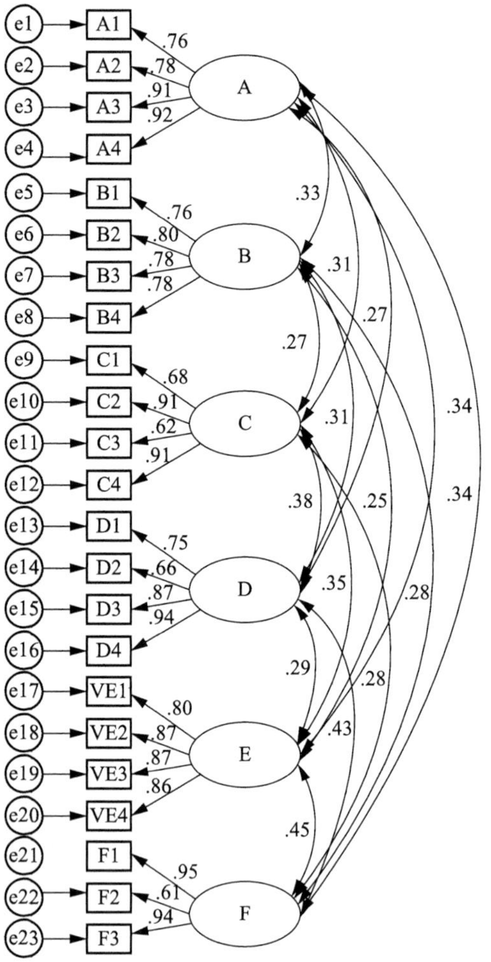

图 6-2　因子分析结果

（二）区别效度

区别效度分析是验证不同的两个构面相关在统计上是否有差异，在不同构面的题项应该不具有高度相关，如有（0.85 以上），就表示这些题项是测量同一件事，通常会发生在构面的定义如有过度重叠时。

本研究采用较严谨的 AVE 法对区别效度进行评估，Fornell 和 Larcker（1981）指出每个因素 AVE 开根号须大于各成对变数的相关系数，表示因素之间具有区别效度。各因素 AVE 开根号均大于对角线外的标准化相关系数，因此本研究仍具有区别效度，斜下三角为相关系数。详见表 6-14。

表 6-14 区别效度及相关系数

	A	B	C	D	E	F	H	G
A	0.849							
B	0.306**	0.781						
C	0.304**	0.264**	0.791					
D	0.252**	0.304**	0.369**	0.811				
E	0.302**	0.231**	0.331**	0.289**	0.850			
F	0.353**	0.273**	0.299**	0.424**	0.447**	0.850		
H	0.406**	0.434**	0.521**	0.551**	0.576**	0.632**	0.818	
G	0.449**	0.482**	0.545**	0.606**	0.557**	0.676**	0.761**	0.799

五、结构方程分析

在相关测量指标取得了良好的信度和效度之后，为了更好地探究促进因素量表中各因素、阻碍因素量表中各因素与价值观、使用意向之间的关系，本次研究采用 AMOS 进行结构方程建模，并验证这些变量之间的关系。根据本研究的假设，在概念模型提出的基础上，本研究运用 AMOS 22.0 建立了待验证的完整结构方程模型。

表 6-15 结构方程模型拟合指标

拟合指标	CMIN/DF	RMSEA	GFI	RMR	AGFI	NFI	IFI	TLI	CFI
判断标准	<3	<0.08	>0.85	<0.1	>0.8	>0.9	>0.9	>0.9	>0.9
模型结果	1.704	0.044	0.899	0.063	0.874	0.923	0.967	0.961	0.967

从表 6-15 可知 CMIN/DF 为 1.704，小于 3 以下标准，RMR 为 0.063 小于 0.1 的标准，NFI、IFI、TLI、CFI 均达到 0.9 以上的标准，RMSEA 为 0.044，小于 0.08，GFI、AGFI 分别为 0.899、0.874，大于 0.8，在可接受范围内，大部分拟合指标均符合一般的研究标准，因此可以认为这个模型有不错的配适度。

表 6-16 路径系数

路径			标准化系数	非标准化系数	S. E.	C. R.	P	假设
再次交易意愿	<—	有形性	0.052	0.055	0.044	1.269	0.205	不成立
再次交易意愿	<—	可靠性	0.189	0.223	0.05	4.483	***	成立
再次交易意愿	<—	响应性	0.259	0.427	0.073	5.819	***	成立

续表

路径			标准化系数	非标准化系数	S. E.	C. R.	P	假设
再次交易意愿	<——	保证性	0. 203	0. 234	0. 05	4. 638	* * *	成立
再次交易意愿	<——	移情性	0. 286	0. 291	0. 046	6. 387	* * *	成立
再次交易意愿	<——	便利性	0. 302	0. 3	0. 044	6. 8	* * *	成立
满意度	<——	有形性	0. 071	0. 064	0. 033	1. 933	0. 053	不成立
满意度	<——	可靠性	0. 174	0. 174	0. 042	4. 169	* * *	成立
满意度	<——	响应性	0. 141	0. 198	0. 062	3. 173	0. 002	成立
满意度	<——	保证性	0. 2	0. 196	0. 042	4. 626	* * *	成立
满意度	<——	移情性	0. 129	0. 111	0. 04	2. 765	0. 006	成立
满意度	<——	便利性	0. 227	0. 191	0. 04	4. 761	* * *	成立
再次交易意愿	<——	满意度	0. 339	0. 288	0. 075	3. 833	* * *	成立

注：* * *，$p<0.001$

由表 6-16 可以得到，有形性对再次交易意愿（$\beta=0.055$，$p>0.05$）不具有显著影响，假设不成立；可靠性对再次交易意愿（$\beta=0.189$，$p<0.05$）具有显著影响，假设成立；响应性对再次交易意愿（$\beta=0.259$，$p<0.05$）具有显著影响，假设成立；保证性对再次交易意愿（$\beta=0.203$，$p<0.05$）具有显著影响，假设成立；移情性对再次交易意愿（$\beta=0.286$，$p<0.05$）具有显著影响，假设成立；便利性对再次交易意愿（$\beta=0.302$，$p<0.05$）具有显著影响，假设成立。

有形性对满意度（$\beta=0.071$，$p>0.05$）不具有显著影响，假设不成立；可靠性对满意度（$\beta=0.174$，$p<0.05$）具有显著影响，假设成立；响应性对满意度（$\beta=0.141$，$p<0.05$）具有显著影响，假设成立；保证性对满意度（$\beta=0.2$，$p<0.05$）具有显著影响，假设成立；*E* 对满意度（$\beta=0.129$，$p<0.05$）具有显著影响，假设成立；便利性对满意度（$\beta=0.227$，$p<0.05$）具有显著影响，假设成立；再次交易意愿对满意度（$\beta=0.339$，$p<0.05$）具有显著影响，假设成立。经过以上分析，之前提出的研究假设得到了验证，见表 6-17。

表 6-17　研究假设验证情况汇总表

序号	研究假设	验证结果
H1	有形性对农户的满意度有促进作用	不成立
H2	有形性对农户的交易意愿有促进作用	不成立
H3	可靠性对农户的满意度有促进作用	成立

续表

序号	研究假设	验证结果
H4	可靠性对农户的交易意愿有促进作用	成立
H5	响应性对农户的满意度有促进作用	成立
H6	响应性对农户的交易意愿有促进作用	成立
H7	移情性对农户的满意度有促进作用	成立
H8	移情性对农户的交易意愿有促进作用	成立
H9	保证性对农户的满意度有促进作用	成立
H10	保证性对农户的再次交易意愿有促进作用	成立
H11	便利性对农户的满意度有促进作用	成立
H12	便利性对农户的再次交易意愿有促进作用	成立
H13	满意度对再次交易意愿有促进作用	成立

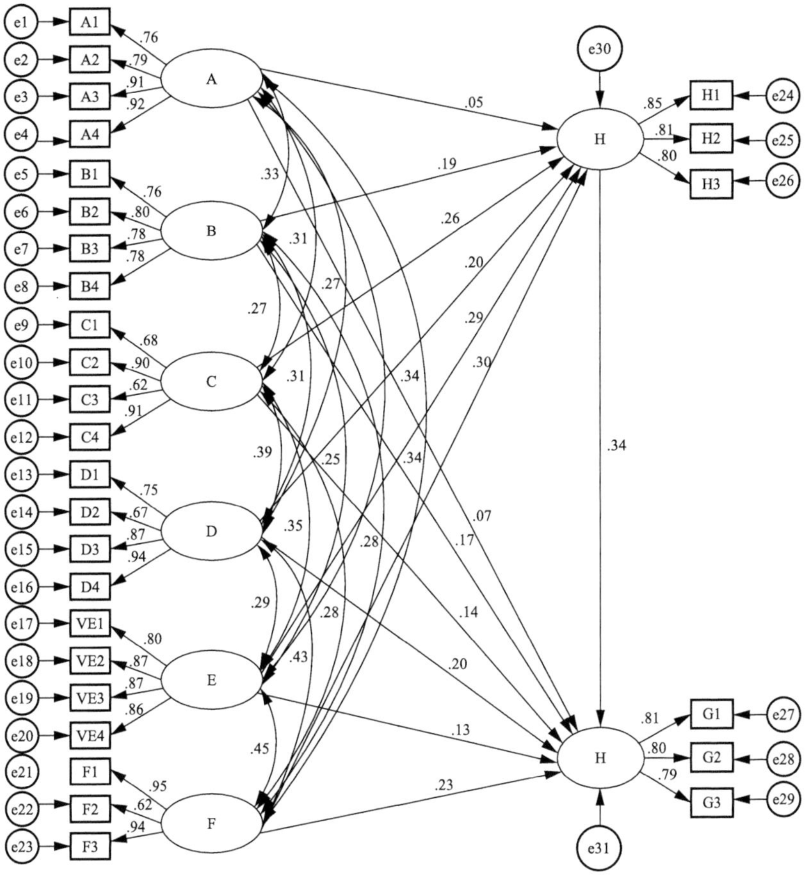

图 6-3　结构方程模型

同时，综上分析可知此模型可以接受。至此，农村淘宝服务质量对农户再次交易意愿的影响模型运行结果，如图 6-4 所示，反映了各潜在变量之间相关关系及影响程度（其中，实线表示显著影响，虚线表示不显著影响）。

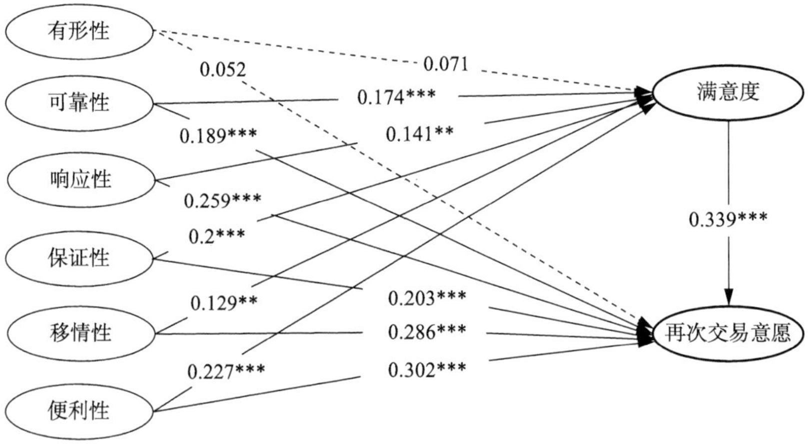

图 6-4　路径系数结果

第五节　本章小结

一、研究结果及讨论

本研究运用服务质量理论，对“千县万村”计划中的广东省清远市的阳山县、茂名市的高州市、揭阳的揭西县、罗定市的军埔村等地的、在当地农村淘宝站有过交易经历的农户进行调研，运用因子分析将影响农户再次交易意愿的影响因素归纳为有形性、可靠性、响应性、保证性、移情性、便利性，并运用路径分析得出标准化回归系数对农村电子商务中间关键影响因素进行实证分析，得出以下几点研究结论。

（1）从路径分析结果得出，有形性对农户再次交易意愿影响 Sig. =0. 205>0. 05，未通过显著性检验，同时，有形性对满意度的影响 Sig. =0. 053>0. 05，未通过显著性检验，表明有形性对农户的满意度和再次交易意愿没有影响。有形性是指村级服务站中的实体部分，包括有形设备、实体环境，和城市不同，大部分农村地区条件一般，基础设施落后，农户对村淘的环境、基础设施和设备的要求不高，村淘正是在农村各种基础设施发展薄弱的背景下建立的，这也与我们的调研结果一致。

（2）可靠性对再次购买意愿的影响 Sig. = 0.000 < 0.05，路径系数为 0.189，通过显著性检验，且呈正相关关系；可靠性对满意度的影响 Sig. = 0.000<0.05，路径系数为 0.174，通过显著性检验，也呈正相关关系。可靠性是指村级服务站提供所允诺服务的能力，即承诺是否实现的能力，可见村淘承诺实现能力越高，农户的满意度会越高，再次交易的意愿也会越高，因此在交易过程中，村淘要慎重许诺，并要完成好所承诺的服务。

（3）响应性对再次购买意愿的影响 Sig. = 0.000 < 0.05，路径系数为 0.259，通过显著性检验，且呈正相关关系；保证性对满意度的影响 Sig. = 0.000<0.05，路径系数为 0.141，通过显著性检验，也呈正相关关系。响应性是指村级服务站乐于帮助顾客与提供及时的服务的能力，响应性越高，农户的满意度会越高，再次交易的意愿也会越高，因此在交易过程中，村淘要及时提供服务，及时处理农户的订单，缩短农户的等候时间。

（4）保证性对再次购买意愿的影响 Sig. = 0.000 < 0.05，路径系数为 0.203，通过显著性检验，且呈正相关关系；保证性对满意度的影响 Sig. = 0.000<0.05，路径系数为 0.2，通过显著性检验，也呈正相关关系。保证性是指村级服务站服务人员的知识和态度使农户信任放心的程度，村级服务站提供服务的专业化水平，保证性越高，农户的满意度会越高，再次交易的意愿也会越高，因此在交易过程中，村淘工作人员要不断学习新知识、新技能，阿里要及时对村淘工作人员进行培训，使村淘服务人员能不断提高自身专业化水平。

（5）移情性对再次购买意愿的影响 Sig. = 0.000 < 0.05，路径系数为 0.286，通过显著性检验，且呈正相关关系；移情性对满意度的影响 Sig. = 0.000<0.05，路径系数为 0.129，通过显著性检验，也呈正相关关系。移情性表现了农村淘宝服务人员的同理心，同理心越高，农户的满意度会越高，再次交易的意愿也会越高，因此在交易过程中，村淘工作人员要多换位思考，考虑农户的需求与切身利益，由于农村居住群体的特殊性，大部分都是街坊邻居，村淘人员要与他们维持较好的关系，有利于提高他们的满意度与再次交易意愿。

（6）便利性对再次购买意愿的影响 Sig. = 0.000 < 0.05，路径系数为 0.302，通过显著性检验，且呈正相关关系；便利性对满意度的影响 Sig. = 0.000<0.05，路径系数为 0.227，通过显著性检验，也呈正相关关系。便利性

表现了农户获取服务的便利程度，在服务质量的五个显著因素中，便利性对农户满意度与再次交易意愿的影响都是最大的，许多农村地理位置偏远，置办生活用品或购买家电都要去到镇上，农村淘宝直接落户于村落中，且不管是生活用品还是家电都能从网上购买，物品丰富，且地理位置非常方便，这是影响农户满意度与再次交易意愿的重要因素。

（7）满意度对再次购买意愿的影响 Sig. = 0.000 < 0.05，路径系数为 0.339，通过显著性检验，也呈正相关关系。研究结果表明，满意度越高，农户的再次购买意愿越强，服务质量的因素会影响到顾客的满意度，满意度会对再次购买意愿产生正相关影响。因此，村淘的工作人员一方面要注重顾客的满意度，另一方面也要不断提升服务质量水平。

二、村级服务站点提供电商服务的效果显著

2014 年 11 月阿里巴巴启动了庞大的“千县万村”计划，各地纷纷建立农村淘宝点，截至 2016 年 9 月 10 日，阿里的农村淘宝团队已经对接了 72 个省份，23 个省份已经建成落地的农村淘宝服务站，开业了 167 个县级运营中心、7870 个村点，发展势头迅猛。在村级服务站再次交易意愿的调查中，我们发现农户的再次交易意愿很高，有八成以上的村民会选择再次来农村淘宝店交易或者下次推荐给自己的亲朋好友，农户来农村淘宝交易的意愿很强烈。农户在村淘的交易意愿主要体现在两个方面：第一个是代买，农村淘宝推出了手机 APP，农户可以直接在手机下单，通过与各站点的农村淘宝绑定，农村淘宝后台可直接接受订单，农户日常所需要的生活用品，尤其是农资等，都可通过农村淘宝代买。阿里也会不断给农村淘宝工作人员培训，进行农业知识讲解，村淘店员能够给农户购买化肥、农具提供建议与指导；第二个交易意愿体现在代卖上，农村淘宝的出现给滞销的农产品提供了新的销售渠道，农户可以通过农村淘宝在全国各地销售农产品，拓宽了销售渠道，并且村淘工作人员对农产品进行统一包装、统一价格、统一每箱重量，统一制作商品的数据包，如图片、描述等，统一在网上进行售卖等，村级服务站成为连接农户与互联网平台的一个重要组织，具有非常光明的前景。

第七章 电商服务如何有效促进农村电商持续发展

第一节 引 言

农村电商在稳定农产品价格、实现小农与现代市场对接、倒逼农业生产的标准化与品牌化、推动农村就业创业、扶贫减贫等方面发挥了重要作用；电子商务的应用，使得农村地区各类产品和资源的市场供给方式得以创新，传统产业和服务业加快融合并实现数字化转型升级，多主体在各产业环节实现专业协同，带动低收入农民群体创业就业和广泛参与的增收脱贫。然而，由于市场对农村电商认识水平不一，区域间缺少明确规划和配套服务，质量安全缺乏有力保障等问题，许多有益措施和典型模式不能有效地指导各地农村电商的可持续发展，需要通过构建农村电商服务体系，以完善的服务供给满足多样化的农村电商发展要求（胡晓杭，2017）。

经过几年的发展，农村电商已进入“服务体系阶段”；人才队伍、物流配送，冷链、追溯、营销等服务环节的重要性越发凸显，农村电商围绕农村线上线下结合、上行下行贯通的本地化的服务体系发展，从前端的交易沿着产业链向更深处延伸（汪向东，2016），这意味着农村电商服务的模式、内容以及提供方式向系统化和复杂化方向发展，此时，市场主体参与的重要性就凸显出来。一方面，市场主体参与能够提升服务绩效、改变公众对政府服务的认知、提高服务与市场需求的契合度（范柏乃等，2016）；另一方面，市场主体参与又是农村电商服务效果的直接体现，比如，在部分农村地区，初始阶段市场主体参与的积极性很高，当地的农村电商发展也很快，但是随之而来的是，继续参与农村电商的行为就明显减少了，[①] 电商活动表现为“退潮”状态，退出的主要原因基本可以归结为“农村网商获利难”和“农产品上行难”，这两大难题更说明了人才队伍、物流配送，冷链、追溯、营销等农村电

① 中央电视台《焦点访谈》栏目于2017年4月10、11、12日连续三天播出了《农村电商调查》，调查结果表明，在经过最初的电商热潮之后，很多电商参与主体由于农产品上行难、自身应用电商能力不强等原因导致难以盈利而退出。

商服务的重要性和艰巨性。因此，政府在农村电商发展过程中，不仅需要通过制度与政策扶持（鲁钊阳，2018；钮钦，2016）来营造环境，更需要通过具体的工具性手段（电商服务）来落实政策，鼓励多元市场主体参与农村电商的积极性。那么，什么样的农村电商服务体系才能有效引导众多的市场主体参与，进而促进农村电商的持续发展呢？

第二节　文献回顾

一、农村电商服务

在农村电商发展新阶段，最关键的任务就是建立落在本地的、线上线下结合、上行下行贯通的农村电商服务体系（汪向东，2016）。目前的农产品上行基本上是以开展特色农产品网销活动和村级电商物流系统试点为载体，由线上营销体系、电商公共服务体系和线下电商物流体系组成的农产品电商模式。在农村电商服务体系中，政府的作用是主导和引导：立足于整合各方资源，构建培训、物流、农村服务站、农村产品营销和供应链体系，力求解决理念、创业培训、氛围营造、农产品销售、O2O 农村消费等问题（杨旭等，2017）。

现阶段农村电商服务的基本格局是：政府的“电子商务进农村综合示范”项目建设通过“县域电子商务公共服务中心”，向市场主体提供农村电商公共服务；与此同时，国内大型电商平台企业积极参与或作为公共服务中心的运营商，承接政府公共服务职能，协助网商和农村居民对接政府相关职能部门及第三方服务商等，让他们找到所需的相应服务；推动农村产品上行，提供公共仓储、代发货等基础服务；加强产品质量控制，制定标准，建立农村商品供应链上行体系（杨旭等，2017）。与此同时，平台电商服务也发挥着重要的作用。电子商务服务平台是整个农村电商生态系统的领导者，它在为系统其他成员提供发挥能力创造价值的平台的同时，发挥着整合资源和协调成员关系的职能，更致力于增进整个系统的稳定性、效益性和创新性（汪怡等，2014）。

从电商服务的基本内容来看，主要是面向农村电商企业、农户等市场主体，借助政府的行政力量，建设农产品标准与溯源体系，推动非标农产品静动态追溯、检测、分级、冷链与保险一体化，建立产品溯源体系；依照标准和溯源体系的要求，为合作社、农村生产企业、新型农业经营主体提供产品分拣、包装、检测、品牌注册、品牌培育、网络营销策划等增值服务；通过农产品的网络销售，推动民俗、旅游等产品的供需对接，实现一二三产业的融合发展（杨旭等，2017）。

从本质上来说，农村电商服务是“回应市场需求”的服务（何艳玲等，2014），即随着电商发展需要而产生的，这种需求驱动型的服务从根本上推动了“市场主导、政府引导、公众参与”的电商服务供给及其协同治理模式（郭鹏等，2017；杨旭等，2017）；电商服务的深入推进既能使部分公共服务通过市场化方式得到有效供给，也可破解市场服务短缺的问题，从而形成农村服务的“连带”供给模式（黄俊尧，2017）。

二、农村电商参与

所谓参与（participation），是指人们参加政治、经济、社会文化以及其他社会生活不同方面活动的过程（Sidorenko，2006），在过去的几十年时间里，由“参与”概念衍生出了如“公民参与”“民主参与”“政治参与”“公共参与”和“员工参与”等类别（邵科等，2013），比如，农民专业合作社的“社员参与”指的是依法加入农民专业合作社的成员个体，通过多种形式参加合作社的生产经营活动；社员的参与行为包含了业务参与、资本参与和管理参与三个维度。

农村电商的主要组织形态是基于利益相关主体之间依赖性和互动性建立起来的电商生态系统，即由涉农生产者、电子商务平台、服务商、供应商、消费者、行政机构以及社会环境等各类主体共同组成，以互联网为主要的交流、合作、竞争平台，以实现物质、价值有序流动和信息有效传递为目的，具有协同功能和一定环境适应能力的动态有机整体（王胜等，2015），电商生态系统通过新的组织方式和对技能与资源重新组合使用的过程，推动可持续发展的转型变革，由资源依赖型关系所形成的农村电商生态系统中的合作创新，实质是参与者之间共生共存的资源互补机制，参与主体的参与动机或合作态度有着重要影响（张华，2016），市场主体的参与能够通过互动，促成生态系统中的创新与合作，有助于实现电商资源的高效共享与整合。电商参与从生态系统的构建、协商共识的形成和行动能力的培育三个方面促成生态系统中主体合作的框架（孙德超等，2017）：①参与过程是一种协商合作，参与活动将参与者置于农村电商系统这个公共空间，有助于增进参与者情感沟通和规范互动行为，从而逐渐形成农村电商系统中的非正式行为规范和准则；②参与过程鼓励各种形式的交流，将个人的电商经验与其他农村电商问题联系起来，形成信任关系，并共同探究电商问题的各种解决之道；③一方面，参与过程可以锻炼并培育主体行动的信心和能力，另一方面，参与过程可培育出合格而有能力的参与者，将进一步促成基于共识的合作行动的形成。

农村电商生态系统中，农村主体的参与类型多样化。首先，农村主体的参与表现为业务参与，即“通过产品和服务参加电商生态系统的组织运行活动”（邵科等，2013）。产品参与主要是指农业从业者把自己所生产的农产品卖出或者通过电商生态系统购买农业生产资料，包含了买和卖两种形态，本研究概括为交易参与；服务参与主要是指农村主体参加由地方政府或电商平台组织的生产信息技术培训与指导等。除此之外，农村主体的参与形式还有通过网上开店或微商等创业经营活动（崔丽丽等，2014；王金杰，2017；邱泽奇，2018）。

实现农村电商广泛参与的路径包括主体吸纳、协商嵌入和激励相容等方式，即强化对有电商参与意愿群体的有效吸纳，鼓励自下而上主导探索型电商实践，建立多方利益联结机制，进而促成政府、市场、社区和农村群体在内的多方主体之间有效的集体行动与合作（孙德超等，2017）。

第三节　数据来源、变量选择与模型设定

一、数据来源与研究方法

1. 数据来源

本研究选择广东省作为研究区域，使用的数据来自课题组于 2018 年在广东省农村电商发展迅速地区进行的调研考察。该项调研覆盖了广东省最著名的清远市阳山县、博罗县，汕头市。这些地区的村庄大部分都是率先兴起农村电商的区域，描述与农村电商有关的一些现象。在农村电商、经济发展等方面具备一定的典型性与代表性。

本研究的调研内容主要包括了家庭人口特征、接受农村电商等有关信息内容。调研采取了分层抽样、面对面访谈形式，总共发放 600 份问卷，剔除缺失和无效问卷后，共得到 484 份问卷。

2. 研究方法

分析农村居民接受电商服务问题时，既有研究未能给出一个合理的研究框架。本研究借鉴 Anderson（1968）医疗服务使用行为模型，选择的理由在于：一是该模型研究主题是是否愿意接受医疗服务，同本研究的主题是否愿意参与电商具有非常相似的特点，它们都是一种以个体的行为选择为中心，二者没有明显的差异。二是无论医疗服务使用还是电商参与，其二者均在理性人假设条件下来实现个体效用最大化的行为。在 Anderson 模型中，明确指出了前置因素、保障因素、需求因素三大因素对接受服务意愿有显著的影响。本研究延续了这一框架，并根据农村居民的实际情况，做出了一些合理的改进。

其中，前置因素是指个体的基本特征，在此不做过多分析。关于保障因素，本研究着重考虑的是政府和平台双重保障。既有研究表明，支持型文化氛围能够使得创业活动得到社会认同（Davidsson，1995），这能部分解释农村电商商户集聚的现象，其中政策支持不仅能够营造一种支持的大环境，还能直接积极提升农民创业意愿（朱红根等，2013），这也在淘宝村中的农民包容性创业得到了印证（梁强等，2016）。对于农村居民来说，政府对商户的扶持，降低了商户的经营成本，组织开发的商户经营培训，可能间接地提高了农村居民的服务体验或者是商品价格。与此同时，基于信任转移理论，个人对已知组织机构的信任可以转移至未知组织机构，政府积极推进与电商合作，个人对于政府的信任可以转移至对商户的信任，从而增强了个人的参与意愿。

对于平台保障，首先，电商平台网站制度自身能够增进消费者信任（赵学峰等，2012）；其次，平台对农村居民通过组织培训、人才引导等多种手段，保证农民能够从事交易活动，减少农民交易的风险，增进对电商商户的信任。此外，无论是线下服务站点还是线上网商平台交易，通过平台对农民的培训都有助于农民增进对电商的理解，也提升了农民感知自身风险的能力，从而限制商户的违约、不正当行为，反而增进了交易的持续性，提升了农村居民的参与意愿。

需求因素中，我们重点考虑了服务质量对参与意愿的影响，服务质量直接影响了参与意愿的强度。另外，我们考虑了营销因素如价格优势、销售优势对参与意愿的影响。农村电商网络环境下，顾客能够主动搜寻低价格进行交易，对价格的敏感度相对更高（岳鹤，2009）。基于互联网、服务站平台，农村居民能感知到自己理想的商品，而这可能在现实中很难直接找到，销售渠道简化成便捷的物流配送，取代了传统营销体系中销售渠道（Standfird，

2001；Melnik & Alm，2002）。在我国农村，社会创新因素对电商发展的影响不可忽视（崔丽丽等，2014），村民大部分都是受到自身周围已经开展电商服务活动的亲朋好友社交网络的影响，开始逐步了解电商服务，又通过前辈们的经验传授，进一步增进了二者间的信任关系，从而对参与意愿具备正向影响。

二、变量选择及其描述性统计

（1）被解释变量。本研究中，值得特别注意的是被解释变量为参与意愿，而非传统意义上的交易意愿。参与意愿反映出了微观主体农村居民是否愿意继续参与到农村电子商务服务活动中的一种心理状态。问卷中通过询问“您愿意再次接受电商服务吗?”来作为参与意愿的衡量标准，并分别赋值为 1~3 的有序整数。从最终调查结果上我们发现，超过半数的个体选择了“未来可能愿意”这一选项，这从一个侧面反映出，我们调研的地区，农村居民对电商服务活动处于观望的状态，并没有想象中具有盲目乐观跟风的态度。

（2）解释变量。本研究基于 Anderson（1968）模型，构建了参与意愿影响因素的理论框架。因此，本研究从前置因素、保障因素、需求因素出发引入解释变量。其中，核心解释变量是服务质量满意度。问卷中通过询问每个人的满意度状况分别是“非常不满意”“不满意”“一般”“满意”“非常满意”，为五级分类变量，通过被调查者的回答我们可以看出，大多数被调查者都选择了“一般”或者是“满意”，这是符合前文被解释变量的大致分布规律的，粗略表明，二者之间呈现出较强的相关性。同时，本研究将前置因素作为代表个体特征的变量，和保障因素作为代表保障再次交易顺利完成的代表变量，尽可能多地容纳影响参与意愿的因素。具体而言，前置因素包括了个人性别、年龄、受教育程度、月收入水平、个人电商倾向。保障因素结合农村电商具体环境，我们设置了基础设施、技能培训、人才引导、互联网使用、物流服务来反映。其中，基础设施、互联网使用属于政府保障。技能培训、人才引导、物流服务属于平台保障。在最关键的需求因素中，我们考虑到线下电商村级服务站点能够同时买卖生活资料和农产品，从买方和卖方的角度考虑，分别设置了销售优势和价格优势两个变量，并且考虑到社交邻里的示范引导作用（崔丽丽等，2014），本研究设置了亲邻邀请这一变量，衡量农村居民由于亲朋好友邻居的推荐而诱发的引致需求。最后，考虑到绝大多数文献中，对于截面回归都控制了来自不同地级市样本的差异，本研究也以虚拟变量形式控制地区效应，以控制地区层面电子商务发展水平不一致或是政府对电子商务的驱动力和补助不同导致的估计偏误。

所有变量的定义、赋值及其描述性统计结果见表 7-1。

表 7-1　变量指标定义及描述性统计特征

变量分类	变量名称	变量含义及其赋值	最小值	最大值	均值	标准差
因变量	参与意愿	您愿意再次接受电商服务吗：不愿意=1；未来可能愿意=2；愿意=3	1	3	2.06	0.67
前置因素	性别	被调研对象性别：女=0；男=1	0	1	0.48	0.50
	年龄	被调研对象真实年龄（周岁）	15	58	38.28	7.91
	受教育程度	被调研对象最高学历：初中及以下=1；高中/中专/技校=2；大专/本科=3；硕士及以上=4	1	4	1.94	0.90
	月收入水平	被调研对象平均月收入的自然对数	6.21	10.93	8.24	0.55
	个人电商倾向	您喜欢使用手机等便捷支付购买方式吗：不喜欢=0；喜欢=1	0	1	0.91	0.29
保障因素	基础设施	被调研对象所在村电商设备等硬件设施保障：缺乏=0；完善=1	0	1	0.72	0.45
	技能培训	被调研对象接受过相关电商平台专业人才培训吗：没有接受过=0；接受过=1	0	1	0.25	0.44
	人才引导	被调研对象在接受服务过程中有本地化人才服务人员实际引导帮助吗：没有=0；有=1	0	1	0.39	0.49
	互联网使用	被调研对象所在村互联网使用是否迅速快捷：不是=0；是=1	0	1	0.86	0.34
需求因素	销售优势	被调研对象的销售渠道是否方便快捷地满足其买卖商品的需要：不能=0；能=1	0	1	0.69	0.46
	价格优势	被调研对象认为接受的电商服务与传统百货商店价格上是否低廉：不是=0；是=1	0	1	0.65	0.49
	亲邻邀请	被调研对象是否受到过亲朋好友、邻居的邀请再次接受电商服务：没有=0；有=1	0	1	0.42	0.50
	服务质量	被调研对象服务质量满意度自评：极不满意=1；不太满意=2；一般=3；比较满意=4；非常满意=5	1	5	3.17	0.86

注：对分类变量计算均值、标准差等统计量并没有实际意义，这里只是反映该变量的分布情况。

第四节　计量模型

一、基准回归模型

本研究的被解释变量是农村居民接受电商服务的参与意愿，是一个离散型排序变量，取值范围为 1～3，适用于文献中广泛运用的有序 Probit（orderedProbit）模型。该模型与 Probit 模型同根同源，依然使用潜变量法推导出极大似然估计量。本研究模型处理如下：

$$y_i = F(\beta quality_i + \gamma X_i + \delta Area_i + \varepsilon_i) \tag{1}$$

其中，y_i 是被解释变量第 i 个个体的参与意愿，$quality_i$ 是核心解释变量第 i 个个体的电商服务质量满意度，也是一个排序变量且取值范围为 1～5，逐级递进。X_i 是其余所有反映前置因素、保障因素和需求因素的控制变量。$Area_i$ 是个体所在地区的虚拟变量，$F(\cdot)$为一种非线性函数，具体形式如下：

$$F(y_i^*) = \begin{cases} 1, & y_i^* \leqslant r1 \\ 2, & r1 < y_i^* \leqslant r2 \\ 3, & r2 < y_i^* \end{cases} \tag{2}$$

其中，y_i^* 是 y_i 参与意愿的不可观测的连续变量，称作潜变量，潜变量与服务质量满意度等各解释变量之间存在如下关系：

$$y_i^* = \beta quality_i + \gamma X_i + \delta Area_i + \varepsilon_i \tag{3}$$

经过以上变换，将待估计模型标准化，β、γ、δ 都是待估计参数，ε 是随机扰动项，$r1$、$r2$ 被称为切点，也是待估参数。与 Probit 模型相同的是，Oprobit 模型估计的系数缺乏精确的经济学含义，只能从显著性和正负号角度得到有限的结果信息，因此，本研究后续所有回归结果均是各解释变量对被解释变量参与意愿的边际效应。值得一提的是，本研究核心解释变量 $quality_i$ 也是一个排序离散变量，取值范围为 1～5，因此本研究将其设置为 4 个虚拟变量进行处理。

二、样本选择偏误

需要注意的问题是，式（1）仅仅是针对已经产生交易的样本，估计参与意愿，而对于未发生交易的样本无法观测到，被排除在样本范围外。因此，

（1）式的估计可能会存在样本选择偏差（Heckman，1979）。但是，这里比较特殊的是，本研究的参与意愿、服务质量满意度均是有序多分类变量，而传统的 Heckman 两步法第一阶段是被解释变量二元变量，第二阶段被解释变量则是连续变量。因此，不能采用传统的 Heckman 两步法进行纠正。

针对上述情况，我们建立 Heckoprobit 模型（Luca & Perotti，2011）来进行纠正。具体过程，分为两个阶段。第一阶段，定义选择方程如下：

$$select_i = I(select_i^* > 0) = I(\nu_0 + \nu_1 infra_i + \nu_3 \overline{Z_i} + \mu_{1i} > 0) \tag{4}$$

$$select_i^* = \nu_0 + \nu_1 infra_i + \nu_3 \overline{Z_i} + \mu_{1i} \tag{5}$$

其中，$select_i^*$ 表示个体是否发生了交易，当 $select_i^*$ 大于 0 时，该个体处于已经交易状态。其余未交易状态则取值为 0。$I(\cdot)$为示性函数。为了模型的可识别，我们加入了后文中需要提及的区域公路基础设施建设的密度 $infra_i$，不出现在第二阶段估计方程里。$\overline{Z_i}$为影响个体是否选择交易的一系列控制变量，如个体特征等变量。μ_{1i}服从二元正态分布，$\mu_{1i} \sim N(0, 1)$。第二阶段，定义结果方程如下：

$$y_i^* = \beta quality_i + \gamma X_i + \delta Area_i + \varepsilon_{1i} \tag{6}$$

显然，（6）式的设定与（3）式相同，其中各变量含义均与基准回归模型保持一致。但是 ε_{1i}服从的是二元正态分布，$\varepsilon_{1i} \sim N(0, 1)$。并且 ρ_1 是 ε_{1i}与 μ_{1i}的相关系数。简化上述模型（5）式、（6）式，令 $y_i = \sum_{k=1}^{3} \sigma_k I(r_k < y_i^* \leq r_{k+1})$、$A_i = \overline{X_{ai}} \lambda_1 + \nu_{1i}$、$B_i = X_{bi} \gamma + \varepsilon_{1i}$，其中，$\sigma_k$ 是实际观测值，且 $\sigma_1 < \sigma_2 < \sigma_3$ 可得对数似然函数如下进行参数估计：

$$\ln L_1 = \sum_{i \notin \Omega} \ln\{\Phi(-A_i)\} + \sum_{k=1}^{3} \sum_{i \in \Omega}^{y_i = \sigma_k} \ln\{\Phi_1(A_i, r_{k+1} - B_i, -\rho_1) - \Phi_1(A_i, r_k - B_i, -\rho_1)\} \tag{7}$$

其中，Ω 为参与意愿可被观测到的样本集合，$\Phi(\cdot)$是标准累积正态分布函数，$\Phi_1(\cdot)$是二元累积正态分布函数。

第五节 实证结果及分析

一、基准回归结果

本研究参考祝仲坤（2017）的做法，同时汇报 OLS 均值回归与 Oprobit 的估计结果（见表7-2）。采用逐步回归法，将前置因素、保障因素、需求因素逐次加入回归模型中，(1)、(4) 列汇报了只有前置因素的回归结果，(2)、(5) 列汇报了前置因素和保障因素的回归结果、(3)、(6) 列汇报了前置因素、保障因素和需求因素的回归结果，六个回归方程均控制了个体所属的地区效应。观察结果可得，OLS 的连续变量均值回归同有序 Probit 模型回归估计结果无太大差异，需求因素所涵盖的全体变量均是正向显著，特别是服务质量满意度，边际效应明显高于其他解释变量，这说明影响农村居民参与意愿的因素中，占主导地位的是服务质量满意度，当然其余变量也有一定程度的影响，但是不如服务质量满意度那样至关重要。

表7-2　基准回归结果

	OLS			Oprobit		
	(1)	(2)	(3)	(4)	(5)	(6)
性别	0.351* (0.205)	0.359* (0.200)	0.369* (0.184)	0.596* (0.324)	0.634* (0.340)	0.758* (0.376)
年龄	-0.006 (0.007)	-0.007 (0.008)	-0.006 (0.007)	-0.010 (0.011)	-0.012 (0.014)	-0.013 (0.014)
受教育程度（以“初中及以下”为参照组）						
高中/中专/技校	0.051 (0.128)	0.052 (0.126)	0.099 (0.122)	0.089 (0.215)	0.098 (0.224)	0.188 (0.226)
大专/本科	0.130 (0.134)	0.143 (0.128)	0.172 (0.129)	0.220 (0.226)	0.269 (0.231)	0.332 (0.240)
硕士及以上	0.054 (0.170)	0.068 (0.241)	0.038 (0.246)	0.094 (0.293)	0.114 (0.424)	0.047 (0.444)
月收入水平	0.133 (0.091)	0.099 (0.105)	0.113 (0.098)	0.230 (0.160)	0.175 (0.187)	0.218 (0.182)
个人电商倾向	0.140 (0.181)	0.170 (0.176)	0.056 (0.185)	0.235 (0.310)	0.329 (0.322)	0.125 (0.344)
基础设施		0.330*** (0.109)	0.285*** (0.108)		0.612*** (0.198)	0.558*** (0.203)
互联网使用		0.155 (0.164)	0.096 (0.162)		0.230 (0.306)	0.190 (0.311)
技能培训		0.385*** (0.118)	0.300*** (0.117)		0.722*** (0.224)	0.590*** (0.224)

续表

	OLS			Oprobit		
人才引导		0.432*** (0.116)	0.368*** (0.115)		0.834*** (0.202)	0.756*** (0.200)
销售优势			0.177** (0.084)			0.720*** (0.260)
价格优势			0.351*** (0.083)			1.239*** (0.253)
亲邻邀请			0.180** (0.073)			0.575*** (0.205)
服务质量（以“极不满意”为参照组）						
不满意			0.548*** (0.476)			3.897*** (0.978)
一般			0.847*** (0.325)			4.521*** (0.689)
满意			1.177*** (0.410)			5.756*** (0.886)
非常满意			0.824*** (0.578)			5.203*** (1.102)
常数项	0.951 (0.742)	0.852 (0.823)	1.217 (0.932)			
地区效应	已控制	已控制	已控制	已控制	已控制	已控制
R 方	0.039	0.143	0.211			
伪 R 方				0.020	0.079	0.120
Wald 检验值				18.64	31.51***	45.28***
样本容量	464	464	464	464	464	464

注：***、**和*分别表示在1%、5%和10%的统计水平上显著。括号内为稳健标准误。

在前置因素上，大多数变量均不显著，只有性别在10%的显著性水平上显著为正，这说明在农村居民中男性更偏好于再次进行电商服务。而年龄、受教育程度、月收入水平、个人电商倾向均不具备显著性。这可能是由于农村电商服务面向的是全体农村居民，无论老少，都可能需要在线上平台、线下服务站点进行交易，年轻人群可能线上购买商品、线下服务站点从事取快递等生活服务，年长人群去服务站点买卖自家农产品，因此在这二者之间，年龄并不具备明显的差异性。在受教育程度方面，与多数研究类似如金融知识这种认知能力和金融排斥这种行为反应之间的关系的文献（张号栋等，2016）不一致的是，基于微观主体本身的受教育水平也可视为对电子商务的理解能力水平，与其接受电商服务参与意愿这种行为反应并没有必然联系，这很可能是因为我们所选择的地区电商服务已经普及，且政府大力提倡，全部农村居民都了解电商服务村级服务站点的具体情况，与个人对电商的理解认知相关性不大。这从电商个人倾向变量的显著性上再一次印证了这一可能的原因，无论其对电商的偏好程度如何，其对参与意愿的影响都十分微弱。最后，收入水平也与电商服务参与意愿无关，这在一定程度上说明电商服务具备天然的普惠性，电商服务无处不在，渗透到农村居民的点滴生活之中，与收入水平、贫富状况并不具备联系，这与传统农村金融服务排斥的状态（王修华等，2012）形成鲜明对比。

在保障因素上，就基础设施而言，其对参与意愿的影响显著为正。这说明农村居民比较看重村级服务站点的设备齐全、完善，基础设施保障力度越大，农村居民的参与意愿越强。从技能培训上看，电商平台对农村居民的技能培训有显著的正向影响，这说明农村居民接受培训后更乐于前往电商村级服务站点接受生产、生活服务，农村居民的技能培训可以一定程度上帮助他们理解村级服务站点的经营业务和服务模式，也可以直接教导传授他们怎样获得电商服务交易，这也证明了大型平台委派专业型人才深入农村的举措是行之有效的。同时，交易过程中的本地化人才引导亦是正向显著，且从边际效应上看高于前二者，三者之间呈现出递增的趋势，这可能是因为村级服务站点的本地化人才帮扶切实在交易过程中帮助农村居民解决了交易过程中所遇到的问题，且本地人才的帮助缓解了农村居民在面对新兴事物上的陌生感和不信任感，农村居民在情感上更为放心，本地人才能够帮助交易者高效、妥善地完成交易，这是与基础设施、接受培训相比，切实发生在交易过程中的促成交易的保障，而基础设施是交易前的硬件保障，接受培训也是交易前的能力保障，这一结果证明交易过程中的保障至关重要。与此同时，互联网使用和物流服务对接受电商服务参与意愿的影响并不显著，这很可能是因为我们所调研的地区互联网已经普及、公路建设已经基本完善，农村居民在互联网使用的方便快捷程度上并没有受到制约，在物流快递等服务的速度上与城市也基本无异，因此，二者与参与意愿之间并不具备相关性，没有通过经验检验。

在需求因素上，销售优势和价格优势两者均在1%的显著性水平上显著为正。这从农村居民接受电商服务的农产品出售端（供给端）和生产生活资料的购买（需求端）两个层面上反映出影响农村居民参与意愿的关注因素。线上线下农村电商服务能够高效满意地帮助农村居民出售农产品，在购买生活生产资料上提供价格上的优惠，那么农村居民更乐于前往村级服务站点再次接受服务，这说明农村居民非常看重村级服务站点的实际交易结果。这与常理是一致的，也为农村电子商务未来发展的方向指明了方向，农村电商网商平台、微商、村级服务点作为农村电商的标志性成果，要在效率和价格优惠上聚焦，助力农村电商的可持续发展。亲邻邀请对农村居民参与意愿的影响有较强的促进作用，这说明在农村地区亲朋好友和邻居的邀请带动作用不可小觑，这在一定程度上印证了崔丽丽等（2014）的研究结论，社会创新、邻里示范的确对农村电子商务的发展起了不小的推动作用。

最后，本研究所最为关注的核心解释变量村级服务站的服务质量满意度对参与意愿的影响最为关键。以“极不满意”作为对照，各级满意度都是正向且在1%水平上拒绝原假设，且边际效应大小明显高于其他解释变量，说明影响参与意愿的很大可能是农村居民的前次交易累积的体验感、满意度。与此同时，我们将服务质量满意度视为连续型变量直接纳入回归模型（朱晨等，2017），得到的结果与上相同，在1%水平上显著且边际效应最大。由此，我们认为，服务质量之于参与意愿助推作用明显，能够积极促进农村居民接受村级服务站点的再次交易服务。

二、样本选择偏误和内生性问题

本研究的核心解释变量是农村居民对村级服务站点的服务质量的主观评价指标，模型设定可能会存在遗漏变量或是逆向因果的内生性问题。首先，本研究我们重点关注的是服务质量可能影响农村居民的参与意愿，然而，从本质上说，参与意愿衡量的电商服务的一种可持续消费行为，可能会提升村级服务站点的客观销售业绩，这一点已被研究顾客可持续消费行为的学者Yonggui Wang等（2018）证实，村级服务站点的盈利提升可能会使其自身更加注重服务的质量，从而与顾客即农村居民消费行为形成一种良性循环机制，由此便发生了双向因果关系问题。其次，一些难以衡量的影响参与意愿遗漏变量（如自身心理状态、心情状态等）也导致了不可避免的遗漏变量的问题。

为解决上述内生性问题，本研究遵循了国内外通用的工具变量法，但是因为服务质量满意度是一离散型变量，基于连续型变量的工具变量回归估计不再适用。本研究借鉴祝仲坤（2017）和董香书等（2012）处理内生性问题的研究方法，同时使用 Heckoprobit 模型、Bioprobit 模型和 CMP 方法来保证模型估计的一致性和稳健性。Bioprobit 和 CMP 方法均是以似不相关回归（SUR）为基础，利用极大似然估计方法估计，构建递归形式的结构方程系统而实现的两阶段回归。与 Heckoprobit 模型类似的是，本研究的三种回归方法在两个回归阶段模型工具变量选取上一致，控制变量选取上也保持一致，回归过程中根据扰动项相关系数检验来判断模型的内生性问题。Bioprobit 模型两个阶段的唯一联系是扰动项的相关性，采用完全信息极大似然估计（FIML）方法，而 CMP 方法是 Roodman（2011）提出的条件混合过程的联立似然方法估计。能够适用于多种回归模型，具体细节见董香书等（2012）的观点，本研究只是想通过上述三种方法的运用，有效控制样本选择偏误和模型的内生性问题，得到比较稳健可靠的经验验证，对处理方法本身不做过多延伸。

在工具变量的选取上，我们同截面回归大多数文献一样，采用了各地区（地级市）水平上的基础设施建设水平作为工具变量，工具变量必须同时具备与内生解释变量相关，与被解释变量无关的双重条件，因此更具体的我们选择地区公路基础设施建设作为工具变量，借鉴 Demurger（2001）的做法计算公路基础设施建设的密度，具体衡量指标是地区等级公路和等外公路加总后除以地区的国土面积。对于该指标，从相关性上考虑，地区公路基础设施影响了农村物流服务的速度，进而可能会影响居民整体接受服务的满意度。从无关性上考虑，地区公路基础设施建设并不直接影响个体的参与意愿这一个体选择行为。

回归开始前，我们进一步检验工具变量选取的外生性，仿照郑志丹等（2017）的做法，我们将工具变量对表 7-2 中模型（6）的残差序列进行线性拟合，结果显示拟合线基本是一条水平线，因此，我们认为公路基础设施建设是一个比较好的工具变量。

三种方式具体回归结果见表 7-3。

表 7-3　样本选择偏误和内生性问题回归估计结果

	Heckoprobit		Bioprobit		CMP	
	选择方程	结果方程	第一阶段	第二阶段	第一阶段	第二阶段
服务质量满意度		0.857*** (0.273)		1.514*** (0.411)		1.210*** (0.268)

续表

	Heckoprobit		Bioprobit		CMP	
地区基础设施建设	0.803*** (0.294)		1.253*** (0.246)		1.101*** (0.283)	
控制变量	已控制	已控制	已控制	已控制	已控制	已控制
地区效应	不控制	已控制	不控制	已控制	不控制	已控制
athrho	0.243*** (0.044)		0.232*** (0.051)			
atanhrho_ 12					0.108*** (0.037)	
Wald 检验值	110.75***	8.67***	24.64***			
样本量	464	464	464			

注：***、**和*分别表示在1%、5%和10%的统计水平上显著。括号内为稳健标准误。为避免地区效应和工具变量地区基础设施建设的多重共线性问题，我们在第一阶段回归中没有加以控制。

根据表7-3的回归结果，首先，从Heckoprobit模型的结果上看，第一阶段回归的工具变量系数在1%水平上显著，这与我们的预期是相符的，区域公路交通的发达程度能够在很大程度上影响农村地区的物流、农产品输送供给速度，从而影响个体的交易行为选择。其次，模型的两个方程随机干扰项的相关系数显著不为0，且Wald检验P值为0.000，显著拒绝相关系数为0的原假设，再次说明样本存在选择性偏误。这也能从Bioprobit和CMP方法的第一阶段回归结果和相关系数显著性上得到验证，Bioprobit和CMP方法的回归结果十分接近。同时，三种方法的第二阶段结果方程还是显示服务质量满意度对参与意愿在1%水平下显著为正，两个内生性检验参数显著说明基准模型中存在内生性问题。以上结果说明，在纠正样本选择偏误和处理内生性问题之后，我们得到的结论服务质量满意度对参与意愿的正向影响依旧稳健。

第六节　稳健性检验

为了保证基准回归模型估计结果的稳健，本研究对实证模型进行了表7-4的一系列更改。首先，我们将基准模型替换称为Ologit模型。其次，我们将被解释变量替换成我们经过调研所得到的农村居民接受电商服务交易频率这一相较于意愿而言，更为客观的变量，也是一个离散变量，取值为1~5。具体含义是“每月4次及以下”赋值为1、“5~8次”赋值为2、“9~12次”赋值为3、“13~16次”赋值为4、“每月16次以上”赋值为5。再次，我们将基准模型中回答“未来可能再次进行交易”的样本赋值为0，这样被解释变量成为一个二值变量，适用于经典的Probit和Logit模型。最后，我们依据年龄大小分样本进行回归检验，划分标准为年龄序列的中位数取整，发现结论依旧稳健，年龄差异并没有导致结果的不显著。综上，本研究所得出的关于服务质量满意度对农村居民再次进行电商服务交易意愿的影响主要研究结论保持稳健。

表7-4　稳健性检验回归估计结果

	替换模型	替换被解释变量	变量重新定义		分样本回归	
	Ologit	交易频率	Logit	Probit	小于41岁	大于41岁
服务质量满意度						
不满意	6.046*** (2.224)	3.206** (1.501)	12.914*** (1.914)	3.059*** (0.954)	6.481*** (0.919)	3.076*** (1.387)
一般	7.016*** (1.578)	4.340*** (1.628)	16.820*** (2.209)	4.978*** (0.571)	7.009*** (0.687)	4.427*** (0.756)
满意	9.159*** (2.059)	4.344** (1.766)	19.061*** (3.477)	6.514*** (1.553)	7，966*** (0.772)	5.424*** (0.934)
非常满意	7.885*** (2.042)	3.522*** (1.302)	21.166*** (6.718)	7.562*** (2.578)	8.750*** (1.098)	9.777*** (1.134)
控制变量	已控制	已控制	已控制	已控制	已控制	已控制
地区效应	已控制	已控制	已控制	已控制	已控制	已控制
伪R方	0.392	0.390	0.770	0.771	0.508	0.4893
Wald检验值	262.64***	432.67***	1873.68***	2364.03***	742.84***	924.17***
样本量	464	464	464	464	464	464

注：***、**和*分别表示在1%、5%和10%的统计水平上显著。括号内为稳健标准误。

第七节　结论及政策建议

本研究基于农村电商蓬勃兴起过程中的“电商退潮”现象背景，立足微观主体农村居民再次接受电商服务交易的视角，运用Aderson（1968）的框架，构建了服务质量等多种因素共同作用农村居民参与意愿的计量模型，分析了农村电商服务质量对农村电商可持续发展的影响，并利用调研获取的464份微观数据进行经验检验。研究发现：第一，政府支持、平台保障对农村居民再次接受电商服务具有显著的影响；更进一步地，销售、价格等营销因素、社会创新因素均对农村居民参与意愿有着正向影响，但影响最大的还属农村电商服务质量因素，服务质量的满意感能够显著增进农民的参与意愿。第二，在控制样本选择性偏误和内生性问题后，运用Heckoprobit模型、Bioprobit模型和条件混合过程估计（CMP）法进行回归估计后，上述结论依旧成立。再次更换模型、分样本回归结果依旧显示结论稳健、可靠。

本研究的结论具有较强的现实和政策含义。在农村地区政府大力提倡发展农村电商的形势下，探讨影响农村电商可持续发展的多种因素，并且基于的是“消费者”农村居民这一视角，更能说明现实问题。这为广大推进农村电商服务的地区提供了一条政策启示，即在政府、平台多种外在助推方式作用的情况下，不能忽略服务质量这一重要的市场化评价指标，农村居民需要的不是量多而是质高，要保证落实的农村电商线上线下的服务质量，以此保证可持续发展态势，避免农村电商“退潮”的情形发生。本研究的结论也从另一个侧面证明了，当前政府支持、平台保障的通力合作促进电商发展模式是行之有效的。

第八章　农产品电商线上线下体系及其协调

2016 年，我国农村网络零售市场交易规模达到 8945.4 亿元，占全国网络零售总额的 17.4%。在农产品上行方面，从 2012 年到 2016 年，农产品网络零售交易额从 200 亿元增长至 1589 亿元，增长近 8 倍。2014 年以来，商务部会同财政部、国务院扶贫办，安排中央财政资金 84 亿元，以中西部地区为主，在 27 个省区市的 496 个县开展电子商务进农村综合示范。重点加强农村物流体系建设、乡村网点信息化改造、农村产品网络销售和人才培养等，建设完善农村电子商务运营网络。目前，电子商务进农村综合示范引导带动邮政、供销等传统渠道，以及京东、苏宁等电商企业加快布局农村电商市场，在 1000 多个县建设了 40 万个电商村级服务点。农村电商已经成为推进城乡协同发展，加快城乡市场一体化步伐，促进农业特别是县域经济转型升级，助力精准扶贫、精准脱贫的重要途径。

中央一号文件首次专条提出要推进农村电商发展，文件指出要促进新型农业经营主体、加工流通企业与电商企业全面对接融合，推动线上线下互动发展；支持农产品电商平台和乡村电商服务站点建设；鼓励地方规范发展电商产业园，聚集品牌推广、物流集散、人才培养、技术支持、质量安全等功能服务；同时，应建立健全适应农村电商发展的农产品质量分级、采后处理、包装配送等标准体系，并开展电子商务进农村综合示范。

第一节　农产品电商平台体系

一、农产品电商综合服务平台

农产品电商综合服务平台包含农产品、文化旅游、工艺品、工业产品等信息，作为产品（服务）提供者和市场（渠道）间的接口，提升电商产品的线上线下流通效率，实现整个产业链的有效增值。

（1）农产品信息综合服务子系统。广泛同各地农产品生产者、经销商和研究人员建立合作，共建共享特色农产品数据库及其产品标准。包含农产品质量安全溯源管理、农家乐及基地采摘游预定、农产品信息发布、农产品物流运输及保障等功能。

（2）农产品电商信息服务子系统。建立文化旅游、工艺品、工业产品等电商信息服务子系统，为本地及周边一二三产业提供全面服务。在企业、网商、互联网间建立联系，协助企业进行网络推广和网络品牌营销。

二、农村电子商务公共信息服务平台

平台包含电子商务购买、农村电子商务创业、本地生活服务。结合电子商务优势，为农村居民真正实现便利快捷的商铺买卖，同时延伸周边业务，从而全面深化便民服务，做到真正便民、利民，带动农村居民生产、消费和就业。

为农业企业、专业合作社、行政村提供在线管理功能，实现其对内进行业务的管理和资料信息的共享，对外实现产品信息、供求信息、业务信息、项目申报信息的发布，并提供企业基础数据及运营数据；包含信息服务、科技服务、在线互动、物联网与智慧农业、城乡互动、综合服务、数据资源、优势产业、村镇区域、党员远程教育、乡村文化、农家百事等服务板块；通过互联网提供远程病虫害诊断、技术培训、视频直播、专家讲座等服务，搭建农业物联网全省统一服务平台，为行业应用提供应用和服务支撑。

三、农产品电子商务交易平台

电子商务交易平台不仅沟通了买卖双方的网上交易渠道，大幅降低了交易成本，还开辟了电子商务服务业的一个新的领域。加强电子商务交易平台的服务规范，对于维护电子商务交易秩序、促进电子商务健康发展，具有非常重要的作用。农产品电子商务领域，以京东商城、阿里巴巴、苏宁为代表的广域平台，以赶街、乐村淘、淘实惠和一亩田为代表的农村或农业的专域平台等是现阶段主要的交易平台。

因为信息不对称的原因，农产品销售价格经常会出现时高时低的“过山车”现象，使农产品的生产与销售处于被动地位。开展农业信息化建设和普及电子商务对农业生产和农民生活水平提高有着非常深远的意义。农产品的特点是时间性和季节性强，容易腐烂，如果信息不畅将可能对广大种植户造成损失。因此，发展农产品电子商务是保障和改善农民生活水平的有力手段，应大力鼓励农产品电子商务平台的建设。大力建设农产品电子商务平台首先应解决农产品供求信息是否畅通这个制约发展的“瓶颈”，其次根据需求信息及时运送农产品，尤其是易腐烂的如鲜果、蔬菜、花卉等到用户手中，即采用冷链物流技术设备来满足农产品保鲜问题。电子商务能为企业降低经营成本，一般没有店铺和库房开支，它能够通过网络将产品以最快的速度送至消费者手中，而消费者足不出户就可从网上订购到各种满足需要的产品和服务。所以农产品电子商务也可以做到既没有实体店租赁费，又没有中间经营商等代理费用，这样一方面降低了产品交易成本，另一方面提高了交易效率。

1. 电子商务平台的模式

电子商务平台的模式目前我国有企业自有电子商务平台模式、依托第三方电子商务平台模式以及企业之间网络联盟电子商务平台模式。企业自身搭建的电子商务平台如京东商城、苏宁等，它适用于自身的信息化基础好，企业规模较大、产品种类较多，而且客户群体较大的企业。企业自有电子商务平台通常应具备信息查询、信息发布、在线洽谈、在线交易、物流配送服务、售后服务、在线支付以及其他相关链接信息等功能。

第三方电子商务平台如阿里巴巴、慧聪网、敦煌网等，适用于中小企业以及个人，依托第三方公共电子商务平台提供的信用、支付、物流以及信息服务开展电子商务，同时享受到专业化的增值服务，在企业发展的起始阶段能够低成本快速开展业务。第三方电子商务平台是跨行业的、具有开放性、服务水平较高的电子商务系统，该模式最为基本的功能就是要在企业之间、企业与消费者之间搭建双方信息沟通的桥梁。因此，该模式首先要求交易双方进行注册为会员，或者通过缴纳会员费成为会员，之后在网上发布自己的采购或者销售信息。其次，及时提供相关的行业信息。再次，提供电商配套服务以满足客户进行交易的需求，比如签订电子合同、网上支付功能等。最后，管理客户提供信用参考，包括进行网上交易管理、合同文件管理和客户资料信息管理等。能够根据客户资料进行数据分析，对其信用等级进行区分，为其他客户与其交易提供参考和借鉴。

企业之间网络联盟电子商务平台即企业之间进行信息共享和供应链管理，以提高客户关系管理水平，更适合在一个区域范围内的特定行业内部进行电子商务平台建设，从而实现行业上、下游之间的共同发展，实现整个供应链网络联盟业务。该模式的开放性较高，兼容性较强，灵活度较高，适合在全国范围内进行全行业链管理的企业，包括材料采购、产品设计、生产加工、包装、分销、运输、零售、市场开拓以及售后服务类型的企业。企业联盟电子商务平台首先应该具备技术联盟功能，指通过技术使得平台具备良好的扩展性，使得同一产业价值链上的不同企业能够加入该电子商务平台，并且对相关信息进行资源共享。其次，应该具备应用联盟功能，指企业之间的电子商务平台要包括交易、供应链管理以及客户关系管理的功能，帮助企业共同构建一个虚拟的、联盟的行业市场。最后，需要具备服务联盟功能，指通过企业的联盟，使得一个行业的上中下游供应商、生产商和销售商能够联合在一起，形成一个原材料供应、商品生产以及销售为一体的可随时扩容的链条。

2. 农产品电子商务平台建设基本原则

（1）满足农户需求。农产品网站的建设应从深入了解农户和相关农产品企业开始，从客户的角度分析和设计。认真分析客户需要什么，网站能帮助他们什么；客户希望网站和他们建立一种什么样的关系；客户真正会为什么样的产品和服务来付款。通过创新的利益和服务为网站客户增加价值，以吸引农户和相关企业，最终实现网站的盈利。

（2）网站便于操作，农产品可追溯。农业网站栏目应齐全、风格简洁明快，信息分类便于农户操作访问。农产品信息（包括品种、数量、价格、品质、产地、农民合作组织、农产品经纪人等）应及时发布并实时更新，形成完善的农产品信息传播系统。利用电子商务方式进行营销，消费者通过网络订购，每一笔订单都有编码，订单编码和产品可追溯，农产品通过网站物流直接送达消费者。订单农产品的生产、流通、销售的各个节点都受到监控，一旦发生农产品安全问题能及时找到相关环节进行问责。

（3）农产品品牌化和标准化有助于产品树立优质形象。农产品的品牌化和标准化不仅有助于提升农产品形象，而且有助于规范农产品种植与销售的混乱行为，同时也为农产品的电子商务提供了便利。农产品一方面开展地理标志品牌化制度建设，另一方面应开展绿色鲜活农产品认证、HACCP 认证等标准化制度建设，如此主要农产品品种能逐步实现从种植到包装的标准化，产品地理标志品牌化。制定农产品规范的种植技术，使农业全程生产推进标准化生产和管理。为适应激烈市场竞争，在制定和实施农产品加工、包装、检测、分级标准时按照统一择优原则，突出农产品品质和外观。

四、农产品溯源系统

农产品溯源系统是一个开放的、透明的、高度集成的、快速响应的系统，主要包括标签溯源管理、大型饲养动物个体溯源管理、农产品污染物溯源管理和原产地溯源管理四个功能模块。农产品可追溯系统，一般来说包括六个基本要点：系统分析（如需求分析、系统目标、系统构成、系统功能、可行性等）、对象识别（如尺寸、数量、质量、形状、包装、保质期等）、追踪数据确定（如数量、类型、详细程度、动态性、数据存储要求等）、供应链过程识别（如生产周期、生产作业、提前期、设施设备、手工作业等）、追踪技术选择（如识别技术、编码技术、数据库技术、通信技术等）和系统框架设计（如系统结构、产品标识、数据框架、数据库、应用软件等）。

1. 农产品溯源系统的意义

农产品追溯，是农产品生产、加工、贸易各个阶段信息流的连续性保障体系，是农产品质量体系建设的一个重要内容。当最终产品出现违反准则的情况时，利用完善的产品追溯体系，能方便、快捷地对违规事项的原因进行查找、分析、辨别风险度，提高农产品的质量安全。农产品溯源的意义有以下几方面：

（1）有助于政府有效开展相关工作以及制定相关政策。建立健全农产品安全溯源系统，政府可通过掌握农产品备案信息及时了解市面在售农产品相关情况，为日常巡查监管和处置突发农产品安全事件提供及时、重要的信息，大大提高监控农产品市场的能力，杜绝有问题的食品进入流通、消费环节，能够让政府更好地监管农产品的安全，扩宽监管渠道、降低监管难度，有利于政府工作的展开。

（2）有助于提高企业的农产品安全，利于提高人们的农产品安全意识。生产水平扫描二维码，能迅速地向消费者和政府农产品安全监管部门提供农产品信息，能让消费者从农产品的种植、加工、运输以及是谁种植、是谁加工，全方位了解农产品的信息，并可以对产品错误信息或虚假信息进行举报，能极大地提高农产品的透明度，加强对农产品的监督，可更有效规范和引导农产品生产，引导企业树立强烈的安全责任意识，在确保农产品安全的基础上，提高农产品的品质，确保人民群众“舌尖上的安全”，一旦发生与农产品安全相关的事故，能迅速追溯其原因，迅速有效地清除不安全农产品，快速收集健康损害的资料，实施风险管理，保障农产品的安全；同时，建立健全农产品安全溯源系统，健全信息发布机制，及时、准确、客观地报道农产品有关信息。随时可以了解产品信息，有利于普及科学饮食知识，增强公众自我保护意识和能力。

（3）有助于推动我国农产品产业向国际化的标准发展。建立健全农产品安全溯源系统，实现农产品与国际物流接轨，扩大农产品外销。健全农产品安全溯源系统对农产品进行跟踪与溯源，使产品符合国际标准，促使我国农产品质量的提高，提高我国农产品在国际市场上的竞争力，促进农产品出口，使我国农产品的销售不单局限于国内，更要走出国门，迈向全球。

2. 农产品溯源内容

农产品溯源是指在食物链的各个环节（包括生产、加工、分送以及销售等）中，农产品及其相关信息能够被追踪和回溯，使农产品的整个生产经营活动处于有效的监控之中。目前国际上尚无统一的农产品溯源的定义，但这并不影响人们对其基本要素的理解、掌握以及将其运用在农业溯源系统中。农产品溯源有以下几个基本内容：

（1）产品溯源。产品溯源即通过溯源来确定农产品在农产品供应链中的位置/地点，便于后续和注册的管理，实施农产品召回，以及向消费者或利害关系人告知信息。

（2）过程溯源。过程溯源即通过溯源来确定在农产品生长和农产品加工过程中影响农产品安全的行为或活动，包括产品之间的相互作用、环境因子向食物或农产品中的迁移以及农产品中污染的情况等。

（3）基因溯源。基因溯源即通过溯源来确定农产品产品的基因构成，包括转基因农产品的基因源、类型及农作物品种等。

（4）投入溯源。投入溯源即通过溯源来确定种植和养殖过程中投入物质种类及来源，包括配料、化学喷洒剂、灌溉水源、家畜饲料、保存食物所使用的添加剂等。

（5）疾病和害虫溯源。疾病和害虫溯源即通过溯源来追溯病害的流行病学资料、生物危害（包括细菌、病菌、其他污染农产品的致病菌）及摄取自其他来自农业生产原料的生物产品。

（6）测定溯源。测定溯源即通过溯源来检测农产品、环境因子、农产品生产经营者的健康状况，获取相关信息资料。

农产品溯源是一种以信息为基础的先行介入措施，即在农产品质量和安全管理过程中正确而完整地收集溯源信息。农产品溯源本身不能提高农产品的安全性，但它有助于发现问题、查明原因、采取行政措施以及追究责任。

3. 农产品溯源系统四个实体

农产品溯源系统一般包括管理员、消费者、生产企业、监管部门四个实体。管理员负责对生产企业和监管部门进行授权；经过授权的企业可使用本研究系统进行农产品相关信息的录入；经过授权的监管部门可以录入产品检测信息；消费者可通过查询二维码和编码来了解产品信息，并可以对产品错误信息或虚假信息进行举报。其中，生产企业具有录入企业信息、录入产品生产源详细信息和打印二维码功能；监管部门具有录入产品质量检测信息和查询等功能；系统管理员具有授权和审计日志功能；消费者无须登录就可以进入网站浏览信息和输入编号查询产品生产源详细信息，也可直接扫描包装袋上的二维码查询产品信息。在农产品二维码溯源系统中，生产企业录入每批次农产品的源头详细信息（包括产地、温度、种植时间、施肥时间、肥料名称、肥料用量、农药喷洒时间、农药名称等），系统为农产品生成对应的唯一标识二维码，在整个业务流程中，各级监管机构均可随时查看农产品生产源详细信息及业务流程各环节信息，并录入各类检测结果。由于二维码的特殊性，消费者可通过扫描产品二维码查看产品生产源详细信息，也可以随时对产品错误信息或虚假信息进行举报。

4. 农产品安全溯源管理网络平台的三大子系统

农产品可追溯系统，用于追踪农产品从生产到流通的全过程，包含了生产、收购、运输、储存、装卸、搬运、包装、配送、流通加工、分销直到终端用户等过程，是由 ISO9000 认证、HACCP（危害分析和关键点分析系统）、SSOP（卫生标准操作程序）、GMP（良好操作规范）等组成的综合管理体系，一般会包含以下几个子系统：

（1）农产品质量安全追溯监管系统。系统由监管部门使用，主要包含主体信息、检测数据、执法数据、红黑榜名单、可追溯管理、投诉处理、应急服务、统计分析等模块。系统可对平台功能模块、操作用户信息等管理参数进行审核设置；对本区域范围的农业生产主体、产品生产、农产品执法巡查和质量检测等情况进行全方位监控管理；可通过平台对农产品生产、安全检测等数据进行汇总分析；通过农产品追溯码查询相关信息，锁定生产主体，实施应急处置。

（2）农业主体信息管理系统。农业生产主体通过登录系统，据实录入主体名称、营业执照号、法人代表、联系电话、详细地址、主导产品等信息，并结合产品名称、生产日期，生成可追溯二维码，纳入追溯管理的主体自律和产品质量安全追溯管理。

（3）农产品信息公开服务系统。消费者可通过登录“追溯平台”或通过扫描二维码来查询农产品生产主体、地址、产品名称、生产日期等信息，为消费者提供追溯查询服务。

5. *农产品溯源系统功能*

农产品二维码溯源系统应该具有实用性、安全性、稳定性。实用性，系统的开发首先将实用性放在首位，通过农产品二维码，消费者能够随时随地在具有二维码扫描功能的软件中查询农产品的相关信息；安全性，在系统中实现企业用户密码保护与二维码的一定防伪功能；稳定性，系统开发要以稳定为原则，做到大流量之下的稳定性，便于查询与录入信息。

农产品供应链的复杂化，加大了供应链各环节经济主体之间在与农产品质量相关信息沟通方面的难度。由此造成的信息不对称导致农产品安全市场供需的不均衡。农产品质量安全问题大致可以分为两种类型：一是在农产品生产、制造过程中，行为人因利益驱动而在投入物的选择及用量上违背诚信道德而导致的农产品质量安全问题；二是由于管理上的疏漏及现有技术的局限性导致的农产品质量安全问题。针对上述问题，农产品溯源系统作为一种信息沟通的手段，正在得到广泛的关注和运用。欧盟从 2005 年 1 月起，对所有农产品及饲料产品实行强制性溯源管理。在现代社会，建立健全农产品溯源制度已是农产品企业、消费者和政府的共同要求，并成为全球农产品安全管理的发展趋势。农产品溯源系统通过信息化手段对农产品生产记录全程进行“电子化”管理，为它们建立透明的“身份档案”，消费者使用该系统生成的产品溯源二维码通过互联网平台、手机终端可快速查询到相关生产信息，从而实现“知根溯源”，满足消费者知情权，做到放心采购和消费。同时，通过此举提高生产者科学生产自律意识，提升农产品品牌，更好地促进优质农产品流通销售。农产品溯源系统一般包括管理员、消费者、生产企业、监管部门四个实体。管理员负责对生产企业和监管部门进行授权；经过授权的企业可使用系统进行农产品相关信息的录入；经过授权的监管部门可以录入产品检测信息；消费者可通过查询二维码和编码来了解产品信息，并可以对产品错误信息或虚假信息进行举报。

五、农产品质量安全信息服务子系统

该系统包含覆盖农产品生产、流通、加工、销售全产业链的诚信档案，便于农产品质量安全信息公开与共享；还有农产品安全农药使用信息库，从源头遏制农产品农药残留超标及滥用；农产品网络化认证和监管平台，通过基于农产品生产信息监管、信用记录、用户评价的农产品智能化认证，保障农产品质量安全。

1. 农产品质量安全信息服务系统

农产品质量安全，就是指农产品的可靠性、使用性和内在价值，包括在生产、贮存、流通和使用过程中形成、残存的营养、危害及外在特征因子，既有等级、规格、品质等特性要求，也有对人、环境的危害等级水平的要求。

农产品质量安全信息服务系统运用多种网络技术、条码识别等前沿技术，实现了对农业生产、流通过程的信息管理和农产品质量的追溯管理、农产品生产档案（产地环境、生产流程、质量检测）管理、条形码标签设计和打印、基于网站和手机短信平台的质量安全溯源等功能，基于单机或网络环境运行，可用于农产品质量监管部门和农业生产企业。

农产品信息档案是科技档案中的专业档案，具有专业性、多样性和成套性的特点，它是对农业生产活动直接记录形成的。建立农产品信息档案在世界农业发达国家并非什么新鲜事。法国葡萄种植，从土壤、气候、栽培、检验等都有案可查。在丹麦、荷兰等国，每一头奶牛自出生之日就有自己的信息档案。这些国家之所以重视建立农产品信息档案，因为它是提高农产品质量、改进生产、增加农产品附加值的第一手资料。事实证明推行农产品信息档案是实现现代农业的可控性和可追溯性的重要手段。

在农产品安全生产的环节管理中，以农业生产者的生产档案信息为基础，实现对基础信息、生产过程信息等的实时记录、生产操作预警、生产档案查询和上传功能。在农产品流通管理过程中，以市场准入控制为设计基础实行入市申报，对批发市场经营者进行管理，记录其经营产品的交易情况，实现批发市场的全程安全管理。在对农产品质量监督的管理过程中，实现相关法律法规、政策措施的宣传与监督功能；同时完成企业、农产品信息库的组建、管理和查询及分配管理防伪条码等功能。

2. 农产品质量安全监控系统

农产品的质量安全服务系统包含多个方面，其中对农产品质量安全进行监控的有“农产品质量安全监控信息系统”。“农产品质量安全监控信息系统”充分利用互联网技术对各农产品质量安全检测站的检测数据进行网络化集中处理。即各农产品质量安全检测点通过互联网方式向监控信息系统传输各项检测数据（包括农药残留、甲醛和亚硝酸盐残留、肉类水分含量等），而系统则根据各检测点上传的数据自动进行实时动态的汇总、统计、分类、查询等处理，并自动生成各种格式的统计图表。主管部门则只需通过特定的用户名和密码登录到“农产品质量安全监控信息系统”，按照相应的权限即可浏览到相关数据信息。

该系统以提高食品质量安全为核心，完成对各类食品检测的监管公众信息的服务。食品检测的监管是立足于现有检测设备、检测能力和数据传输条件下，将各级政府管辖的各个检测点的食品检测数据汇总到数据中心，实现对联网检测点的实时监控。通过中心系统软件对各类检测数据进行统计、分析和制表处理，提供对食品的安全预警、统计简报和在线打印等功能，为主管部门提供决策支持。公众信息的服务是围绕食品质量安全，为参与系统的检测人员、主管部门领导和公众用户提供食品安全政策法规、质量标准、安全动态、信息公告和专家论坛等内容的服务。

此外在农药监控方面，中国农药信息网为客户提供最专业、最全面、最及时的农药资讯（行情、价格、技术等），产品信息（原药、消毒药剂、杀菌农药、杀虫农药、植物生长调节剂、化肥、叶面肥等），展会信息，搭建企业的网上展示平台为服务内容。

全国农药信息查询系统利用现有网络、权威出版物等资源系统，广泛收集农药行业的最新管理信息和技术资料，重点对农药登记管理信息的技术资料，进行系统化收集、归纳和整合，实现管理信息资源共享，为农药登记管理和农药开发应用提供技术支持。该系统的建立可以使农药管理、生产、经销及使用者能够快速、及时、便捷地查询到丰富翔实的农药登记管理信息，共有21项查询功能，为农药管理、生产、经销及使用者提供了最直观和最广泛的数据。

3. 农产品网络化认证和监管

由于农产品在非标准化条件下容易产生很多的不确定性因素，而网络认证促进了农产品生产、流通以及销售等流程过程的标准化，从而帮助农产品提升品质，有助于农业企业建立品牌。农产品认证有多种，如无公害农产品、有机农产品等。农产品认证有以下重大意义：

第一，农产品质量安全认证工作是加强农产品质量安全监管的重要基础。农产品质量安全认证工作的过程是贯彻落实标准化生产和规范化管理的过程，也是完善农业生产标准体系和质量安全保障体系的过程。开展农产品质量安全认证，通过对产地环境、农业投入品、生产过程和最终产品进行质量控制，及时发现和纠正生产过程中出现的质量安全隐患，对上市农产品及时追踪和检查，即由被动管理转为积极预防，由单一产品检测向全程管理过渡，由终端监管向源头追溯转变，及时有效地防止质量安全事件的发生。

第二，农产品质量安全认证工作是实施农业品牌战略的重要措施。打造农业品牌的基础是建立可靠的农产品质量保障制度。农产品质量安全认证工作的开展必将促进农产品质量安全制度的建设，从而增强消费者对农产品质量安全的可信度。农产品通过认证，可以培育出更多的被广大消费者认可的农产品知名品牌，如绿色食品，已成为代表中国精品农业、具有国际影响力的品牌，对带动中国农产品国际竞争力的提高发挥了主导作用。

第三，农产品质量安全认证工作是实现农业增效、农民增收的重要条件。通过推行农产品质量安全认证，实施农产品市场准入制度，发展安全优质农产品生产和流通，有利于发挥市场机制的作用，实现生产和消费的连接与互动，实现产地与市场的挂钩和管理，实现农产品优质优价，使农业发展进入以消费引导生产，靠市场需求拉动产品供给的良性发展轨道，从根本上推动农产品竞争力增强、农业增效和农民增收。

第四，农产品质量安全认证工作是推动农业产业化的有效途径。开展农产品质量安全认证工作，对农产品生产全过程实行认证，构建“以认证标志为纽带，以龙头企业为主体，以基础建设为依托，以农户参与为基础”的产业一体化发展模式，既是产业组织结构的创新，也是全程质量控制的基本组织保障。既有利于强化企业、基地、农户间的联结，促进产销机制创新，又有利于培育龙头企业，加快农业产业化进程。

第五，农产品质量安全认证工作是扩大农产品出口的迫切要求。推行农产品质量安全认证制度，有利于引导和促进企业增强质量意识，积极采用先进标准，建立健全质量保障体系，加强质量管理，提高产品质量，增强市场竞争力。另外，农产品质量安全认证制度的建立，也为克服国际农产品贸易领域的技术壁垒创造了条件，同时有利于提高我国农产品市场的准入技术条件。因此，开展农产品质量安全认证工作是适应中国加入世贸组织后参与国际农产品市场竞争，推动中国农产品扩大出口的迫切需要。

第六，农产品质量安全认证工作是促进传统农业向现代农业转变的重要手段。推进农产品质量安全认证工作，有利于促进农业生产标准化、经管产业化、产品市场化和服务社会化，加快农业增长方式由数量型、粗放型向质量型、效益型转变。

但是由于农产品认证过程往往是复杂的，而且由于目前检测认证行业同样面临着信息不对称的问题，渠道相对封闭，对于农产品的认证没有一个统一化的标准，而且难以达到公开、透明。对一些农业企业或者农村合作社推出的农产品认证往往会收取高额的费用。随着“互联网+”的提出，很多行业都纷纷加入互联网，同样地，农产品的认证由于其过程复杂，价格高昂等问题，更应该与互联网接轨，从而在认证技术上有所创新。

4. 实例——广东省农产品质量安全追溯系统

农产品质量安全追溯系统不仅覆盖农产品全产业链的信息，而且便于监管和信息共享。随着互联网的发展和普及，“互联网+”越来越深入人心，以及移动终端等电子科技发展推动了农产品质量安全信息可追溯，能够将信息透明公开地让消费者认知和了解，从而帮助农产品的销售在一定程度上能够达到一个新的高度。

广东省农产品质量安全追溯系统省级平台的建设已基本完成，实现了畜禽和种植业数据接入，并有超过 3 万家企业接入。与此同时，广东省还制定了省级溯源平台追溯码编规范、追溯要素规范及地市接入规范。其中，婴幼儿配方奶粉的溯源已实现。广东省已完成开发并开放了婴幼儿配方乳粉监管平台、生产流通企业追溯平台、公众查询平台以及公众查询、经营户移动终端等功能，在全国率先实现了婴幼儿配方乳粉从生产、流通到销售终端的全程可追溯。在水产品领域，广东省完成了追溯系统软件及对应使用的二维码电子追溯标签的开发，初步建立起由政府监管部门、养殖企业、批发市场、渔业行业协会、渔民专业合作社和消费者查询平台组成的全省水产品质量全程跟踪的溯源体系。

此外，省食药监局将与国家食品药品监管总局信息中心、江苏省局及有关科研机构一起共同研究食品安全电子追溯统一的标准、规范，对重点监管产品全国性溯源进行研究和示范，并形成具有全国推广意义的追溯系统。

在广东省内，江门市现已建立农产品质量安全溯源平台，鼓励电商企业扶持“农家网店”，推动现代信息技术在农业监测运用中发挥作用，并提出了建立覆盖农产品生产、流通、加工、销售全产业链的农村信息化诚信档案，建设完善的农产品质量安全信息服务体系。鼓励网销特色农产品，支持发展农村电子商务，扶持建设一批专业化的特色电子商务平台，打通特色产品供需信息渠道，形成网上购销与实体展会相结合的立体商贸推介体系。鼓励电信运营商、大型电子商务企业等社会化力量扶持新型农民、农村经纪人、农民专业合作社等生产经营主体开办“农家网店”，利用网络营销特色品牌农产品，提升农产品品牌价值。

为了农产品的质量安全，江门市建设农产品质量安全信息服务体系，逐步研究建立农产品质量安全信息溯源标准和溯源体系，建立完善农产品质量安全溯源信息平台和疫病监测防控信息平台，加快建立覆盖农产品生产、流通、加工、销售全产业链的农村信息化诚信档案，推进农产品质量安全信息公开与共享。同时，江门市的农产品安全农药使用信息库也将逐步建立，从源头遏制农产品农药残留超标。市农业局、市海洋与渔业局、市安全监管局、市食品药品监管局、市经济和信息化局等有关单位将参与，逐步建立农产品网络化认证体系，加强基于农产品生产信息监管、信用记录、用户评价的农产品智能化认证，保障农产品质量安全。

为此，江门市以特色优势农业资源布局为导向，扶持建设一批专业化的特色电子商务平台，形成网上购销与实体展会相结合的立体商贸推介体系。加强“广货网上行”活动对农产品商贸推介和展示销售的服务，鼓励电商企业等社会化力量扶持新型农民、农村经纪人、农民专业合作社等生产经营主体开办的“农家网店”，支持龙头企业加强农业物联网技术的推广应用，鼓励龙头企业、农民专业合作社等面向农户开展多终端移动式信息服务。

为了进一步加强农业数据监测预警，推动物联网、新一代移动通信技术、云计算、3S（遥感技术、地理信息系统和全球定位系统）等现代信息技术在农业监测预警领域的集成与应用，逐步建立完善农业数据采集、分析预警体系，加强对农产品生产基地、批发市场基础数据的采集、整合、分析，提升江门市农业综合监测、市场预警能力。同时加快农村区域及农业生产领域的自动气象站、农业气象观测站和综合业务平台建设，建立完善农村气象和海洋灾害预警信息综合发布系统，进一步提高农村（渔村）防灾减灾能力。

六、农产品标准化信息服务子系统

该系统包含农产品的产前、产中、产后的全过程信息，包括种子、种苗、种畜禽和栽培、养殖、病虫害防治、动植物检疫、产品分等分级、储藏保鲜等多种农业生产技术，由政府部门牵头组织的农业标准化组织负责实施，建立名、优、特农产品数据库，以及农业标准化试点示范企业和区域档案等。

1. 农产品标准化

农产品标准化是指农产品生产过程的标准化管理和产品质量达到标准。农产品质量标准要制定从生产环境（土壤、水质、大气等）、生产过程（肥料、农药、生长调节剂等的施用量、施用方法、施用时间、施用次数等技术规程）到产品品质（外观、营养、卫生质量等）、加工包装（保鲜、贮藏、分级、包装等）等环节的一系列标准，使农产品生产的每一个环节都纳入标准化管理的轨道，形成一整套完善的全程标准指标体系，达到农产品质量从土壤到餐桌的全过程控制。农产品标准化，就是要以技术标准为基础，质量认证为形式，标志管理为手段，研究引进国外先进标准，制定主要农产品及其加工产品质量标准，建立和完善以国家标准、行业标准为主，地方标准和农业规范为辅，既适合中国国情又与国际接轨的农产品标准体系，满足农业生产结构调整以及国内外市场对农产品及其加工产品质量标准的基本要求，做到各个环节有标准可循。

衡量农产品质量的依据是标准，标准是一种载体，它以文字来表示，内蓄着先进的科学技术和管理经验。先进的标准要得以充分地实践，才能生产出满足顾客需要的农产品。而先进的管理促进了先进的技术转化为生产力。要保证以农产品标准为龙头的技术标准得以实现，还要有一套科学的管理制度和方法为其提供保障。由于农产品信息档案是通过对农产品生产全过程形成档案的管理以及提供利用的，它既存在于农业标准化中，又对农业标准化起着管理作用，因此，将农产品信息档案纳入农业标准化体系是必要的、不可或缺的。由于农产品信息档案是在农产品生产、营销全过程中逐步形成的第一手资料，贯穿企业经济活动的始终。因此，将农产品信息档案纳入企业标准体系实行科学性管理，制定管理标准和工作标准有利于充分发挥农产品信息档案的利用价值，创造出比竞争者更多的顾客价值去占领市场。由于农产品信息档案是经济活动的产物，它既是农业标准化的重要内容，其管理标准和工作标准又对农业标准化起着管理作用。使农产品信息档案工作制度化、规范化，从而保证了农产品信息档案的专指性、完整性和时效性，最终发挥其在经济活动中的巨大价值。

农产品标准化有两个步骤，第一，实现标准化种植。标准化的实施不仅仅是成品的选品，也不仅仅是外表，种植过程直接会影响口感和色泽。所谓标准化种植，就是按一定的科学标准进行种植。通过标准化种植，让作物达到高产量增收、高质量增值，最终实现产值的极大提升。第二，实现农产品“可溯源”。首先表现在给蔬菜上“户口”。应用农产品动态质量追溯系统（如：义田帮手—绿色履历），将农产品生产的各种信息存入一个二维码中，然后将二维码贴在外包装上，消费者可以通过电脑、电话、网络等多种形式查找到该包装袋内农产品的生产者、检验者及用药、施肥、采摘日期等内容，甚至可以查到该批农产品的种子、育苗情况。其次，为农产品建田间档案。田间档案的作用是记录和监督，确保从“菜园子”到“菜篮子”的产品都符合标准并有据可查。

2. 农产品标准化信息服务子系统

随着农村电子商务的不断进步和发展，在面对消费者的大量需求的同时，农产品的质量也应当是统一的，因此生鲜农产品电子商务企业在农产品采购、分等分级、包装标识等环节当中，标准化水平应该有标准研制、标准化技术应用、项目研究等支持，为生鲜农产品网上交易、配送等环节制定科学、系统的标准，通过农企咨询、专业培训等服务提高、改善消费者和产品之间的信息不对称，提升生鲜农产品电子交易的消费者体验。农产品的信息可溯源能够在一定程度上帮助农产品在供应链的各个环节进行统一的筛选和调控，通过对农产品实时信息的处理，能够有效地及时调控农产品的生长环节、加工环节等。

系统依托云计算、物联网、移动互联网等新技术，建立4S生产标准化透明化管理体系，为农场提供生产管理、资源计划管理、精准营销、质量追溯等服务支持，构建规模化农场管理网络。

系统可根据农业生产需求，定制建立标准化生产管理流程，流程一经启动，平台将自动进行任务创建、分配与跟踪。工作人员可在手机上收到平台发布的任务指令，并按任务要求进行农事操作与工作汇报。同时，管理者亦能在平台中对工作人员进行任务派发与工作效率监督，随时随地了解园区生产情况。

此外，还有一些服务平台提供了一些其他标准讯息，例如农产品标准化服务平台系统提供了标准查询、标准化信息、农产品市场讯息、农产品加工技术、相关法律法规以及技术贸易壁垒信息等。

七、农产品大数据分析子系统

该系统是农产品信息资源存储管理、共享与交换、发布、应用服务、托管、安全管理、标准制订、技术支持等功能为一体的数据中心、农产品电子商务服务窗口、行业信息枢纽及交换中心，并作为农产品基础数据共享体系的一部分，支持各级政府部门对农业信息共享和协同办公的需求，为社会公众提供信息查询服务。

农业大数据定义为“是融合了农业地域性、季节性、多样性、周期性等自身特征后产生的来源广泛、类型多样、结构复杂、具有潜在价值，并难以应用通常方法处理和分析的数据集合”。农业大数据不但保留了大数据自身具有的规模大、类型多、价值密度低、处理速度快、精确度高和复杂度高等基本特征，还延展深化了农业内部的信息流。其主要类型包括：

（1）农业自然资源与环境数据。主要包括土地、水、气象、生物等资源数据和各地的灾害数据。

（2）农业生产数据。可以分为种植业生产和养殖业生产数据，种植业生产数据包括良种信息、土地耕种历史信息、育苗信息、播种信息、农药信息、化肥信息、农膜信息、灌溉信息、农机信息和农情信息；养殖业生产数据主要包括个体系谱信息、个体特征信息、饲料结构信息、圈舍环境信息、疫情情况等。

（3）农业市场数据。主要包括市场供求信息、农产品行情信息、价格利润信息和国际市场信息等。

（4）农业管理数据。主要包括国民经济信息、生产信息、贸易信息、国际农产品动态信息和突发事件信息。

为了不断推进农业经济的优化，实现可持续的产业发展和区域产业结构优化，进一步推动智慧农业的建设进程，需要全面及时掌握农业的发展动态，这需要依托农业大数据及相关大数据分析处理技术，需要建设一个农业类大数据分析应用平台——“农产品大数据分析决策服务平台”。

服务平台首先构建以农产品领域为核心的（涵盖种植、畜牧等子行业）大数据中心，随后逐步拓展到相关上下游关联产业（农产品生产与加工、饲料生产、化肥生产、农机生产、屠宰、肉类加工业等)，并整合周边延伸数据，包括经济统计数据、进出口数据、价格数据、生产数据、气象数据、企业行为数据等，通过人工、终端和机器智能统计、分析、整理和挖掘相关数据的关系、本质，从而具有数据统计、决策支持、行为分析和预测、风险预警等功能。最终对数据分析和研究成果进行可视化展示，通过专业的服务展示平台、移动平台和其他通知终端等服务于政府、科研院所、涉农企事业单位、社会公众等，具有广泛的行业应用示范和安全预警作用，也能更好地促进涉农电商的发展。服务平台可以更好地促进农产品信息消费，加快农业经济转型升级；关注社会民生，带动农产业管理创新。重点解决问题：①首先解决了农产品数据繁杂、类型多样、难以系统分析的问题；②通过数据的挖掘，可以为相关部门、机构进行产业预警；③通过数据分析和研究，为涉农企业提供了商业机会预警功能；④通过数据分析为相关研究人员、学校等提供交流机会。

第二节　农产品电商发展的线下支撑体系

一、电子商务产业园

电子商务产业园建设是实现农村电子商务产业集聚的抓手，是吸引外来投资、实现创新创业、推动产业升级的支撑平台，也是电子商务线下布局的核心与重点。

农村电子商务产业园是商家、第三方服务商、园区管理方、供货商、物流服务商等共同组成的共生生态结构。在农村电商产业园的共生生态结构中，其共生单元可以分为核心单元、线上服务单元、线下服务单元、基础支持单元和供应链服务单元，其中核心单元指的是入驻园区在各电商平台开展 B2C、C2C 业务的商家，即我们通常说的电商。园区内外的其他共生单元通过为电商提供服务得以生存。其他共生单元围绕核心单元开展的服务主要包括线上服务、线下服务、基础支持服务和供应链服务。线上服务指的是帮助电商开展业务的服务，如运营、美工、客服、推广、摄影等。有实力的电商可以将这些服务置于企业的组织架构内，成为企业的一个部门，也可以外包给第三方服务机构。线下服务则包括第三方机构为电商提供的人才服务（人才招聘、培训等)、金融服务、税务代理、工商注册、商标注册等。基础支持服务主要有仓储物流、信息网络、活动组织、办公场所维护，一般由园区提供。供应链服务由于涉及范围广，往往要延伸到园区外，比如采供、包装材料的印刷、辅助性材料供应等，可以由外部企业提供。

农村电子商务产业园共生环境包括内部环境和外部环境，内部环境指的是园区内的环境，包括园区内各共生单元的关系、产业园区的战略定位、知名度、园区实力等因素。外部环境包括地理环境和平台环境，地理环境是园区所在的地域环境，包括政府政策、经济水平、产品特色、人口特征等，平台环境包括电子商务平台的竞争状况，消费者、平台服务、费用和使用便利性等要素。从农村电子商务产业发展的角度来看，产业集聚能够推动专业化分工和促进服务发展，通过技术和信息的共享使得集体效益高于个体效益之和。农村电子商务产业园的发展是促进农村电子商务产业集群的一种有效方式。即通过外力推动农村电子商务产业的集群化，加快了农村电子商务产业的发展速度。农村电子商务产业园的共生模式是由园区的管理方作为主要发起者和构建者，因此农村电子商务产业园应该维护共生系统稳定，推动园区的可持续发展。

农村电子商务产业园作为促进农村电子商务发展的一条有效路径具有一定的独特性，首先在地理位置上，农村电子商务产业园要服务于农产品电商，一般建设在四线、五线城市甚至县级或者村镇，在物流服务、网络建设、人才招聘等工作上存在一定的困难。其次，农村电子商务产业园服务的对象以农产品商家、创业者、农户为主，对电子商务技术的掌握较少，缺乏网店的管理知识和经验。从共生理论出发，农村电子商务产业园是共生关系存在的基础和总环境，因此对基础建设有更高的要求。农村电子商务产业园基础建设主要包括硬件建设、软件建设和环境建设三个方面。硬件建设包括办公场地、仓储、网络、物流和通信。其中尤为重要的是通信和物流建设，随着通信和物流体系的普及，硬件建设较容易实现。软件建设包括人才、信息、技术等三个方面。电子商务产业发展迅速但是竞争激烈，对电商企业的技术水平和管理水平有较高的要求，对技术和管理人才的需求量大，因此如何引进人才，建立人才培养机制和建设人才交流平台对提高园区内企业的竞争力具有非常重要的意义。电子商务的信息化特征要求农村电子商务产业园完善信息网络，构建信息互换平台，帮助电子商务企业融入外部环境。将专业技能的培养与人才培养结合起来，成立技术交流中心，促进同行业、同岗位的人才间的技术交流。环境建设方面，农村电子商务产业园作为一个共生系统，各个共生单元之间进行大量的物质、能量、信息的交换，交换效率的高低受到共生关系和共生环境的影响，因此农村电子商务产业园要努力改善共生单元之间的关系，创造良好的环境，建设管理体系、创新体系、金融服务体系保证园区高效率运行实现可持续发展。

在农村电子商务产业园的共生系统中，企业在电子商务平台中与其他商家展开竞争，是共生系统与外界发生关系，吸收能量和物质的最直接方式。产业园区作为基础服务的提供者、共生系统的发起人，应当积极开展各方合作，争取更多的外部资源。首先要加强与政府合作，农村电子商务产业园的发展离不开政府的支持。一方面政府可以在公共交通、人才服务、行业资金补贴方面给予园区更多的支持；另一方面通过区域间的交流合作引进更多的社会资源。其次加强与电子商务平台的合作，当前各大电子商务平台都在加紧农村电子商务的布局，园区可以邀请相关平台的人员进行现场考察，了解最新的平台发展和扶持政策，帮助商家把握行业发展方向，为商家争取更多的资金、技术、服务等方面的资源。最后是要加强与第三方服务机构的合作。农村电子商务产业园是一个动态复杂的共生系统，需要各个共生单元相互协作，互利共生，第三方服务机构是农村电子商务产业园共生系统中不可缺少的共生单元，园区应当发挥电子商务的优势，加强与第三方机构的合作，通过引入电子商务服务商，加强与金融机构、银行、物流企业的合作等方式为园区内的商家解决运营中的各种难题。与供应商合作，提高产业链的效率，提升园区内商家的谈判能力，帮助商家提升在电子商务平台上的竞争优势。

二、农产品电子商务综合基地

农产品电子商务综合基地包括生态农产品标准化基地、农产品电子商务综合体验中心、农产品电子商务研究和推广中心三位一体的新型农业样板。依托政产学研体系建立、全面推广生态循环模式的生态农产品标准化基地，注重标准化体系建设，包括种养殖标准化体系、标示标牌标准化体系、电子商务标准化体系等。强化科技效应，发展生产规范、质量认证、效益明显、贯穿于农业产供销各个环节。与旅游休闲业相结合，建立综合体验中心。将山水意境、农耕文明、现代生态科技融为一体。以信息化的手段，实时展示特色农产品，实现现场品鉴、体验、购买和网上预订生鲜农产品的场所。

1. 生态农产品标准化基地

生态农产品基地是能获得高质量的产品，是农产品电商长期可持续发展的保障。近年来，农村电商发展如火如荼，但各地农村电商发展程度不一，有些地区只是出现短暂的辉煌，农产品货源得不到保障，经常会出现断货、缺货的现象，严重影响地区品牌。有些村点或商家通过收购再统一出售的形式，经常出现售卖的农产品大小、质量参差不齐的情况，农产品没有统一标准，质量差别大，影响农产品的长期售卖，各地逐渐意识到产品基地的重要性。农产品电商基地是农产品电商发展的重要保障，建设生态农产品标准化基地，保障农产品的质量，才能推动农产品电商的健康长足发展，才能建立有特色的地标区域品牌，取得不同于其他产品的差异化，产品质量是基础，电商是手段，高质量的产品借助电商才能获得长远的腾飞。提升农产品的竞争力是发展农村电商的关键问题。将农产品质量优势转化为品牌优势和效益优势，发展绿色农产品，是新时期促进农产品生产区域化布局、标准化管理、产业化经营、市场化发展的重要手段，也是实现农业比较优势和提高农业综合竞争力的重要途径。农业生产性收入的增加是农民增收的基本途径。适应市场需要，发展生态农产品，促进优质优价，是实现农业生产性收入增加的有效措施。很多农产大户或公司会建立统一的农产品基地，统一农产品标准，实现规范化管理，发展生态农产品，建立线下农产品发展基地。

2. 农产品电子商务综合体验中心

电子商务作为推动供给侧结构性改革的重要抓手，一头连着生产端，另一头连着消费端，通过电子商务这个桥梁，不仅能够推动生产端与消费端有效对接，根据市场的需求变化及时调整生产方向，还可以立足电子商务这个大数据平台，在研判市场需求发展趋势的基础上，主动改善和提升生产，通过新供给催生新需求、开拓新市场，建立农产品电商体验馆、特色农产品展览馆，并和旅游业相结合，精心包装旅游、农家乐、餐饮住宿等服务业产品，推动这些产品在知名电商平台、旅游网站销售，开拓农旅结合的网销模式。

3. 农产品电子商务研究和推广中心

农村电子商务发展仍处于初级阶段，不少政府和科研部门正在加紧研究和解决，相关农产品标准化理论研究及应用也亟待加强。从农民的角度出发，研究电子商务在农村的产生、成长、壮大等各个阶段的制约因素等。事实上，如何推动电子商务在农村扎地生根，对广大农村地区来说至关重要，不仅能够扩大农民就业、促进农民增收，而且一定程度上能够维护农村地区经济社会的稳定；研究如何推动电子商务在农村地区发展壮大，不仅能够助力农村经济发展，提升农村生活质量，而且能为各级政府制定农村政策提供有力参考。近年来，农村电子商务发展遍地开花，苏宁、国美、京东、阿里等电商巨头积极响应国家号召，一直在布局农村电商的道路上频繁动作。然而，互联网普及率、物流体系建设、生产销售平台等几个主要限制因素，对农村电商的发展充满了挑战，使得电商的培育期延伸较长，政府和相关行业组织必须积极应对和解决。另外，农业信息标准体系尚未完善，这对农产品网上交易造成了障碍。因此，政府相关机构牵头沟通和协调，联合政府部门、职能单位、行业协会、研究机构、物流企业等，对国内外农业电商的技术标准、服务标准开展研究，跟进国际技术和服务方法发展趋势。与此同时，对农产品质量等级标准、生产过程监控标准、计量标准开展研究，尽快制定出台农产品电子商务交易的地方标准、行业标准，便于比质比价。

三、电商创业人才培训基地

依托电子商务创业园，遵照“一心多点”的方式建立创业人才培育基地，面向本地电子商务创业者和人才提供服务。建立相关的课程培训体系、创业导师制度以及创业资助政策。围绕创业园中心，在周边区域建立创业人才培育点，共享课程、师资和政策。

对于所有的产业园来说，创业人才培育是解决自身运营能力、为商户提供成长机会、解决人才“瓶颈”的必经之路。农村电商人才是指农村电商的管理、运营和操作人员，包括农村电商的战略人才、规划人才、管理人才、技术人才和操作人才，还包括农村电商发展过程中的创新创业型人才。电子商务对实践能力要求很高，范围宽泛，包含电商战略规划、电商管理运营、电商实践操作、跨界融合以及行业资源整合等方面。根据当前的农村电商发展模式，迫切需要大量的运营操作人员，随着政府和社会对农村电商的不断推动，农村电商将会需要更多的电商战略人才、先进技术人才，如大数据分析人员和创新创业型人才。

对于农村中的从事农村电子商务的从业人员，政府部门应予以政策引导与支持，给从业人员以优惠条件，并将电商企业与培训机构联合在一起，建立实践培训平台，为农村农民提供合理的培训与指导，吸引更多的农民学习农村电子商务知识并运用到实践中去。

在培养方式上，采用双线培养方式，构建线上和线下的整合教学平台。针对原有农村农产品生产经营转型为农村电商人员的群体，通过培训的方式来进行。培训的渠道主要包括短期和长期的集中技能培训，分散的网络在线培训，在培训形式上采用讲座型、操作指导型等方式来进行。

四、休闲养生旅游基地

随着农村经济体制改革不断深入，农产品基地的大规模规划，对农产品基地建设模式也提出了更为广泛的要求，农业与旅游业边缘交叉的一种新型农产品基地发展模式—乡村旅游，是农产品基地建设的一种新模式，乡村旅游业即将农业与旅游业结合在一起，利用乡村景观和农村空间吸引游客前来观赏、游览、品尝、休闲、体验、购物的一种新型农业经营形态，即以农、林、牧、副、渔等广泛的农业资源为基础开发的旅游产品。建设农产品基地，发展乡村旅游业对解决“三农”问题有重要的现实意义。对农民来说，有利于增加收入，减少从事传统农业的农民数量，为剩余劳动力增加就业机会，并有利于提高基地农民素质；对于农村来说，有利于经济的发展，使传统的农村种植经济向服务经济转变，有利于改善农村基础服务设施，促进农村文化市场繁荣，加速非农化进程，带动农村城镇化；对于农业来说，有利于促进结构调整，使传统农业向现代农业和观光农业转型，并有利于拓展农业发展的内涵和外延，增加农业产出，扩大农副产品的销售渠道。

1. 乡村旅游 O2O 模式

O2O 模式是指将互联网交易与传统线下交易相互融合的模式，可以是互联网成为线下交易的前台，也可以是线下为互联网交易引流。旅游 O2O，即让互联网成为交易前台，将线上的消费者带到现实的消费场景中的一种商业模式。

例如，2008 年浙江省推出了“浙江农家乐乡村休闲旅游网”，该网站整合了浙江农家乐的相关资料，为游客和农家乐搭建了信息交互的平台。后来“乡村旅游网”“万村联网”等农家乐网络信息相继出现，集普遍性、方便性和整体性于一体更侧重服务性、体验性消费的 O2O 模式吸聚了很多消费者和商家，正处于迅猛发展之中。目前国家提出“精准扶贫”的政策，不单单要求农产品能够通过“互联网+”找到销售途径，同时也应当整合资源，在发展农产品规模化生产、标准化生产的同时，根据当地自身发展优势，打造出农家乐这样的旅游项目。

2. “互联网+乡村旅游+精准扶贫”模式

在湖南，通过电商扶贫特产展销会，51 个贫困县、8000 个贫困村的蜂蜜、黑茶、粮油、豆干、腊肉等近 500 种优质农特产品都被展出。市民和游客不仅能当场购买产品，还可通过触摸屏和二维码进入湖南网购节网站电商扶贫专区频道，实现了对特产进行搜索、了解和下单操作，体验线上线下结合、农村城市的无缝对接。依托电商大卖旅游产品在湖南贫困地区江永县更是做得有声有色。

3. “互联网+休闲农业+农业特产”模式

随着网络的日渐发达，电商通过举办旅游活动促销当地农产品，在带动乡村脱贫致富方面产生了越来越明显的效果。经过展销会，一些农产品网商平台也会根据农产品能否做真空包装、是否可以规模化生产、保质期等方面的问题来进行考量，从而将这些产品推向平台，面对更多的消费者，“搜农坊”平台就是其中之一。除了在线上平台售卖当地农特产品，部分电商通过举办线下活动，帮助当地乡村旅游大步发展。

4. 农旅电商一站式模式

旅游电子商务经过多年的发展，历经了传统的线上渠道销售门票为主吸引用户到景区消费，到了现在的线上主打订票与购物，线下做好旅游 O2O，借助互联网、数字交互式媒体的功能在线整合各种资源，传播旅游目的地形象，推介旅游产品，促成与引导消费者线上完成交易线下实现旅游消费体验。在旅游 O2O 电商模式培育下，产生的“农产品+旅游+电商”模式，通过农产品溯源激发消费者的旅游兴趣，带动农产品富足地区的乡村生态游；用户通过互联网渠道订票到景区游玩，享受当地的吃住行乐旅游一体化服务，以旅游服务带动当地农产品的销售，用景点认知加速消费者线上农产品下单的步伐。

五、物流基地

国务院《关于积极推进“互联网+”行动的指导意见》提出：“互联网+”现代农业，要“构建依托互联网的新型农业生产经营体系，发展精准化生产方式，培育多样化网络化服务模式，财政部发布推进农业适度规模经营的指导意见，提出加大对农产品流通环节扶持力度，支持农业产业化龙头企业发展仓储及冷链物流设施，向乡镇和农村延伸生产营销网络”。

在现代物流重大工程包的实施中有两个重要工程：一是发展农产品冷链物流工程；二是发展城乡配送工程。这两个工程对提高整个物流水平是很有效的，特别是针对中西部地区，能解决“卖难”和“买贵”两方面问题。加强冷链物流工程建设的针对性措施思路是，重点解决好生鲜农产品物流条件，对从事冷藏、冷链农产品运输的企业给以政策优惠。鼓励建设第三方冷链物流公共平台，有效整合并提高物流资源利用率。对大宗农产品物流，政府运输部门予以优先调运，物流费用予以适量补贴。对城市配送农产品物流车辆优先办理相关通行证，方便临时停靠。出台支持冷库信息化发展的资金扶持政策。

第三节　农产品电商线上线下体系的协调

一、农村电商发展与农产品电商线上线下体系构成

在农村电商集群的发展演化过程中，农村网商、政府、协会、合作社和网络平台之间通过信息共享和协作运营形成了一个复杂、非线性的集群网络。本地化电子商务综合服务商是核心，网商是基础，传统产业是动力，政策环境则是催化剂，即政府和企业由上而下推动了农产品的上行。

（一）农村电商创新系统的基本概念模型

农村电商的发展得益于以下几方面的创新：

1. 产品与生产创新

产品创新是指产品的品牌化、差异化和质量标准化；生产创新包括生产的定制化和高端生态化，也包括保鲜技术创新、物流配送模式创新、物联网应用创新。产品与生产创新可以促进信息化与农业产业化深度融合，实现农业产业升级。可以通过“依托”形式构建产品品牌，也可以通过“覆盖”形式构建集群品牌。

2. 生产经营的组织形式创新

我国农村电商集群发展的基本商业模式，即依托外部（服务）供应商和政府提供的专业服务与基础设施，农村电商集群对产品进行生产加工，通过线上网商销售与线下物流，将产品配送至消费者。

由于我国农村自然环境复杂多变，产业体系分布不均，经济区域发展不平衡，合作社、行业协会和农村企业发展各异，从而出现了“电子商务综合服务商+网商+传统产业”“网络+公司+农户”“公司+农场+专业合作社+电商平台”“合作社+企业+网商”等多种创新模式。

3. 金融模式创新

目前，我国农村经济的发展需要不断完善农村金融，尤其是电子商务融入农村经济以来，大量的淘宝村和农业产业集群需要资金扩大产业规模。因此，扩大农村融资来源和创新融资模式已成为农村电商集群发展的迫切需求。除原有的担保抵押融资外，农村电商集群还可以尝试“农地抵押融资”“农户农业互助保险”“政府担保”（周月书等，2013）以及“联邦土地银行模式”（于丽红，2015）等多种新型农村融资模式。随着国家金融政策的支持，互联网金融、农村微金融等具有创新性的金融模式逐渐渗入农村。

农村电商创新是开放式的以价值创造为目标，以资源整合为基本实现形式，以合作创新网络为基本活动空间开展的；创新中各个主体之间、各种要素之间、各种制度之间的协同创新机制不断得到完善。开放式创新能够为参与者带来超过预期的回报，因为它可以同时从主体内外部获得资源并商业化，在开放式创新范式下，创新发展成为一种全局性的活动，开放创新体系将吸纳更多的创新要素形成以创新利益相关者为基准的多主体创新模式（如图 8-1 所示）。

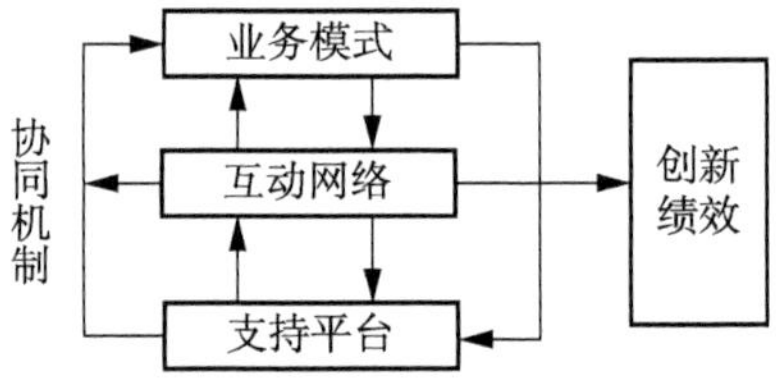

图 8-1　创新协同概念模型

创新协同机制包括以下几个方面：①

1. 支持平台与互动网络之间的协同

支持平台提供了创新所需要的社会需求、制度保障、政策支持、技术支撑和文化促进条件，互动网络是由不同主体构成的创新网络，包括创新机构

① 陈劲，董富全．开放式服务创新协同机制研究［J］．科学研究，2014（9）：1390-1395.

和作为机构主体的参与者。互动网络必须依托支持平台提供的条件才能实现创新的目标，支持平台所提供的条件也必须契合互动网络各主体的特征和需求；同时，互动网络是由不同主体组成，相互之间还产生各种不同互动，支持平台也由不同要素构成，要素之间也形成相互影响的状态，因此，支持平台与互动网络之间既是两个虚拟主体之间的协同，也是两个复杂系统之间的协同。

2. 支持平台与商业模式之间的协同

商业模式是一种战略，这种战略的选择，是基于支持平台所能提供的社会需求、制度保障、政策支持、技术支撑和文化促进等诸多条件，这些条件要与商业模式所包含的价值主张、关键资源、盈利模式和关键流程等要素之间相互匹配，才能选择现有的战略，也就是商业模式；同时，商业模式确定后，是相对稳定的元素，这就需要逐步调整支持平台各种要素，用以支持商业模式的实现。但是，支持平台各种要素的变化，也会带来战略的调整，进而影响商业模式的完善，比如业务流程的调整等。两者之间是在商业模式基本稳定前提下的协同。

3. 互动网络与商业模式之间的协同

商业模式是一种决策，互动网络是由决策者和执行者共同组成的行动网络，决策者做决策、做选择，是要基于支持平台所具备的条件和互动网络所提供的执行者的基础，由此识别出互动网络中客户提出什么样的价值主张，识别出企业具备哪些关键资源，如品牌优势、网络与技术优势以及渠道优势等资源，进而提出盈利模式实现关键流程的创造。在这个过程和空间中，互动网络中的部门或个人，无论是商业模式的制定者还是执行者，都影响着商业模式的实现和完善，存在不同的协同关系。

农村电商创新协同系统包括业务模式、互动网络和支撑平台。支撑平台是指开放式创新中把业务转变为他人可以依赖的平台，包括专业服务、技术、管理、制度和社会五种轨道，专业服务轨道是指存在于不同服务专业中的一般性知识、基本方法和行为准则；技术轨道是指业务过程中必须遵循的有关技术使用的逻辑，如信息技术、网络技术等；管理轨道是指新组织形式的一般性管理概念，如激励机制、管理系统等；制度轨道描述了服务企业外部制度环境的一般演变规律和趋势，包括政治环境、管制规则等的变化；社会轨道是指一般性社会规则和惯例的演进。互动网络的行为者包括竞争者、顾客、公共部门和供应商等；业务模式是指利用开放式创新改变企业的商业模式构建平台化的商业模式。①

（二）农产品电商体系构成

农产品电商体系包括线上和线下两部分，线上体系主要包括电商信息基础设施、电商交易平台、电商综合信息服务平台、电商公共信息平台，以及产品追溯、质量安全、标准化和数据分析等若干子系统；线下体系包括电商产业园、电商综合基地、人才培训基地、休闲旅游基地、物流基地以及政府部门、农业新型经营主体、专业服务商等。线上和线下体系共同组成了农产品电商的价值创新网络，在一定的协同机制下，政产学研用等多个创新单位间的深度整合、紧密融合，达到创新资源的封闭、分散到整合、协同。

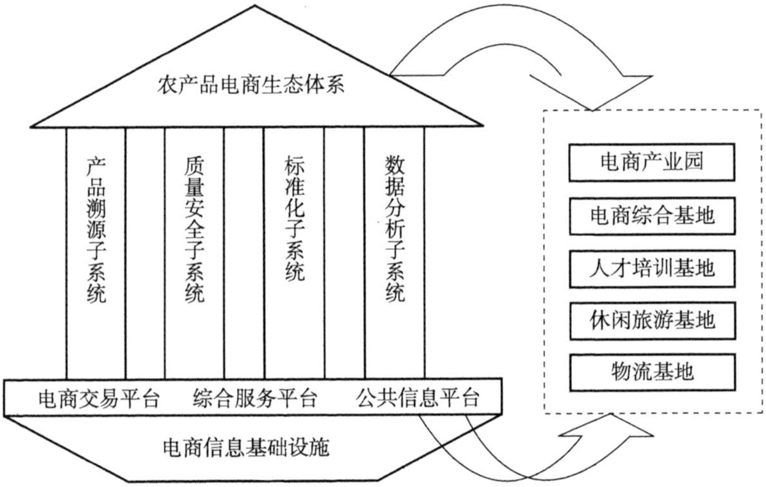

图 8-2　农产品电商交易平台体系与线下体系构成

（三）农产品电商创新系统的构成

农产品电商具有独特的行业属性，具备以下几个特点：

1. 消费者信任极为重要

农产品不同于服装、家电、3C 等工业产品，可以做到规格、造型、质量

① 陈劲，董富全．开放式服务创新协同机制研究［J］．科学学研究，2014（9）：1390-1395.

上统一。比如一个橙子，即使出自同一个产地、同一个品牌、同一个农户也做不到真正的统一。这种非标准化的产品特性最容易造成不信任—因为网上商家所描述的东西和消费者网上看到的以及想象出的产品很容易出现不相符，从而导致消费者不满意、不信任。所以，农产品电商需要从思考如何获得消费者信任开始。

2. 本地化特征突出

首先，农产品尤其是生鲜，其生命与地理属性是很明显的，这点也很不同于工业品。农产品一年大多只产一两次，与季节相关，而产量不像工业品一样，可以随着订单的增加而追加生产；其次，农产品的保质期属性特别明显，基本都是越新鲜质量越好，越放久各种成本损耗越大；再次，大多农产品有明显的“地理”属性，比如湖南人、四川人爱辣椒，江浙沿海人喜海鲜，一方水土养一方人，农产品的地理属性很强。所以，“吃在本地，吃在本季”是农产品，特别是生鲜消费很重要的属性。所以，农产品（尤其是生鲜电商）一定要遵循就近原则，本地化思维，从一个县、一个城市做起，逐步扩大销售半径。

3. 供应链是农产品电商运作的主要组织形态

从已开展的农产品电商实践发现，当前的县域农业实际上缺的并不是产品，而是缺商品、品牌，缺市场化与供应链管理能力。换句话说，对于很多县域来说，先应该解决的不是销售问题，而是市场与供应链管理问题；以及很快认识到，做农产品，实际上农产品的差异化很困难，比如甲地的白菜与乙地的白菜，张三家的苹果与李四家的苹果之间到底有多大的好坏差异，消费者并没有绝对认知标准。

但供应链的差别体现在标准、保鲜、分拣、配送、成本控制等方面，并通过这些差别，让消费者形成不同的消费体验，从而决定了供应商的市场口碑，而市场最终选择的依据，往往不是农产品本身，而是供应商的管理能力。这样，对于从事农产品电商的企业而言，利润往往不在产品本身，而是出自供应链的科学管理。

可见，农产品电商是创新性极强的市场活动，从业者以电商平台为依托，分工协作，通过电商渠道实现农产品的销售，从而为多方创造新的价值。围绕农产品网上销售，众多主体会形成多中心自组织的价值创新网络，进而形成协同治理。

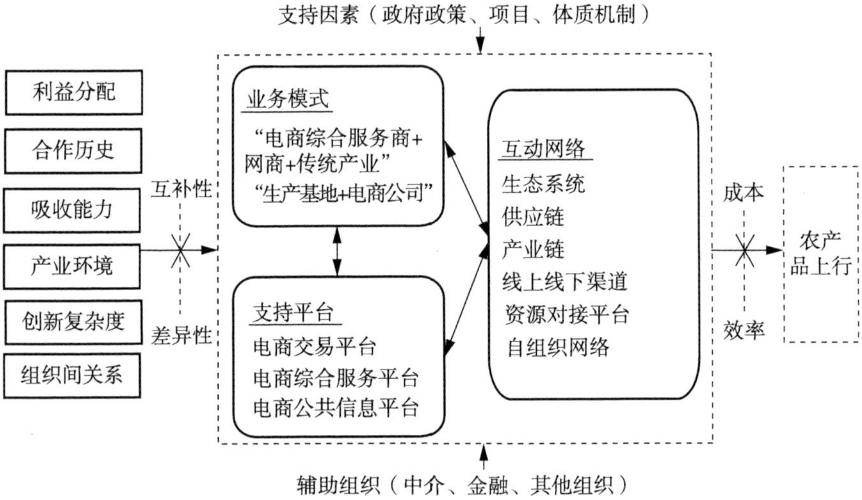

图 8-3　农产品电商交易平台体系与线下体系协同机制逻辑框架

农产品电商的支持平台包括电商交易平台（如以京东、阿里、苏宁为代表的广域平台，以赶街、乐村淘、淘实惠和一亩田为代表的农村或农业的专域平台等）、电商综合服务平台、电商公共信息平台，以及众多的服务支持子系统，如农产品溯源系统、农产品质量安全信息服务子系统、农产品标准化信息服务子系统、农产品大数据分析子系统等，这些支持平台包含农产品、文化旅游、工艺品、工业产品等信息，作为产品（服务）提供者和市场（渠道）间的接口，提升电商产品的线上线下流通效率，实现整个产业链的有效增值；共建共享特色农产品数据库及其产品标准，提供农产品质量安全溯源管理、农家乐及基地采摘游预定、农产品信息发布、农产品物流运输及保障等服务；在企业、网商、互联网间建立联系，协助企业进行网络推广和网络品牌营销；沟通买卖双方的网上交易渠道，大幅降低交易成本，开辟电子商务服务业新领域，并作为农产品基础数据共享体系的一部分，支持各级政府部门对农业信息共享和协同办公的需求，为社会公众提供信息查询服务。

农产品电商的业务模式比较有代表性的是：

1. “电子商务综合服务商+网商+传统产业”

该模式核心是“服务商”，具体做法是：①制定并推行农林产品的产销标准；②直接或通过农村合作组织间接地推动农户及加工企业按照上述标准去生产和加工，提升当地网货的质量；③设立“产品展厅”和“网络分销平台”；④统一仓储，降低网商的资金门槛；⑤推动实现农户、合作社、加工企业和网络分销商的社会化大协作。这种模式在县域电商的发展初期具有效率高的优势，特别适合电商基础弱、小品牌多、小网商多的区域借鉴发展。

2. “生产基地+电商公司”

地方政府支持和社会力量参与成立电商运营公司，通过该公司整合生产方（农户、生产基地、合作社或农产品加工企业等）的产品，经电商平台卖出。该模式具有以下特点：①电商运营公司以网上直销为主，也有少部分产品经网络分销商售出；②统一注册品牌，用该品牌统一本地所有农产品的包装、销售和服务；③地方政府成立专门机构（电子商务发展中心），来全力配合电商公司的工作。该模式中，电商公司也是整个电商链上的关键点，影响着电商供应链的运作，它适合电商基础薄弱、产品品牌化程度低、当地小网商稀少的区域。

3. “集散地专业市场+电子商务”

在地理位置优越、交通便利的重要交通枢纽和物资集散地，或者具有非常雄厚的传统产业基础的区域，以传统产业或专业市场作支撑，发挥交通便利、仓储和物流业发达的优势，或者以配套完善的电商园区为依托，大力吸纳外地电商，在优秀企业的示范带动下产业传统商户和企业快速转型电商，形成供应链整体优势和区域生态系统规模化。

在此基础上，农产品电商模式在不断更新升级，农产品电商从农产品供应体系、基础设施、服务体系、政府服务和社会责任方面的创新出现了很多新的亮点：供应体系从溯源到品控上严格把控，促进农产品产业升级；基础设施上物流网络的不断覆盖和金融服务的创新，在物流和金融方面不断完善，农产品电商规模的不断扩大。

农产品电商的互动网络可以概括为以下几种类型：

1. 以电商平台为核心的区域生态系统

生态系统本质上是各方利益相关者构成的复杂网络，网络中的参与者通过分工与专业化、协同行动共同演化、资源整合进而实现价值共创。现阶段，以电商平台为核心的区域电商生态系统是农产品电商的主要发展模式。平台型商业生态系统是建立在相互连接的供应商、互补商、分销商以及（新产品）开发企业等所构成的平台网络，企业会不断增加生态圈内伙伴的异质性、嵌入性和互惠性，具备这三个特征的生态圈具有适应能力和放大效应，最终实现集群的共生、互生和再生。

农产品电商生态系统是指由农产品生产者、加工者、流通者、消费者、电商企业及利益相关群体与外部经济、社会、政策环境共同组成的，以互联网为主要交流、合作、竞争平台，以实现物质、价值有序流动和信息有效传递为目的，具有协同功能和一定环境适应能力的开放互动、多元共生、协同共进、动态演化的有机整体，主体包括农产品生产者、消费者、加工企业、零售商、批发商、物流企业、金融机构、电信服务商、政府机构、网络营销服务商、技术外包商、电子商务咨询服务商等；功能包括物质流动、信息传递和价值增值三个方面。

2. 以农业龙头企业为核心的农产品供应链

随着原产地农产品直销、生鲜农产品电子商务快速发展，现阶段农产品电商面临着一系列“瓶颈”：①不成规模，农产品质量因各种各样的问题频遭质疑，因季节、地域、物流等因素互相流通不便；②非标准化和品牌缺失，因货值低、物流成本高，再加上隐性价值缺失，农产品生鲜电商急需品牌化与标准化；③消费者体验差。因运营、包装、快递、品牌等价值链的不完整，农产品网购体验不高，二次回购率低。在这个背景下，以农业龙头企业为核心的农产品供应链通过资源整合和信息技术应用，可以从生产和流通各环节破解以上几个难题：建立统一的农产品品牌，提供冷链仓储物流与配送服务，建立产品采摘、分级、包装、储运等的流程与标准，改进农产品标准化程度，以及建立农产品可追溯体系等，以农业龙头企业为核心的农产品供应链是现阶段极为重要和关键的农产品电商组织形态。

3. 以电商协会为核心的多样化资源对接平台

在农村电商发展过程中，电商协会发挥着重要作用：①强化集群的外部经济；②规避产品同质化引发的恶性竞争；③增强市场地位以应对外部竞争；④吸取更多的外部资源。此外，电商协会还可以充当弥补政府有限理性的组织角色。①

电商协会通过举办年会和论坛为网商、供应商、服务商、中介机构牵线搭桥，使它们建立起更加紧密的合作关系；通过组织开展各类电商沙龙活动和交流活动、协助开展电商精英人才培训工作、为新进创业者提供咨询建议等途径加速知识传播和技术溢出；通过电商协会实施行业自律，加强产品质

---

① 曾亿武，郭红东．电子商务协会促进淘宝村发展的机理及其运行机制［J］．中国农村经济，2016（6）：51-60.

量保障和诚信建设，鼓励自主创新；作为政府与企业间沟通的纽带和桥梁，争取到政策扶持和资源。可见，以电商协会为核心的农产品生产者、服务商、物流企业、金融机构等组织，是农产品电商合作创新的一种重要网络形态。

4. 以专业服务商为核心的新型流通渠道

随着农村电商的大规模发展，农产品消费者购买的行为模式在不断变化，新技术应用、新商业模式推广对农产品流通渠道变革表现出显著的影响，出现了新型的农产品市场中介——电商服务商，它们利用自身的电商服务专长，连接起生产基地、电商平台和消费者，发展出一种新型的农产品电商业务形态。

现代信息技术的应用使得农产品交易向互联网转型，具备技术专长和平台优势的信息型中介大量涌现，流通渠道虚拟化，O2O 电子商务模式有效实现了线上线下资源联结，农产品渠道成员间实现低成本高效率的互动，原有成员间的合作关系得到巩固，新型的基于互联网的合作关系得以快速建立，新型农产品流通渠道模式大量创新；新兴业态、现代物流、电子支付等现代交易方式成为专业服务商为核心的农产品都市渠道的主要特征，农产品零售终端领域出现经营连锁化和销售超市化，农产品物流平台使各生产基地之间、产地和销售终端之间建立紧密的联系，实现农产品的专业化、信息化流通；期货交易、拍卖交易等新型交易形式使得农产品渠道系统的交易成本降低、交易效率提高。

5. 致力于“经济生态圈”建设的新型农产品产业链

农产品电商的持续发展，关键要实现各经营主体之间要素的融合：通过纵向产业链完善和优化，降低各经营主体之间的交易费用并提高整个产业链的资源配置效率；通过合理的方式适度扩大经营规模，发挥要素规模优势，从而提高农业生产效率和规模收益。

在以上几种互动网络发展的基础上，产业链核心企业通过资源整合、流程再造、资本运作等方式搭建服务平台，将产业链分布的、异构的专业化服务系统无缝链接整合，实现专业化服务联动，使得专业化服务更加有效，管理和运营的成本越来越低，对整个市场的带动能力越来越强。一部分中小企业转变为基础性资源，另一部分处于领先地位的中小企业也向着关系紧密、信息协同、良性竞合的新模式过渡，依附于创新服务平台，在某些区域进行分工与合作，与核心企业建立产品联系、资金联系和服务联系，通过效益提升、成本降低、风险防控进而达到价值增值。

6.“多中心自组织”的开放式创新网络

合作网络是指在同一时期建立、根植于同样的区域文化和相似产业的组织间，基于相似的利益需要，以技术创新为中心，通过提供创新机会和具有实现创新的已知及可预测环境的组织进行持续的相互合作，实现产品、标准制订和行为规范以及利益共享和风险共担的网络组织。在农产品电商的创新发展过程中，电商平台、物流企业、农业新型经营主体、中小农业生产经营者以及相关服务提供者共同构成了农产品电商的开放式创新网络。这个网络的基本特征是战略合作、资源和能力互补、网络沟通和网络自组织等，其基本的活动内容是主体间信息联系、人员沟通与交流、知识转移与分享，从而达到“互动”“联结”“整合”与“协调”。它同时也是价值创造网络：以电商平台为依托，运用IT技术进行商业模式创新，主体间进行知识交流、关系重新组合，供应商、合作者、战略联盟、竞争对手、员工、顾客等共同创造价值，各产业成员组成共创价值及共享成果的网络。

农产品电商创新网络的治理需要建立起主体间“多中心自组织协同”网络结构，通过协同效应，集聚异质性社会治理思想和行为，优势互补，实现经营者行为的耦合同步及结构有序，达成网络治理的自组织：充分发挥网络组织自身的治理功能，通过网络本身的自组织来治理社会，进行“多中心治理”（Polycentric Governance）。

二、农产品电商创新网络的协同机制

1. 以电商平台为核心的生态系统打造

电子商务生态系统是指核心企业与参与主体为参与电子商务活动而构成的商业生态系统。核心企业为吸引参与主体进入生态系统进行创新活动而构建边界资源，它使得平台中的参与者更加容易地使用核心功能，为第三方参与者赋能，使其能够利用边界资源输出产品，平台所有者通过共同愿景，运用技术边界资源和社会边界资源对生态系统实行控制。由于边界资源的存在，核心企业能够通过能力搜索、能力吸收、能力兑现三个阶段，构建电商生态系统。①

① 卢宝周，王雪琪.制造企业商业生态圈构建机制研究——基于边界资源的视角［C］.“中国企业管理案例与质性研究论坛（2016）”论文集.

核心企业在生态系统构建过程中，针对生态系统发展的不同阶段、参与主体的情况开放不同的核心资源：在能力搜索阶段，核心企业运用社会边界资源，构建与主体的广泛接触；在能力吸收阶段，核心企业建立电子商务标准、流程、品牌以及技术等边界资源为参与主体提供成长空间，与参与主体的合作日益紧密，核心企业协助企业完成产品在线销售，双方共同实现价值共创；在能力兑现阶段，核心企业为成熟期的参与主体开放可以连接到消费者的核心营销资源，在和参与主体共同完成大规模生产的基础上，帮助参与企业实现产品和服务的变现，整个生态系统完成利益共享，能力兑现，并最终实现整个生态系统的共同进化。

2. 以农业龙头企业为核心的供应链整合

（1）流程整合。流程整合主要指企业内部各职能环节间的流程优化和企业间形成的供应链网络的流程协调，比如建立统一的农产品品牌，提供冷链仓储物流与配送服务，建立产品采摘、分级、包装、储运等的流程与标准，改进农产品标准化程度，以及建立农产品可追溯体系等。

（2）节点整合。单个企业与供应链伙伴（包括供应链、运销商等）间可以进行努力协调，尽量将自身的行为活动纳入供应链系统，通过提高内部整合能力为整条供应链的优化奠定基础。节点成员间的整合通过信息整合、功能重组、组织整合、过程重组、文化整合及战略资源重组等过程，来实现各节点企业之间的无缝连接，实现管理与流程高度统一。

（3）利益机制整合。利益整合的根本目的是建立一种利益协调机制，使各企业协调一致，共同为提升供应链整体竞争优势而努力。供应链节点成员间的整合，最终目的是尽力保证各企业都能从这一供应链共同体的运营中获得利益。

3. 以行业协会为核心的多样化资源对接

（1）组织机制。协会本着会员自愿参与和自由退出的原则，所有会员都是单位会员，由会员组成的会员大会是协会的最高权力机构。理事会是会员大会的常设机构，由会员大会选举产生，承接会员所自愿让渡的权力，实现对协会的领导、组织、控制与协调。电子商务协会不仅是网商的组织，还是相关产业主体共同交流和合作的平台。邀请高等院校、电商平台运营商、产品供应商、电商服务商、快递公司、金融机构、培训机构等单位代表和知名人士参与，这有助于提高协会的决策水平和资源广度，增强相关产业主体之间的联系，促进农村电子商务形成一个良好的具有共生进化能力的电商生态系统。

（2）会员吸收。吸收关键群体和动员精英加入，以发挥示范带头作用并形成口碑，从而产生声誉机制；并通过提供某些服务和优惠，不断吸收新会员，使协会规模不断发展壮大。

（3）组织管理。通过建立自律管理办法，促使会员讲求产品质量和诚信，维护集体声誉；还通过正式的惩罚机制，为会员提供底线约束，让会员明确“不准做什么”，提升专业协会的整体竞争力。

4. 以专业服务商为核心的渠道创新

对于电子商务生态系统的参与者来说，生态系统的本质是以专业化分工作为基础的共同体。创新突破了传统单个企业或组织的边界，电子商务专业服务商在参与市场活动中，形成或主动或被动、或强或弱、或正式或非正式的联结，通过专业化分工、共享信息，在生态系统内进行知识传递、能力融合与信息资源的无限次重复使用，以实现协同创新——呈现出多角色、网络化、开放性的特征，演变为以多元主体协同进化的创新模式。

在农产品流通渠道向互联网转型过程中，农产品渠道链条中和渠道间一些相互独立的渠道成员（主要是农户、合作社、龙头企业、批发商/市场、零售商等）在致力于共同长远目标的基础上，通过横向或纵向联合、协议或股权联合而建立一种具有“战略合作关系”的分销网络利益共同体，各节点成员（组织）突破传统组织的有形界限，建立深度合作关系，实现信息和资源的共享。电子商务专业服务商的大量涌现，使得渠道内部架构进行重塑，包括构建信息型中介、建立渠道电子信息处理与传递中心、建立基于物联网的农产品流通数字平台、建立虚拟化渠道模式、开展农产品电子商务等。

5、致力于“经济生态系统”建设的新型农产品产业链拓展

随着电子商务深入发展，市场渠道结构不断完善，电子商务平台型企业的服务内容也不断丰富；为了进一步扩大企业的发展规模，获取规模成本的节约，电子商务平台型企业从以下三个方面实现了既有市场渠道结构的扩张：一是网络销售渠道业务范围的扩张，通过与同类企业之间进行合作，能够强化电子商务平台型企业的网络销售渠道优势，并实现网络销售渠道的互通；二是网络销售渠道与传统销售渠道的融合，通过与具有相似功能的企业线上线下全方位的交流与合作，实现传统渠道与新兴渠道的畅通，有助于网络销售渠道的充分利用；三是新的市场渠道的开拓，依托既有的平台优势，向新的技术与应用领域扩张。

电子商务平台型企业通过上述三个方面的行为，不仅能够实现既有网络渠道的扩张，而且促使原本属于不同产业链但是具有相同或者相似业务的环节融合到同一个企业主体中，达到产业链的横向整合；通过产业链横向整合的实施，电子商务平台型企业的平台功能得到强化，业务范围也得到扩展。①

6. “多中心自组织”的开放式网络创新

创新合作网络可以创造出使合作者共同受益的价值，这种价值是任何一方单独所无法达到的；网络组织是以半自治组织间重复交易为特征，基于信任、社会关系和协议等形式以减低交易成本，通过网络节点重组和成员间的合作创新，从而获得组织适应性及效率。必须通过特定的机制，对网络系统的各个要素（子系统）进行系统优化、整合、调节与控制，实现制度性安排和规则协同，进而实现网络价值创新和各主体的利益优化。

农产品电商创新网络具有以下基本特性：参与主体跨越组织边界、互补的资源或能力、知识共享、地理位置分散、合作者随机性变化、参与者地位平等性、采用网络化媒体工具和方式进行沟通。它是一个以机会为导向，动态整合各种核心能力与资源的统一体，包括整合组织中各成员的资源、技术、顾客市场机会，以形成核心能力，从而有效降低时间、费用和风险，旨在提升个性化服务的能力和绩效。这种创新网络的协同机制可以概括为“信息透明化、信息全体共享和共同体协商”。

（1）通过信息透明机制治理机会主义行为。在网络中，机会主义行为将导致声誉受损从而丧失潜在的交易机会，群体制裁机制使那些容忍违规的合作者的声誉受损，声誉机制抑制了机会主义行为。

（2）信息全体共享机制治理不确定性。信息的广泛共享可以增加参与者预测和防范不确定性风险的能力；在跨组织关系中，通过两个关联机制来增加信息共享的准确性和有效性：①当一个在线信息出现偏差或被误导时，其他参与者可能会迅速地指出那些错误或令人误解的信息，从而快速纠偏；②主体有能力从事信息的广泛搜索和比较，从而快速综合利用信息形成即时决策。

（3）通过共同协商机制治理交易的复杂性。网络参与者很容易聚集在一个虚拟空间（如微信群）共同讨论问题，这有助于增强各行动的一致性，不同参与者经验和专业能力得以在这里得到共享并传播。

---

① 李世杰，李倩．双边市场、产业链整合与企业成长机理［C］．第 8 届中国案例管理学术年会论文集（2017）．

第四节　对策建议

农产品电商是沿着一条复杂的产业链条发展的：原始形态农产品（品控）→标准化商品（包装）→运输配送（供应链）→服务，其中任何一个环节不相匹配，都会影响农产品电商效果，因而农产品电商产业链的主体间协同极为重要。

一、农产品电商产业链协同的障碍

现阶段，实现农产品电商产业链的有效协同主要存在以下障碍：

（1）电商平台之间的互联互通尚未形成。由于电商专业技术的缺乏，相当多的电商参与者受制于平台的运行规则，获利甚微或处于亏损；少数平台对农产品产业端有垄断的趋势，地方产业主体与平台之间缺乏畅通的联系机制；与此同时，生鲜电商平台需要投入大量的精力和成本用于提高产品品质、实现供应过程的标准化，短期内盈利困难。

（2）电商平台与生产基地之间缺乏有效的沟通与协同机制。作为连接终端消费与前端生产的中介，平台商并不直接控制生产过程，而是通过运销服务商（快递物流企业）在农产品生产出来之后，才开始供应链集成过程，但难以通过生产过程的标准化达到产品标准化，更难实现农产品的“可追溯”。

（3）农产品供应链的各类标准亟待制定或完善。包括产品生产过程，产品分级分类、包装运输、冷藏储运，终端的配送、售后服务等，目前急需通过建立起分区域、分类别、分季节的标准体系，在政府的行政力量暂时难以发挥作用的这些领域，龙头企业、行业协会、农业专业合作组织以及其他新型农业经营主体的创新引领、试验示范机制尚未形成。

（4）农产品电商的基础设施亟待改善与提高。农产品电子商务综合管理平台、公共信息服务平台和商业信息服务平台的建设和发展目前还处于探索和起步阶段；农村网络基础设施建设普遍滞后，宽带普及率低；农村物流基础设施薄弱，中西部农村道路相对简陋。由于物流需求和供给较为分散，导致农村物流从运输、包装、搬运装卸、流通加工等环节缺乏系统性、高效性、便捷性和低成本性；由于农产品冷链设施缺乏，生鲜农产品物流损耗较高，无形中增加了物流成本，农村物流“最后一公里”和“最初一公里”的问题依然待解。

（5）农产品电商人才队伍素质有待提升。由于农民普遍文化程度较低，电商观念意识还需要进一步加强，品牌意识、营销经验都还比较欠缺；农产品电商经营人才少，电商企业了解农村和农民不够，针对农产品特点的服务亟待创新；受到区位环境、薪酬等条件的限制，农村电商人才“难育、难引、难留”现象突出，美工、运营等专业人员在农村缺口较大，专业化分工程度不高。

二、农产品电商线上线下协同的对策建议

从商业模式的角度分析，农产品电商实际上是开放式创新，其基本特征是：电商平台依托自身核心能力，以开放式的形式构建创新平台，并逐渐形成以自身为核心的电商生态系统，通过系统内主体资源要素的整合与合理配置，实现价值创造，进而推动农产品流通模式的创新。因此，农产品电商线上线下协同，实质上是以电商平台为核心的开放式创新协同，它主要依托三种要素的协同来实现：创新平台、创新互动网络和创新环境。在农产品电商平台为核心的开放式创新分析框架下，这三种要素就分别是农产品电商平台、农产品电商生态系统（电商合作网络）、农村电商环境，它们之间的协同，决定了农产品电商线上线下协同的效果。

（1）农村电商环境与电商互动网络的协同。农村电商环境为农产品电商参与者提供了所需要的政策支持、制度保障、文化氛围、技术条件。农产品电商互动网络包括农产品生产者、运销商、物流企业、专业服务商、外部组织、消费者等。农产品电商互动网络必须依托于农村电商环境才可以实现目标；环境所提供的外部支撑也必须符合电商从业者的需求，与其发展要求相适应。在环境及互动网络中都分别存在系统内要素的互动，要素之间相互影响。

（2）农村电商环境与电商平台的协同。电商平台的打造与发展涉及电商生态系统的创新，是商业模式、市场需求分析、客户关系管理、供应链管理、资源整合、研发管理、流程再造的复合过程，是新型商业模式下的价值创造的基本机制。而电商平台都是基于农村电商环境中政策支持、技术条件、文化氛围等而发展，并与之相匹配。只有通过对外部政策进行调整，才能进一步促进电商平台的建设。

（3）电商平台与农村电商互动网络的协同。电商平台实质上影响了农村电商互动网络的演变与发展，电商互动网络的发展又直接影响了电商平台的实现与完善。电商平台运营商基于自身所具备的条件和农村电商网络参与者的资源基础，在清晰辨识出农产品终端消费者需求趋势的基础上，运用平台

的关键资源如品牌优势、网络与技术优势以及渠道优势等，通过整合农村电商网络参与者的资源，组成新型农产品流通网络和渠道，以互联网特有的便捷、高效方式到达终端消费者，从而完成农产品流通关键流程的创新再造。

可见，在农产品电商体系中，有三类重要角色（载体）决定着协同效果，即互动平台（线上及线下平台）、政府机构（电商环境营造者）和电商互动网络，因此，要实现农产品电商产业链的有效协同，必须使这三类角色（载体）充分发挥各自的作用。

（1）地方政府应通过政策引导、资金支持和实体空间资源配置，加强“四个体系”建设。

①服务体系建设。在县、乡、村三级服务体系建设中，提升县级公共服务中心电商企业入驻率，同时整合资源，推动乡镇和村级服务站建设，全面提升村级服务站覆盖率。

②培训体系建设。以电子商务公共服务中心为依托，配备专业的培训团队，开展面向各类群体的公益性和市场化相结合的电商理论和实务操作培训，提高农村电商应用技能，有计划地培养一批电商专业人才。

③物流体系建设。结合地域特点，整合现有物流资源，以农村电商服务站为基础，结合邮政系统现有的物流配送网络，建设县级电子商务公共服务中心—乡镇级物流分拨中心—村级服务站的县、乡、村三级电商物流体系，解决配送“最后一公里”问题。

④营销体系建设。县级电子商务公共服务中心要带头带动和扶持本地电商和企业，为农户提供活动策划、产品包装设计与代运营、分销体系建设等服务，带动辖区电商发展。

（2）互动平台包括线上平台及线下平台。

①线上平台包括电子商务综合管理平台、电子商务公共信息服务平台、电子商务商业信息服务平台以及电子商务交易平台，前三种是公共服务性质的平台，有助于围绕电子商务共性过程和关键环节基础信息，建立采集、管理、维护、共享的机制与设施，形成电子商务市场完整、准确、实时、动态的经济信息资源，建设电子商务经济运行监测平台，提升电子商务市场运行效率。电子商务交易平台借助政府的政策和实体空间，通过分享品牌、资源和经验、利用开放式创新的模式和渠道，帮扶中小企业和广大农户参与农产品电商产业链。平台企业要尽快发掘和培育扶持一批专业服务商或合伙人，利用外部人才扩大创新的视野与边界，借助平台的力量不断聚合外部资源，

扩大知识外溢与流动，通过向产业链参与者开放核心资源和能力，吸纳更多电商团队和社会力量作为合作伙伴，共同盈利。既促进电商生态圈的形成，增强企业生态的丰富性和差异化；又为平台企业的价值提升与可持续发展不断注入新能量和新资源。平台运营商与电商专业服务机构应不断创新开发系统化的服务体系与服务手段，承担电商生态系统参与者的非核心功能与诉求，帮助农产品电商参与者最大限度地降低成本，提高效率。

②线下平台包括产业园区、批发市场、各类综合试验示范基地、田园综合体等。农产品电商的发展要以国家现代农业示范区、农业综合开发现代农业园区为依托，引导集聚金融资本、社会资本和各类新型经营主体，建设规模化种养基地，发展加工和流通，开展品牌创建与营销，打造一批现代农业产业集群，激发产业链、价值链的重构和功能升级，推进一二三产业深度融合、上中下游一体，实现生产、加工、销售各个环节共享均衡利润，探索农业全产业链再造新模式。

（3）农产品电商互动网络目前主要有六种形态：以电商平台为核心的区域生态系统、以农业龙头企业为核心的农产品供应链、以电商协会为核心的多样化资源对接平台、以专业服务商为核心的新型流通渠道、致力于“经济生态圈”建设的新型农产品产业链、“多中心自组织”的开放式创新网络，农产品电商的线上线下协调也必须充分发挥它们的作用。

①充分发挥电商平台企业的创新引领作用，鼓励电商平台企业运用优势资源，吸引农产品电商主体的广泛参与、建立标准、流程、品牌以及技术等资源为参与主体提供成长空间、完成产品在线销售并共同实现价值共创、帮助参与主体实现产品和服务的变现，整个生态系统完成利益共享、能力兑现，并最终实现整个生态系统的共同进化。

②发挥农业龙头企业的基础核心作用，鼓励农业龙头企业建立统一的农产品品牌，提供冷链仓储物流与配送服务，建立产品采摘、分级、包装、储运等的流程与标准，改进农产品标准化程度，以及建立农产品可追溯体系等；通过信息整合、功能重组、组织整合、过程重组、文化整合及战略资源重组等过程，来实现各节点企业之间的无缝连接，并建立起利益协调机制，保证各企业都能从供应链的运营中获得利益。

③发挥电商行业协会的桥梁沟通和资源对接平台作用，鼓励电商行业协会通过对接高等院校、电商平台运营商、产品供应商、电商服务商、快递公司、金融机构、培训机构等机构资源，增强相关产业主体之间的联系；吸收关键群体和动员精英加入，以发挥示范带头作用并形成口碑，从而产生声誉

机制；通过建立自律管理办法，促使成员讲求产品质量和诚信，维护集体声誉；促进形成一个良好的具有共生进化能力的电商生态系统。

④发挥电子商务专业服务商的渠道创新作用，鼓励电子商务专业服务商通过横向或纵向联合、协议或股权联结而建立一种具有“战略合作关系”的分销网络利益共同体，各节点成员（组织）突破传统组织的有形界限，建立深度合作关系，实现信息和资源的共享；使得渠道内部架构进行重塑，包括构建信息型中介、建立渠道电子信息处理与传递中心、建立基于物联网的农产品流通数字平台、建立虚拟化渠道模式、开展农产品电子商务等。

⑤引导农产品产业链的一体化发展，鼓励电子商务平台型企业通过销售渠道业务范围的扩张、线上线下渠道融合、新的市场渠道的开拓等方式，实现既有网络渠道的扩张，也促使原本属于不同产业链但是具有相同或者相似业务的环节融合到同一个企业主体中，达到产业链的横向整合。

⑥准确把握和灵活运用新技术对农产品电商创新网络的治理作用。引导农产品电商创新网络以机会为导向，以信息透明化、信息共享和共同体协商为主要协同机制，动态整合各种核心能力与资源，包括整合组织中各成员的资源、技术、顾客市场机会，以形成核心能力，从而有效降低时间、费用和风险，提升个性化服务的能力和绩效。

总之，农产品电商创新网络中应该形成内在共生、优势互补、相互促进与深度关联协同的价值共创机制，为农产品电商生态系统的可持续发展形成良好的要素组合、相互配套和整体架构，为未来利益相关方多赢局面奠定坚实的基础。

农产品电商线上线下协同的过程，是将农产品电商合作网络的各种要素进行整合、调节与控制，实现农产品上行的流程所要求的标准和规则，也就是把农产品电商系统中稀缺的、现实和潜在的、具有不同性质和来源的资源进行激活、配置与耦合，使其具有较强的系统性、协调性和价值性，实现整体配置与使用效用的最优。政府应该引导社会多方面的力量加入农产品电商领域，培育和健全电子商务要素市场，大力发展电子商务人才和信息服务业、技术服务业、产业载体及物流服务业、金融及支付服务业，发挥电子商务对金融、物流、科技等要素产业的升级创新作用，带动电子商务上下游产业互动、协同、融合发展；引导电子商务要素产业延伸发展，完善电子商务要素产业网络化运行体系；运用大数据加强和改进市场监管，推进产品追溯体系和电子商务信用体系建设，推动电子商务规制创新、市场治理、网络交易安全保障、绿色电子商务等，建立跨部门、跨地域、跨行业的政府、企业和协同治理机制。

第九章　农产品电商线上线下协调发展实例

第一节　茂名荔枝“上行”历程

一、茂名荔枝电商的发展历程

广东省茂名地区是全国最大的水果生产基地，也是全球规模最大的荔枝生产基地，全市水果种植面积达430多万亩，其中荔枝面积176.57万亩，是世界第二大荔枝生产国印度的荔枝面积（84.3万亩）的两倍多，约等于中国以外世界各国荔枝面积的总和，荔枝年总产量占全国的25%，占全球的20%。[①] 其种植荔枝的历史悠久，至今已有两千多年的历史。在唐朝，茂名荔枝已成为朝廷贡品，高州根子镇柏桥村有一个老荔枝园叫贡园，唐朝进贡给杨贵妃的荔枝就出自该园。除贡园外，茂名地区还有不少上百年的荔枝林，而且不少的村庄自古以来就以“荔枝”命名，如化州合江的荔枝垌村、化州中垌的荔枝根村和荔枝塘村、化州林尘的荔枝埒村、信宜镇隆的荔枝村和新堡的荔枝垌村、高州分界的荔枝山村和长坡的荔枝坡村、电白林头的荔枝山村等。茂名荔枝的主要种植品种有白糖罂、妃子笑、白腊、黑叶、桂味、糯米糍、鉴江红糯、晋奉等。鉴江红糯荔枝获第二届中国农业博览会“金牌奖”，白糖罂、鉴江红糯、大果白腊、黑叶、桂味荔枝获中国国际农业博览会名牌产品称号。每年4月中旬三月红荔枝开始上市，5月上旬白糖罂、妃子笑荔枝成熟上市，5月中旬黑叶、白腊等荔枝陆续成熟上市，比广西、珠三角同种水果早熟10~20天。

茂名荔枝电商从2012年开始至2016年尽管发展只有四年左右时间，但在国内生鲜水果电商中一枝独秀，发展速度很快。淘宝网上出现众多的销售茂名新鲜荔枝的网店。除淘宝外，京东、顺丰优选、本来生活网等电商企业

---

① 茂名荔枝：种植历史达千年，色泽鲜红，品质极佳，http：//gd.sina.com.cn/mm/fun/2015-05-21/11449333.html。

也对荔枝电商业务进行了密集式宣传推广，如京东商城承诺网购的荔枝将有泡沫箱内包装和纸箱外包装，48 小时内达到；而顺丰优选举行荔枝尝鲜活动，在北京、上海、杭州近百个地铁站点向行人免费派发荔枝。尽管目前通过电子商务途径销售的荔枝数量在总产量中占比不到5%，但由于这种经营模式与传统销售有质的差异，在渠道管理、市场推广、品牌建设、产品增值以及经营管理模式等方面对荔枝产业发展都将产生深刻的影响。

茂名市在全面推广“互联网+水果”及推动农村电商发展计划实施以来，水果电商发送荔枝到全国省会、地市一级城市、县区一级城市的发货量逐年增加，基本上实现了全覆盖，弥补了传统销售渠道的发展盲点，并在短期内拓宽了荔枝等水果鲜销的渠道，不但保证了价格，还树立了茂名荔枝的品牌口碑。

自 2012 年开始，茂名荔枝销售搭上了电子商务和现代物流相结合的快车。茂名市积极转变思路，探索加快水果产业与电子商务、现代物流业的融合发展，推动荔枝网络销售，走高端市场销售路线，有力地提升了茂名荔枝品牌的知名度，为农民增收开辟了新途径，同时也引起了许多年轻创业者的关注，全市尝试做荔枝电商的逐渐增多。

2013 年 8 月，茂名市召开了“茂名荔枝网上行工作会议”，部署荔枝电商的发展，并于 2014 年把推广茂名农副产品网上销售工作列入市委、市政府重要工作事项。

2015 年 3 月，茂名市市委专门召开了“全市农村电子商务及农村信息化工作动员会”，并出台了《关于全面推进农村电子商务及农村信息化工作的意见》，提出：争取到 2017 年底，构建“三大服务体系”，完善“四大支撑”，实现农村电子商务、电子政务、社会综合治理体系村级全覆盖，全市农村电子商务交易额和农村信息应用水平进一步提高。同年 11 月，出台了《茂名市电子商务发展三年行动计划（2016—2018 年）》，提出：连续三年每年全市至少投入 2000 万元支持电商发展。

2016 年，通过实施“互联网+特色水果+标准”的模式，茂名规范了荔枝网上销售行为，为市场认可度、美誉度提供了有力保障。自《茂名市网上销售荔枝等级规格》联盟标准发布后，经过严格等级筛选的荔枝鲜果通过冷链物流实现了 24 小时送达全国主要城市（偏远及交通不便地区不超过 48 小时），在 2016 年荔枝价格偏高的情况下，岭南荔枝依然受到全国各地消费者的热捧，助推岭南佳果走向更广阔的市场。

积极的措施取得了积极的效果。茂名是全国水果大市，荔枝种植相传有两千年以上的历史，且品种资源丰富，比其他产区的同类品种早熟 20 天左右，产量约占广东省的 50%。自 2012 年以来，随着互联网电商的发展，茂名市果农开始在网上销售荔枝，当地快递公司承接的荔枝快递业务，从总重量不到 10 吨，发展到 2016 年的 1.2 万吨。

2016 年茂名市推广采用的“互联网+特色水果”电商模式，并实行“标准化”来对产品质量进行控制，使得在荔枝严重减产的情况下，通过电商在网上销售的荔枝达 1.2 万多吨，比去年增长了 10%，网上好评率同比上升了 10 个百分点。茂名的农村电商模式主要聚焦于两点：一是构建、强化农村物流配送体系，以多种方式推动电商企业和快递物流企业进场设点，使得市、县区到乡镇和行政村构成网格化的布局；二是推动行业联合电商平台自建产品质量标准，具体规范荔枝等农产品的生产流程、外观和口感等参数。

二、茂名荔枝上行策略分析

茂名市电商的整体推进思路是构建网格化的物流、电商网店布局，以推动“农产品进城”通道畅通和成本节约。具体做法是，“物流”与“电商”两条腿走路，依托邮政网店、供销社配送站，同时引导物流企业下乡，以实现“乡乡有网点”的布局。[①] 其主要操作方式分为两种：一是“电商先行，快递紧跟”，以市场行为为主，推动快递物流企业积极服务阿里巴巴、京东等电商巨头和本土农村电商；二是“快递先行，电商后发”模式，以行政推动为主，通过以奖代补支持“快递进村”的政策奖励，动员快递企业进村设点。另外，中小电商平台还选择“抱团”降成本，以电商协会的名义与各大物流企业谈判，以获得较低的折扣。

1. 区域优势品牌带动策略

虽然得天独厚的品质优势和电商销售的渠道优势让茂名荔枝近年来一果风行、越走越远，但构建以区域公用品牌为基础、企业产品品牌为支撑的立体体系，始终是亟待破解的课题。

每年五六月间荔枝集中上市时，茂名当地政府都会以举办农事节庆活动、电商推介会等形式站台叫卖，并想方设法将区域品牌打响、擦亮。近几年，活动舞台更是被搬到了北京、成都等大城市，从而进一步拉近了优质荔枝产

---

① 中国交通新闻网：［广东］快递电商对接枝头与客户，茂名冷鲜荔枝快马走四方，http：//www.moc.gov.cn/zhuzhan/jiaotongxinwen/difangxinwen/201506/t20150608_ 1831010.html。

地与主流消费群体的距离，同时辅之以荔枝文化展示、荔枝吃法创新等配套创意，茂名荔枝知名度正在不断攀升。2017 年 5 月 30 日，作为首批广东农业公园之一的荔枝主题园在根子镇正式开园,① 品牌打造与休闲旅游的混搭，为茂名荔枝品牌的建设开辟了新径。

2. 产销流程标准化策略

要保障消费者每次到手的农产品，都是可口、无差异的，除快速、便捷等必要条件外，还需要稳定的质量。茂名市质监局于 2016 年初，按照调研的情况，帮助该市电子商务协会制定了《茂名市网上销售荔枝等级规格》电子商务联盟标准，一方面，标准确定了荔枝单果重量、可溶性固形物、可食部分、酸度、果色五个方面的理化指标，同时遵循传统荔枝消费习惯，允许电商销售荔枝带枝带叶，提高了标准执行的便利性、可操作性。另一方面，该联盟标准规范并指导茂名市网上销售鲜荔枝的生产、销售、包装、运输、配送全产业链发展，提升了茂名荔枝的知名度和美誉度。

2017 年 6 月初，茂名市电商协会联合淘宝网发布了荔枝产品质量的平台标准，这是一份拥有多个量化参数的“民间标准”。这份产品质量标准参数表包括妃子笑、桂味等六种常见荔枝品种，涵盖产品物理指标、产品感官特征、允许缺陷值等内容，大部分有数字指标，并区分了优等品、一级品和二级品。例如，标准规定单果重量，妃子笑每斤在 21~23 颗，而桂味则是 25~27 颗。通过实施“互联网+特色水果+标准”的模式，茂名规范了荔枝网上销售行为，为市场认可度、美誉度提供了有力保障。

3. 专业人才队伍快速扩大策略

农村网民占比我国网民数中的少部分，农村电子商务人才严重缺乏，其发展滞后的原因主要来源于两方面，内因无外乎落后的教育资源，教育制度的不完善、教育设施的落后直接导致了人才的匮乏，外因主要是农村条件差，落后的工作条件不能吸引众多的专业人才，不能为人才提供更好的发展环境。此外，农村缺乏健全的教育体系也直接导致了农民文化素质的低下，文化素质低下的民众无法从事技术含量高的行业，而具有一定能力的高才生投身农村的数量少之又少，农村市场的狭小又导致了大部分投资者的止步，整体而言，农村信息建设人员的需求量大，增加信息建设人员数量是亟待解决的问

① 荔枝红了，品牌却还青涩，http：//www.sohu.com/a/148144481_699157。

题，在增加数量的同时，增强相关人员的素质也要得到重视。茂名荔枝的网上销售也存在人才缺乏的问题，为此，政府采取了一系列鼓励措施、网上销售相关知识宣传等方式，来吸引人才的加入以及提升当地人民的网上销售相关认知。

4. 供应链管理创新策略

以往，荔枝寄递存在四个方面不足：一是保鲜技术和手段不成熟，让荔枝无法长时间保存；二是网运环节驳接不顺畅，致使需要空运发往外省的荔枝邮件没能及时赶上航班；三是营销方式传统，荔枝产业属于劳动密集型产业，所需人手较多，而从采摘荔枝到发货环节，都是自己员工在做这些工作，导致人手紧缺；四是没有制定应急预案，发生突发事件，不能灵活处理。

针对存在的问题，茂名的相关物流公司进行了逐项查漏补缺。为解决荔枝保鲜问题，茂名市邮政分公司向专家请教，对荔枝邮件进行统一规格的保鲜包装，配备统一规格的泡沫箱、吸水纸、保鲜膜、冰袋等，严格执行包装的程序和流程；在处理中心建了冷库，对准备发运的荔枝邮件提前预冷，同时，熟练掌握在冷链车运输过程中的温度控制。为使网运环节驳接顺畅，高州市邮政分公司在合适位置，租赁地方作为荔枝邮件的集散中心，将荔枝由产地封发直运广州机场。为解决人员不足的问题，结合实际设立代收点，充分调动社会资源参与电商快递渠道建设。此外，还在收寄高峰期间制定应急处理预案，增加设备和车辆，增调人员在揽收、封发、运输等环节做好充分准备，保障邮件顺利出口，大大缩短了荔枝从“枝头”到“舌头”的时间。

第二节 茂名荔枝上行的行动者网络理论分析

一、引言

我国的农村电商发展正处于关键期。从政策层面来看，2015 年 5 月，国务院《关于积极推进“互联网+”行动的指导意见》中将“积极发展农村电子商务”专列一节；2016 年中央一号文件《关于落实发展新理念加快农业现代化实现全面小康目标的若干意见》明确指出，“促进农村电子商务加快发展，形成线上线下融合、农产品进城与农资和消费品下乡双向流通格局”。同年 4 月，农业部等八部委发布的《“互联网+”现代农业三年行动实施方案》，将“互联网+”农业电子商务作为 11 项主要任务之一，也将“农业电子商务示范工程”作为六项重大工程之一；而“互联网+”现代农业也是2017年中央一号文件明确支持的国家级专项工作之一；2017年8月，商务部、农业部联合颁发《关于深化农商协作大力发展农产品电商的通知》，提出了十项重点任务，包括开展农产品电商出村试点；打造农产品电商供应链；推动农产品产销衔接；实施农村电商百万带头人计划；提高农产品网络上行的综合服务能力；强化农产品电子商务大数据发展应用；大力培育农业农村品牌；健全农产品质量安全检测和追溯体系；开展农产品电子商务标准化试点；加强监测统计和调查研究，为下一阶段的农产品电商发展明确了方向和道路。

从实践来看，农产品网络销售快速发展。销售机构方面，全国共有涉农网站3万多家，其中农产品专业电子商务平台已达3000家。在大型电商平台方面，农产品销售网店数量也不少。阿里平台上，经营农产品的卖家数量超过90万个。京东以特产馆为特点，大力促进农产品网络销售。截至2016年9月1日，京东网上建立了特产馆376家，涉及32个省（自治区）及直辖市。在销售额方面，2014年农产品的网络销售额首次突破1000亿元，到2015年，突破1500亿元，2016年达到2200亿元，年均增长率达到50%，占全部电商交易额的比重超过4%。与此同时，农产品上行受到诸多问题困扰。农产品电商平台创新能力不强，盈利能力较弱，难以持续发展。另外，3万多家涉农网站大部分都是一个模式，即农产品网上销售，创新能力不足，存在重复建设的问题。数据显示，目前国内农产品电商只有1%能够盈利，7%巨额亏损，88%略亏，4%持平。相关配套设施相对较差，服务体系尚不完备。农产品物流在可及性、可靠性、服务水平、速度等方面，与城市物流仍存在较大差距。而在农产品上行的相关配套设施方面，更存在诸多不足：农产品的分级技术、包装技术、保鲜技术、储存能力、配送力量参差不齐，农产品进城“最初一公里”仍然困难重重。在农产品上行服务方面，与电商相关的软件、数据、摄影、美工等诸多服务，仍没有形成体系，位于农村区域的网商获得此类服务仍较困难等。

二、相关文献述评

（一）农村电商与农产品电商生态系统

1. 农村电商与电商生态系统

由电子商务平台运营商发起、推动的农村电子商务实践正在纳入研究视野（崔丽丽等，2014；C Leong 等，2016；曾亿武等，2016），对于发动和引导农村电子商务进程的平台企业而言，农村电子商务战略是众多电子商务平台企业出于对于周边环境的认知以及行业发展趋势的判断，主动拓展农村市场的商业模式的创新行为（王丽平等，2016；迟考勋等，2016），其所形成的新型商业模式是开放式创新的结果（高良谋等，2014；彭华涛等，2014），这种开放式创新的实质是大型电子商务平台企业依托自身强大的品牌、技术、专业知识，同时与众多弱小的市场主体合作（培育式合作）。农村电子商务合作创新得以实现的前提是平台企业与地方政府的合作：电子商务平台企业逐个与县域政府签订合作协议，以期形成政府与企业间共同的“认知图式”（迟考勋等，2016）；县域则通过各类代理机构，代表政府与平台企业合作；平台企业作为合作的发起者，主导合作过程，分布在各县域的众多市场主体适应平台规则、学习电子商务知识和技能，并逐步融入各平台企业为核心的电子商务生态系统（潘剑英等，2012）。

2. 农产品电商生态系统

关于“农产品电子商务是什么”这一命题，国内学者主要从狭义和广义两个角度来考虑，狭义的农产品电商就是通过电子商务交易的方式把农产品销售出去，而广义的农产品电商则是通过农产品电子商务交易的方式将农产品生产、运输与消费者等消费农产品产供销一体化的环节紧密结合起来，进而实现农民增收、从业获利、消费者获利的目标（赵志田等，2014；洪涛，2015）。基于广义角度，有的学者也认为农产品电子商务是指将电子商务等现代信息技术手段引入农产品生产、经营中，以保证农产品信息收集与处理的有效畅通，建立起适合网络经济的农产品营销体系（徐悦，2014）。因而从广义农产品电子商务的概念来看，农产品电商自身就是一个复杂的生态系统（谢天成等，2016）。我国学者王胜和丁忠兵（2015）基于电子商务生态系统理论，认为农产品电子商务生态系统是电商生态系统的子系统，具有开放互动、多元共生、协同共进以及动态演化四个方面的特征，即由农产品生产者、加工者、流通者、消费者、电商企业以及其他利益相关群体与外部经济、社会、政策环境共同组成的，具有协同功能和一定环境适应能力的动态有机整体。

农村电商是促进农业转型、农村发展、农民增收的重要手段（汪沛栋，2016），发展农村电商，“工业品下乡”和“农产品进城”是关键。目前，我国已经初步形成“工业品、农资产品下乡”与“农产品进城”双向流通的格局，但仍以“工业品下乡”为主导，“农产品进城”即发展农产品电子商务，但目前我国大部分县域农产品电商发展规模小、实力弱，缺乏品牌，还处于初步发展阶段（谢天成，2016）。总结学者们的研究，目前，制约我国“农产品进城”的因素主要体现在以下几个方面：①产品因素，即由于农产品本身具有易腐易变质等特征，使得其在保鲜、运输、处理上难度较大（孟晓明，2009）。②生产因素，即因为农产品具有季节性从而限制了其生产规模，难以实现标准化生产（施威等，2017）。③运营因素，即在运营环节缺少对供应链的整合，缺乏完整的电商服务体系。④政府因素，即在基础设施、监管和人才引进等方面，政府的支持力度还不够（赵芝俊等，2015）。农产品电商生态系统是一种以电商平台为核心的商业生态系统（Moore，1993），包含了农户或农业企业、消费者、平台企业、物流企业、金融机构、其他利益相关者、信息技术、产品或服务、政府及政府政策等不同主体，这些主体之间形成利益联结，通过资源协调、模式创新等方式形成了一个共生、自洽、进化且价值外溢的生态闭环（孙金云等，2016）。在这一生态系统中，平台管理者（或核心企业）是实现平台成功的关键，因为他们通过对用户基础（user base）这一有价值资源的管理（Eisenmann，2011），组合资源，实现价值创造（孙金云、李涛，2016），并推动平台主体协同，调和成员的竞争和合作，最终实现系统成员能力和价值的共进（Li & Garnsey，2014）。

（二）行动者网络理论

行动者网络理论（Actor Network Theory，ANT）以行动者、转译和网络为核心概念，其中，参与到科学实践中的所有因素，包括人类与非人类因素，皆为行动者，且行动者都是转译者而非中介者。行动者还可以分为关键行动者和其他行动者（Callon，1984），关键行动者在行动者网络构建过程中起主导作用；“共同强制通行点”（Obligatory Passage Point，OPP）是实现各方利益要解决的关键问题，通过“共同强制通行点”后关键行动者和其他行动者发生利益联结，形成网络联盟（Sarker et al.，2006）。由于不同行动者的利益取向、行为方式等都是异质的，行动者需不断相互界定各自的角色以使自身通过“共同强制通行点”，此过程称为转译。转译包括四个基本环节，即问题呈现、利益赋予、征召、动员（见表 9-1），通过这四个基本环节，各个行动者的角色和利益被重新赋予，它们之间相互协调、磋商，最终达成共识，形成紧密联结的网络（李峰等，2014）。另外，在网络构建的过程中，其他行动者可能会由于种种变化而衍生异议（Callon，1984），关键行动者要对产生异议的行动者进行重新转译，以此来保证网络的正常运行。行动者网络理论能动态、系统地分析建构过程中物质与非物质因素间互动路径及其运作机制。

表 9-1 转译的四个基本环节

转译环节	含义
问题呈现	关键行动者识别其他行动者，并证明解决问题要经过的“共同强制通行点”，以此强化自己在网络构建中的主导地位
利益赋予	关键行动者与其他行动者发生利益联结并与之协商，试图强化和稳定其他行动者的身份过程
征召	不同行动者之间具有异质性，征召就是行动者不断相互界定各自角色以通过“共同强制通行点”
动员	关键行动者根据协议来确保其他行动者能够忠实于该网络体系的构建。此时，关键行动者能够调动相关资源协调运作，并对其他行动者行使权利，以维护网络的稳定运行

（三）农产品电商生态系统与行动者网络理论

行动者网络理论作为一种强调各行动主体连接、协同的理论，在解决网络型组织的问题上具有很大优势（屠羽等，2018），因而适合应用于有关农产品电商生态系统的研究。首先，该理论既强调人类行动者与非人类行动者的平等地位，又承认不同行动者在农产品电商生态系统中的差异及其协同作用（屠羽等，2018）。而农产品电商生态系统涉及各类行动主体，各方有不同的利益诉求但又追求整个系统的协调和持续发展，行动者网络理论能够打破社会因素的绝对区分，赋予人和物同等的能动性（Callon，1984），使得研究者能够充分识别农产品电子商务生态系统中的各类行动者并分析其作用机制（卢宝周等，2017）。其次，农产品电子商务的发展是一个动态的过程，它的演化阶段有多种划分方法，比如，形成—发展—自我更新（C Leong，SL Pan，S Newell，L Cui，2015）三个阶段；集成式服务枢纽—平台中心性分布式网络—商业模式形成—模式推广—生态系统拓展（SK Jha，Pinsonneault，L Dubé，2016）五个阶段等。行动者网络理论强调把社会看作是联结的、动态的科学，结合该理论的“转译”机制，能够从动态变化的角度分析系统不同阶段行动者之间协同创新的变化与演进过程，并深入研究内外部网络与辅助网络的互动过程，通过跟踪各行动者的行动，破译彼此之间互动、组合的模式（屠羽等，2018）。最后，系统的概念与网络相对应（卢宝周等，2017）。

通过转译的四个环节分析农产品电商生态系统中各行动者之间的关系和利益诉求，能够对如何解决“农产品上行”问题进行具体阐述。

（四）简要述评

农产品电商生态系统不仅为落后地区的农户和农业企业提供了接入更大市场的机会，还提供了政府资源、物流资源、金融资源、技术资源等以改善农村基础设施建设，带动人才下乡创业就业，完善电商服务体系，从而为农产品上行提供了强有力的途径。综上，可以认为农产品电商生态系统是一个行动者网络，农户或农业企业、消费者、电商平台企业、物流企业、金融机构、其他利益相关者、信息技术、产品或服务、政府及政府政策等行动者形成利益联结，通过资源协调、模式创新等方式形成了一个共生、自洽、进化并且价值外溢的生态闭环（孙金云等，2016）。电商生态系统理论正在随着实践快速发展而日渐完善，其形成与演化机制逐渐达成共识，但生态系统只是一个分析框架，构成系统的要素都不是同质的，且会动态变化，在演化过程中，各种要素自身的成长发展机理，即系统主体的能力与行为绩效如何随着系统演进以及外界变化而演化，目前还鲜见相关研究；行动者网络理论对于技术—社会系统的演进规律有很强的解释力，且大量用于阐释各类复合创新系统，但尚未用于解释农产品电商生态系统的发展规律。

三、研究方法

案例研究尤其是单案例研究，适用的范围之一就是通过纵向案例（Longitudinal Case）来展示现象随着时间变化而发生变化的过程（Yin，2003）。与大样本的定量研究相比，案例研究能够更贴近理论构念（Siggelkow，2007），许多理论研究给出的都是推测性假设，缺少现实基础，案例研究可以清晰地回答“怎么样”和“为什么”的问题，既有助于研究者把握事件的本质，也有利于说服读者（Yin，2003），通过对现象细节进行丰富的描述，可以告诉读者“黑匣子”中到底发生了什么，并发掘随着时间的演变，现象背后隐含的动态机制是什么并如何发挥作用（黄江明等，2011）。

本研究采用单案例研究方法，选取了广东省茂名荔枝产业作为案例研究对象。主要原因在于：首先，茂名荔枝电商从2012年发展至今尽管只有6年左右时间，但在国内生鲜水果电商中一枝独秀，具有典型性，符合理论抽样原则（Eisenhardt，1989）。其次，茂名市荔枝产业的电商活动已经形成了一个生态圈，且该生态圈具备了开放互动、多元共生、协同共进以及动态演化四个系统特征，可被视为一个以荔枝为核心产品的农产品电商生态系统，因而也是一个行动者网络（王胜等，2015）。四个系统特征主要体现在：互联网技术、保鲜、运输设备技术的进步，现代金融体系的支持，专业人才的提供，政策法规所提供的制度框架等为该生态圈提供了物质基础，同时该生态圈的良好运转又能为社会增加财富、创造价值，因而该生态圈是一个不断与社会环境进行物质和能量交换的开放互动的系统。农户或农业企业、消费者、平台企业、物流企业、金融机构、其他利益相关者、信息技术、产品或服务、政府及政府政策等不同的参与者使得行为主体多元化和产品供应链复杂化，因而该生态圈是一个多元共生的系统。多元行为主体借助网络平台能够进行便捷、实时的信息交流，从而大幅降低农产品生产、流通、销售各环节的信息搜寻成本，协调资源，压缩中间环节，优化供应链，因而该生态圈是一个协同共进的系统。茂名荔枝电商生态圈经历了兴起、发育到逐渐成熟的过程。由于行为主体越来越多也越来越丰富，荔枝的产业链日益复杂并逐渐形成一张相互交织、相互补充的网络，系统的协同功能越来越强大，因而该生态圈是一个动态演化的系统。

茂名市荔枝网销的成功，能够为解决我国农产品上行中遇到的种种困难提供解决办法以及经验指导。综上，本研究基于行动者网络理论来对茂名荔枝这一案例进行研究，以解决两个方面的问题：一是茂名荔枝的农产品电商生态系统是如何形成的；二是该农产品生态系统中各行动者如何发挥作用解决荔枝上行中遇到的难题。

四、案例分析

（一）案例简介

广东茂名是我国的一个水果生产基地，也是全球规模最大的荔枝生产基地，该市利用430多万亩土地种植水果，其中，荔枝种植面积超过176.57万亩，约等于除中国外世界各国荔枝面积的总和，荔枝年总产量占全国的25%，占全球的20%。2015年，茂名化州市成为粤西首批阿里巴巴农村淘宝“千县万村”项目入驻的县市，阿里巴巴牵手化州市政府，把“实现电子商务集中突破”作为化州市经济发展战略的重要内容之一；同年，京东集团业务也在电白、信宜、高州、化州落地，并于 2016 年开设京东中国特产信宜馆。除第三方平台以外，茂名市自建涉农电商平台也如雨后春笋般涌现，比如丰盛食品、明湖商城等都集中精力打造供应链，效益显著。截至 2017 年，茂名市农产品电商在淘宝网、京东等网络平台开设荔枝网店和微店有 3600 家；设有乡镇快递网店 661 个，实现了“乡乡有网点”；年内将有 1000 个统一标志的信息惠民综合服务站进驻各村居，明年实现 1902 个村居全覆盖；另外，茂名市政府还通过创新通信基础设施建设模式，大胆整合三大电信运营商资源，共建通信管道和无线基站，加快推进农村信息基础设施建设。通过整理资料，得到茂名市荔枝电商发展的重要事件如图 9-1 所示。

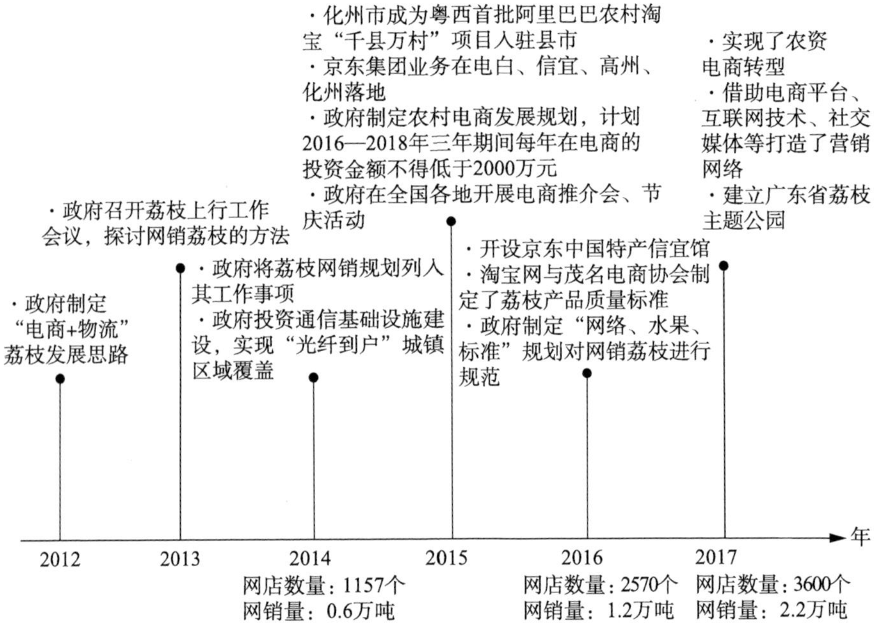

图 9-1　2012—2017 年茂名荔枝电商发展重要事件

（二）茂名荔枝电商生态系统的发展过程

茂名市是广东省第一农业大市，农产品资源丰富、品种多样，如荔枝、龙眼、桂圆干、三华李、化橘红、番石榴等。在众多的特色农产品中，荔枝最为出名，茂名市是我国最大的荔枝产地，也是全球最大的荔枝产地，有“荔枝王国”的美誉。尽管现如今茂名荔枝形成了一定的品牌效应，但是在过去，由于荔枝的季节性很强，只有在夏季短短的几个月时间才能供应，受季节的限制，以种植荔枝为主业的农户在其他月份往往没有收入来源；同时，市面上销售的荔枝多是来源于单个家庭农场，很少有企业直接承包土地雇用员工建立大型荔枝种植产地，因而销售的方式也是到市场叫卖或者经过经销商层层批发给水果店、超市等零售商。茂名位属粤西，与珠三角城市相比，无论是基础设施还是市场环境都较为落后。借助电子商务平台提供的发展机遇，茂名市荔枝产业的发展思路越来越清晰，就是依托地方产业优势，加强政府引导，强化市场驱动，盘活优势资源，全生态赋能，整合产业链，促进产业链上下游企业的高效协同，提升电商核心竞争力，激发持续发展的内生动力。

1. 识别产业链中主体——行动者界定

行动者是行动者网络理论的三大要素之一，通过跟踪行动者的行动能够破译行动者之间的互动、组合模式，分析行动者之间联结的动机、行为和结果，因而在分析由行动者所形成的网络时，应该首先界定参与活动的所有行动者。如今，茂名市的荔枝品牌已发展至成熟阶段，不仅有广告、促销、采摘等多方面的规模效益，还具备了范围经济效益、品牌效应大的特点。电子商务的发展使得茂名市的荔枝产业形成了一个囊括政府、电商平台、荔枝生产商、农资企业、物流企业、金融机构、农技服务公司等多主体的生态圈，这些不同的利益主体借助信息技术不断协调行动、整合资源以使整个生态圈产生最大价值，同时不断协调资金流、物流、信息流，实现全产业链的最优化发展。这些参与主体都属于行动者，此外，技术和政策等非人类参与者也属于行动者，它们之间的互动协商构建了茂名荔枝特有的电商生态网络。这些行动者在电商生态系统发展的不同阶段会有不同的角色，所发挥的作用也不相同，因而，可以将其分为关键行动者、主要行动者和共同行动者三大类，其中关键行动者在电商生态系统中处于核心位置，它能够识别其他行动者，明确当前要解决的问题，同时调动其他行动者共同解决问题；主要行动者主动与关键行动者协同来实现电商生态系统的发展；共同行动者则指的是电商生态系统中其他互动和联结中涉及的角色和资源。这三类行动者在不同阶段形成不同的组合并且相互作用，促使行动者网络在不断地优化和发展（李峰等，2014）。

2. 产业链重构过程——转译过程

根据 Leong 等（2015）的研究，本研究将茂名荔枝农村电商生态系统的发展分为三个阶段，即形成阶段、发展阶段和自我更新阶段。通过追踪三种行动者在生态系统发展的不同阶段的行动、所发挥的作用以及角色的转变等来分析行动者网络的构建过程。

（1）形成阶段（2012—2014 年）

茂名是全国的水果大市，荔枝种植相传有两千年以上的历史，且品种资源丰富，比其他产区的同类品种早熟 20 天左右，荔枝产量约占广东省荔枝产量的 50%，占全国荔枝产量的 25%。在此阶段，茂名市采用电商和物流结合的方式来销售荔枝产品，2012 年，随着互联网电商的发展，茂名市果农开始在网上销售荔枝，由当地快递公司承接配送业务，当年通过电子商务卖出的荔枝达 10 吨，这对于以往的当地农户来说是不可能发生的事情。在初次尝到了电子商务带来的好处以后，当地种植荔枝的主体由单个农户开始向家庭农场和专业合作社等演变，他们与物流企业之间的联系也越来越紧密。但茂名位属粤西，是广东省欠发达的地区之一，比如该市很多乡镇地区地理位置偏远，道路又未硬化，交通极其不方便；另外，宽带在农村地区的收费要比在城市地区高很多，普通宽带在农村地区年租金大约 1000 元，造成很多乡镇地区的村民难以获取互联网服务。因此，此阶段，要解决的关键问题就是农村地区基础设施的建设。当地政府注意到了这一现象，在 2013 年组织召开荔枝网上行工作会议，探讨网络销售荔枝的方法和途径，并在 2014 年的市委政府工作事项中列入了有关茂名农产品网络销售的规划。此外，还通过创新通信基础设施建设模式，大胆整合三大电信运营商资源，共建通信管道和无线基站，加快推进农村信息基础设施建设，2012 年至 2014 年，通信基础设施建设投资完成 10.65 亿万元，并逐步实现“光纤到户”全市城镇区域覆盖，大幅提升农村宽带网络速率和覆盖面，为农村电子商务的发展提供了有力支撑。在政府的支持下，茂名市荔枝的网销量从 2012 年的 10 吨增长到 2014 年的 60 吨，快递网点的数量也逐渐增加。

如图 9-2 所示，在此阶段，“共同强制通行点”（OPP）就是在农村地区铺设基础设施。政府为关键行动者，通过与通信运营商合作投资农村互联网建设，并制订荔枝网销计划，提供政策、资金和技术支持，征召和动员电商企业和物流企业发展当地电子商务；在政策、资金、技术的支持下，电商企业为荔枝生产者和消费者提供了一个直接交易的平台，缩减了荔枝销售的层层中介环节，物流企业则与电商企业配合，开展具体工作，故主要行动者包括农户、物流企业、电商平台；技术和政策则为共同行动者，为荔枝网销提供技术和环境支持。

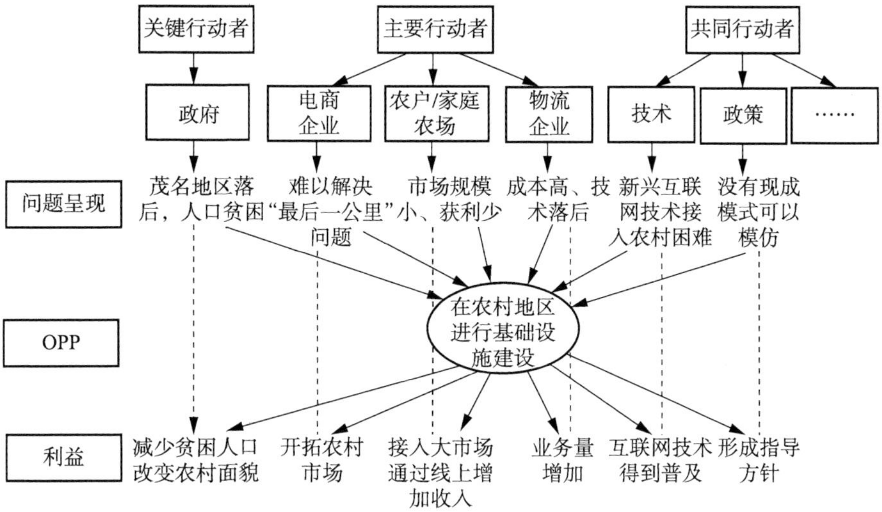

图 9-2 荔枝网销初级阶段转译过程

（2）发展阶段（2015—2016 年）

在电商网络形成阶段，荔枝借助电商平台提升了销量，扩大了销售范围。尽管农户都以“茂名荔枝”作为品牌在网上销售，但是由于茂名荔枝包含多个品种，每个农户销售的品种都不一定相同，即使是销售同样品种的荔枝，也难以保证荔枝在口味、外形、安全指标等方面一致，没有标准化的生产流程，不仅影响了茂名荔枝品牌的建设，还造成不同行动者面临不同的问题。因此，此阶段“共同强制同行点”（OPP）就是标准化荔枝网销、形成品牌效应。

网络销售荔枝不仅增加了当地农户的收入，还吸引了越来越多的荔枝生产者，荔枝种植户从单个农户和家庭农场逐渐演变成专业合作社、电商产业园、电商服务站等新型农业生产主体，还自发成立电商协会形成产业集群效应。2015 年，茂名化州市成为粤西首批阿里巴巴农村淘宝“千县万村”项目入驻的县市；同年，京东集团业务也在电白、信宜、高州、化州落地，并于 2016 年开设京东中国特产信宜馆。2016 年，两大电商平台与当地电商协会合作，对荔枝等级进行划分，为网络销售荔枝制定了标准和规范，对荔枝的果色、酸度、固形物、单果重量做出了明确的规定。除第三方电商平台以外，茂名市自建涉农电商平台也如雨后春笋般涌现，比如较为出名的丰盛食品，按照一定的标准从农户手中收购荔枝，为农户提供种植、管理技术，从卖货到打造供应链，取得了良好的效益。在物流方面，两大电商平台将物流服务延伸到镇村级，比如，阿里巴巴利用互联网技术对物流线路进行优化，实现菜鸟体系落地，而京东除与第三方物流企业合作以外，还自建物流体系。自建电商平台也大力投资建立冷库，还对冷链运输标准，配送时间标准等做出了详细的规定。政府则在 2015 年制定了农村电商发展规划，计划 2016—2018 年每年在电商发展中投入的资金不得低于 2000 万元；另外每年荔枝上市时，当地政府都会组织开展电商推介会、节庆活动，以此扩大茂名荔枝的品牌影响力；同时，政府还在成都、北京等城市组织展开各类活动，拉近消费群体和荔枝产地的距离。

茂名采用“网络、水果、标准”相结合的方式扩大了荔枝销售范围，树立了良好的品牌形象。共同的利益诉求吸引了众多行动者加入原有的网络中，荔枝种植户也从单一的农户种植和家庭农场发展为新兴农业主体。同时，农产品电商的发展也吸引了与电商相关行业的发展，比如广告营销、美工设计等相关产业在此聚集，企业间的协调和互补会加速推广荔枝的种植和管理经验，并派生出更多创新。如图 9-3 所示，电商企业和政府在网络充当了关键行动者角色，电商企业不仅为荔枝网络交易提供了平台，还制定产品标准，解决了农产品上行中难以标准化的难题；同时，与优质物流企业合作进一步完善物流体系，在农村地区铺设了一套商业基础设施。政府则为合伙人提供基础设施，鼓励人才返乡创业、提供资金支持、组织开展电商推介会等。而农户、新兴农业生产主体、物流企业、金融机构等属于主要行动者，同时，互联

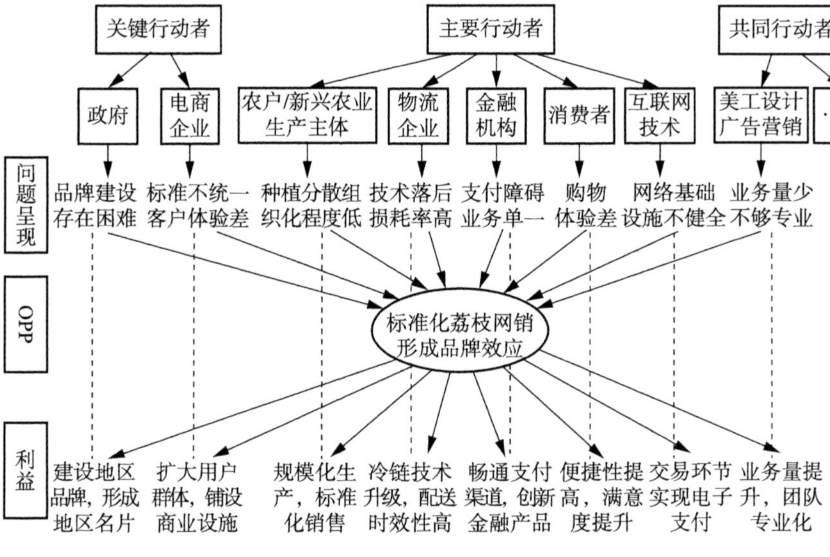

图 9-3　荔枝网销发展阶段转译过程

网技术得到普及，它在促进电商平台扩大用户群体、克服支付障碍、标准化物流运输等方面都发挥了作用，因而也属于主要行动者。共同行动者除了政策、资金以外，还有众多美工设计、软件开发、广告营销等与电商相关的企业。

（3）自我更新阶段（2017 年至今）

在扩大了行动者网络规模以后，茂名荔枝已具备一定的品牌效应，但是网络规模的扩大也反映出信息共享存在困难，比如，虽然茂名市电商平台众多，但各个平台的建设都是自成体系，数据信息更是没有相通；同样，物流企业也是各自运作，整个农产品物流过程的信息链阻断，配送成本高。除电商平台和物流企业以外，其他行动者也面临不同的问题，对于政府来说，缺乏相应的技术人才建设和维护电商信息公共平台，缺少相应的专业人才采集、发布市场信息，反馈市场行情；而对于金融机构，借助移动支付技术在交易端发挥了重要的作用，但是农户或农业企业贷款手续复杂、农业信贷保险难、农业金融产品单一等现象突出。为了使成员各尽其责，茂名市的电商不仅仅局限于荔枝的买卖，而是在协调资源、扩展功能的基础上建立生态体系，因此，此阶段的“共同强制通行点”（OPP）就是要通过形成完善的产业链、打造广泛的营销网、建立生态体系以维持电商生态系统的持续发展与创新（如图 9-4 所示）。

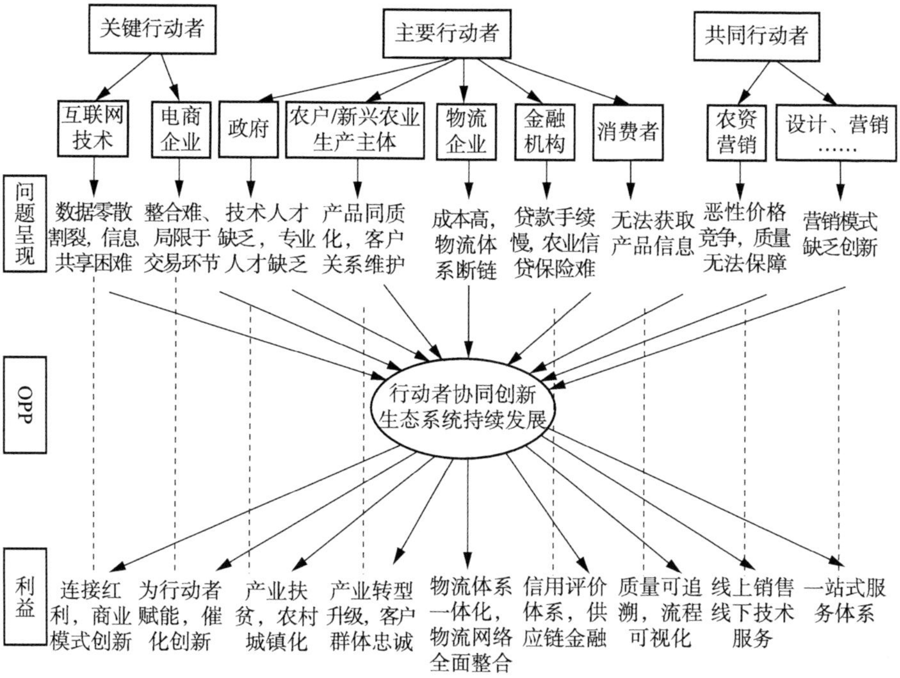

图 9-4　荔枝网销自我更新阶段转译过程

在此阶段，电商企业、互联网技术在完善荔枝产业链中发挥了重要的作用，因而充当了关键行动者角色。在荔枝产业链前端，过去由于农资质量的隐蔽性和复杂性，小农户对农资质量缺乏判断知识、搜寻合格农资产品的路径缺乏以及成本较高，导致价格成为农户选择农资的主要甚至是唯一标准，借助电子商务平台，农资市场发生转型，不仅在线上为农业生产者提供了直接对接和低成本购买正品、高质量农资产品的便利，线下还为农业生产者提供农技服务。在荔枝交易环节，电商平台以及微信、微博、QQ 等社交媒体构建了荔枝营销网络，同时结合大数据精准定位目标客户，以精良的服务实现与客户的密切互动，从而不断改进产品质量。政府、农户和新兴农业生产主体、物流企业、金融机构以及消费者都属于主要行动者。2017 年，当地政府联合电商平台，在茂名建立广东荔枝主题公园，线下为消费者提供采摘体验，满足公众休闲旅游需求，线上则借助电商平台宣传；此外，政府还聘请了广东省各大高校农业专家，为当地荔枝种植户、企业提供知识指导。物流企业借助电商企业之间的信息共享平台整合物流信息，构建现代化物流体系；金融机构则借助互联网技术，不仅仅局限于在交易环节发挥作用，比如茂名市惠龙邦金融服务平台，为农户提供了多元化融资渠道，推出信贷担保，同时还为农村物流提供委托收款、信用贷款、便捷支付渠道。农资企业同其他设计营销企业一样，在关键行动者以及共同行动者所提供的支持环境下发挥自己的作用，充当共同行动者的角色。

3. 茂名荔枝电商生态系统的形成——网络构建

在茂名荔枝电商生态系统的初步形成阶段，政府首先识别出了发展荔枝产业所需要的行动者，并通过提供政策支持以及在农村地区铺设基础设施来创造条件吸引它们的加入；在发展阶段，越来越多的行动者开始意识到茂名荔枝可观的发展前景，并加入网络构建，荔枝的种植也从单一的农户种植或家庭农场发展为专业合作社、电商产业园、电商服务站等新兴农业生产主体，并成立了电商协会。这一阶段，标准化荔枝网络销售、打造知名品牌成为必须要解决的关键问题，电商企业和政府在此阶段注重发挥协调和引导的作用，通过利益赋予来强化和稳定其他行动者的身份地位，使其他行动者具备参与电商网络构建的信息和能力，具体的做法就是电商企业对荔枝的生产、配送、销售等做出了详细的规定，解决了荔枝网销过程中难以标准化的问题；政府则大力提供资金支持发展当地电商，并在全国各大城市举办电商活动，扩大茂名荔枝的品牌影响力。在自我更新阶段，互联网技术的运用则帮助荔枝产业打造了特定的营销网络，借助社交媒体荔枝生产者可以实时与消费者进行沟通互动，增强用户黏性，而电商企业在此阶段则借助互联网技术缩短了荔枝供应链环节，比如当地本土化电商平台就借助互联网技术公司——“茂乡供应链”进行供应链管理，帮助平台自身扁平渠道，实现采购与销售的利益最大化。在经历以上三个发展阶段以后，茂名市荔枝电商最终形成了以电商企业、互联网技术为核心，结合政府政策、社会资本、新兴农业生产主体、物流企业等多元主体的信息网络平台，成为覆盖荔枝全产业链的开放式生态圈（如图 9-5 所示）。

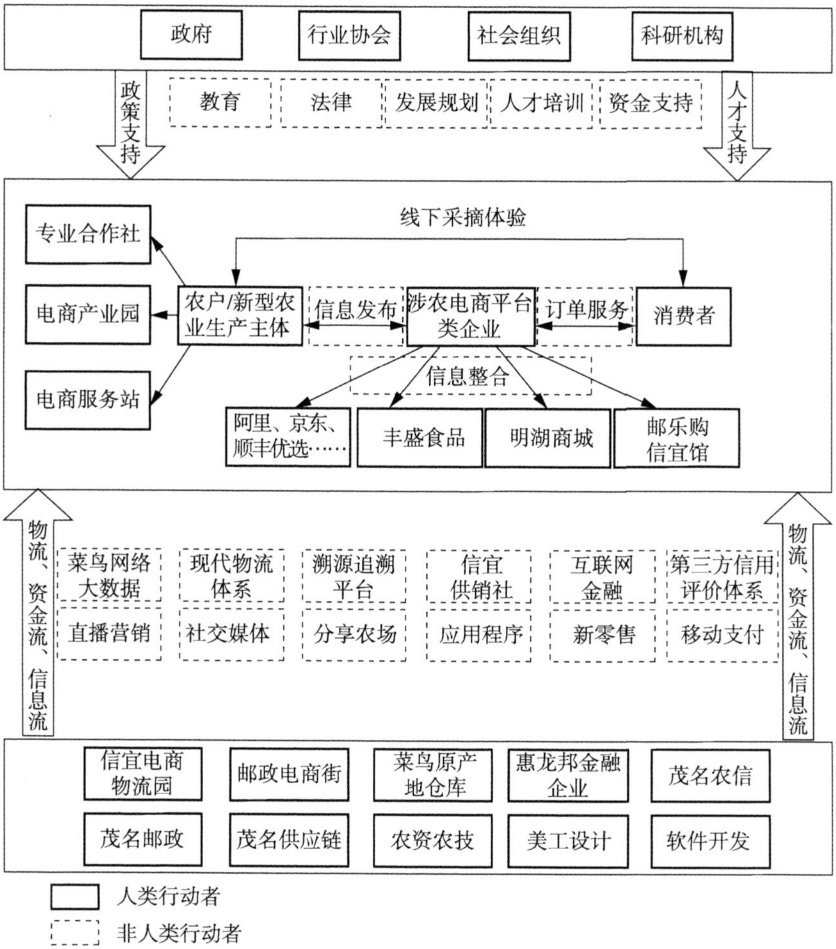

图 9-5　茂名荔枝电商生态系统

4. 关键行动者的角色演变

行动者是行动者网络理论的三大要素之一，通过跟踪行动者的行动能够破译行动者之间的互动、组合模式，分析行动者之间联结的动机、行为和结果。关键行动者在网络中处于核心位置，能够识别其他行动者，明确当前要解决的问题，同时调动其他行动者共同解决问题（李峰，2014）。但在行动者网络发展的不同阶段，关键行动者可能会发生变化，就会导致行动者网络朝着不同的方向发展，因而，分析关键行动者的变化很重要。

茂名市荔枝生态系统中发生变化的关键行动者有政府、电商企业以及互联网技术。它们发生的变化分别为：政府在生态系统发展的初级阶段和发展阶段充当关键行动者角色，在生态系统的自我更新阶段充当主要行动者角色；电商企业在生态系统发展初期充当主要行动者角色，在生态系统的发展阶段和自我更新阶段充当关键行动者角色；互联网技术在生态系统的发展初期充当共同行动者角色，在生态系统的发展阶段充当主要行动者角色，在生态系统的自我更新阶段充当关键行动者角色。通过分析该生态系统的转译过程可知，它们发生变化的原因在于：在发展初期，农村地区基础设施落后，发展电商首先就是要在该市的城镇和乡村铺设基础设施。这不仅需要政策支持，更需要资金支持，在此阶段，只有政府具备这样的能力，因而此时政府为关键行动者。电商企业则充当了主要行动者的角色，在政策和资金的支持下为农户和消费者提供了一个交易平台，帮助农户在网上卖荔枝。同时，在经历过初级阶段以后，互联网技术在茂名市农村地区得到普及，比如在该市农村地区建立的“大喇叭”“村村通”“农信通”等农村信息化工程，就为农户提供了供销流通、灾前预警、防灾减灾等服务，帮助农户进行科学的农业生产，因而互联网技术在此阶段充当了共同行动者的角色。

在该生态系统发展的第二阶段，基于政府所提供的物质基础，社会资本开始进入农村地区，但对于企业来说，在农村地区开拓市场，没有相应的经验范式可以模仿，一切都处于探索之中，未来的盈利与否也并不可观，此时社会资本力量较小，还不足以带动该地区电商的发展，政府所提供的政策和资金支持仍然重要。随着茂名荔枝品牌建设效应的不断显著，电商企业不再局限于商品的买卖，同时还与物流企业、金融机构等合作为农户提供基本生活服务，此外也吸引了众多与之相关的产业在此聚集，在农村地区铺设了一套商业基础设施，带动农村地区商业化，因而与政府一同成了生态系统中的关键行动者。互联网技术则不仅仅局限于为农户提供生产服务信息，而是更多地聚焦于交易端，形成了多种多样的支付渠道，比如移动支付在农村地区的普及，使得交易变得十分便捷，因此，互联网技术成为主要行动者。

最后是在该生态系统发展的第三阶段，电商企业在经过发展阶段以后，不仅拥有大量的用户群体，而且在农村地区铺设了商业基础设施。电商企业借助互联网技术与其他行动者进行信息整合、资源协调从而共同实现商业模式的创新。比如，菜鸟大数据联盟、农丰达物流平台就将物流信息整合在一起，实现了对农产品各物流环节的实时跟踪；“茂乡供应链”则打造了一个线上线下相融合的产业生态圈，致力于优化供应链中的商流、资金流、信息流和物流，目前已经开展了包括产业孵化、供应链管理、供应链金融、溯源服务平台、咨询平台等多项业务；惠龙邦金融服务平台则致力于为电商平台上的供需双方解决资金缺口，通过创新担保方式和构建完善的风控模型，引进金融合作和政府基金，共同推出互联网信贷产品。因此，电商企业和互联网技术在此阶段共同充当关键行动者角色，政府则充当共同行动者角色，更多地发挥辅助作用，尽可能地给予社会资本发展最大支持，这些表明了该生态系统此阶段的发展方向是商业模式的协同创新。

（三）电商生态系统解决农产品上行问题的机理

目前，制约我国农产品上行的因素主要有四大类，即产品因素、生产因素、运营因素和政府因素。茂名荔枝以电商企业和互联网技术为核心，在协调资源和扩展功能的基础上构建出了电商生态系统，成功地解决了荔枝网销中遇到的障碍，具体来说，茂名荔枝网销的成功主要有以下几方面的原因。

1. 针对产品因素，完善了物流配送体系

荔枝与其他农产品一样，具有易变质、不易保存的特性，因此对物流配送的要求较高，但是，传统物流体系的保鲜方式和保鲜技术较落后，无法长期保鲜荔枝，运输环节衔接不连贯，常常造成一些需要空运到其他地区的荔枝产品错过航班。为了解决这些问题，茂名市的一些物流企业采取了多种措施，比如当地的邮政企业请教农业专家，对荔枝产品进行统一包装，利用泡沫箱储存，同时配备冰袋、保鲜膜和吸水纸，对包装流程做出了明确的规定。另外，建立专门的冷库，在运送荔枝产品前对其进行预冷，严格控制冷链运输中的温度。为了确保各个运输环节紧密联系在一起，当地邮政公司还租赁场地建立了集散中心，在产地封发荔枝产品后，直接将其运送到白云机场。在收寄高峰期间设计出了应急方案，配备了多台运输车辆和设备，增加人员开展封发、揽收等工作，确保荔枝邮件即时发送，极大地缩短了荔枝从产地到消费者手中的时间。

2. 针对生产因素，标准化荔枝生产、配送、销售

为了确保消费者购买到新鲜可口的农产品，不仅要提高配送效率，还要保证产品的质量。荔枝的季节性限制了其生产规模，没有一定的规模，就很难实现产品标准的统一，不同批次产品质量就可能出现差异。在电商企业和政府的征召和动员之下，越来越多的利益主体开始加入茂名荔枝的电商发展中，荔枝种植户也从单一的农户和家庭农场向专业合作社和农业企业转变，形成了产业集群效应并成立了电商协会。为了解决这些问题，2016 年，茂名市质监局通过开展调研工作，为电商协会制定了网络销售荔枝的标准和规范，对荔枝的果色、酸度、单果重量等做出了明确规定，并且沿袭了传统消费习惯，电商平台可以销售带枝带叶的荔枝。2017 年，淘宝网与当地电商协会一起制定了荔枝产品质量标准，这项标准涉及的品种有桂味、妃子笑等，包括的内容有缺陷值、感官特征、物理指标等，质量标准以数字指标为主，对荔枝产品的等级做出了明确划分。这不仅保证了标准的统一性和科学性，还使标准更容易实施和操作，不仅为荔枝种植农户或企业提供了重要指导，还进一步扩大了茂名荔枝的影响力。

3. 针对运营因素，整合产业链，打造了广泛的营销网络

在产业链方面，茂名市农业企业或合作社等组织成立电商协会，集种植、产供销于一体，借助电子商务平台和互联网技术，荔枝产业链不断向前向后延伸，实行一体化经营、专业化生产、社会化服务。在产业链前端，借助电子商务平台发展农资电商；在荔枝流通环节，借助电子商务缩短供应链帮助荔枝生产者与消费者直接联系；同时借助微信、微博、QQ 等社交媒体进行产品宣传，打造了广泛的营销网络；除此之外，政府还通过在全国各大城市举办电商活动来拉近消费者与茂名荔枝的距离，进一步扩大茂名荔枝的影响力。而在产业链后端，建立荔枝主题公园，进行农旅结合以满足消费者的休闲娱乐需要，由此构建出了荔枝从田间到餐桌的一条完整的农业产业链，真正打造了“茂名荔枝”这一品牌，使得当地荔枝产品具有较高的竞争力。

4. 针对政府因素，大力提供资金支持鼓励人才返乡创业

农村电商发展速度较慢，发展水平偏低，主要原因有两个：一个是内因，另一个是外因。内因主要指农村地区缺少丰富的教育资源，配备的教育设施较少，教育制度存在诸多漏洞和缺陷，影响了人才的培养和发展；外因是指农村地区缺少良好的条件，由于各项条件较差，导致专业人才不愿意进入农村工作，农村地区无法为优秀人才创造良好的发展条件，影响了他们的工作积极性。茂名市政府为了吸引人才返乡创业、就业，首先与三大电信运营商合作大力投资资金在农村地区铺设网络基础设施，逐步实现“光纤到户”全市城镇区域全覆盖，将发展当地农村电商列入政府规划中，并于 2015 年制定规划，要求 2016—2018 年三年期间每年投资于电商的资金不得少于 2000 万元。除此之外，政府还与广东省各大高校专家合作，为当地电商协会、荔枝生产者开设电商培训班，提供科学指导。增加他们的知识储备，提高他们的网络销售技能水平，帮助他们掌握更多的销售技巧等。

五、结论

“工业品下乡”和“农产品上行”是发展农村电商的两大关键，但是根据 2017 年中央电视台《焦点访谈》的调查，我国农村电商的“工业品下乡”和“农产品进城”双向流通格局远未形成，而“农产品进城”则更为困难。农村地区许多政府都寄希望于农村电商，希望借助电商平台让地方农产品畅销全国，增加农民收入。但是，上了网，并不等于就能得到消费者的认可，就能卖得好，电商如果想要在网上打出名气，就需要各方协作，通过系列努力，打造本地产品特色品牌，避免农产品的同质化；还要通过严格的产品质量监控，取得消费者信任。茂名荔枝已从过去的区域品牌发展为如今的全国性品牌，2017 年，茂名一棵千年唐代老树所产的 36 颗荔枝在淘宝网上拍出了 4 万元的天价，可见其已经形成了强大的品牌效应。借助行动者网络理论，本研究最终得出结论，茂名荔枝网销的成功在于构建了以电商企业和互联网技术为核心，结合政府政策、社会资本、新兴农业生产主体、物流企业等多元主体共同发展的电商生态系统网络，多元主体的加入，解决了荔枝生产环节在物流配送、标准化等方面遇到的问题，同时缩短供应链延伸产业链，借助互联网技术打造了特有的营销网络。

第三节　荔枝电商网络中的关系治理

中国是全球最主要的荔枝产区，荔枝产期集中、保鲜期短等自然属性，决定了它具有不同于其他消费品的流通特征：荔枝的生产和流通必须满足安全性；荔枝的易腐特性决定了其流通的时效性；消费者的口味多样性，则决定了品种的多样性。这些特性决定了荔枝营销渠道必须是一种流通速度快、保鲜能力强、物流损耗低、质量控制有力、需求响应及时的营销渠道。

现实情况是，荔枝种植户的销售方式主要有外来商户上门收购、政府大批量统一收购、农户自己到市场零售、通过批发市场销售、卖给村里的销售大户、合同销售、出口、消费者直接上门采摘、卖给加工企业、旅游团、超市订购、通过网络销售等。荔枝营销渠道表现为自发分散流通、短期随机交易的传统模式占据主导，多种模式并存的格局，代表性的渠道模式包括：以农产品运销为主的渠道模式、以多层中间商为中介的渠道模式、以交易关系为主的渠道模式等。渠道关系也呈现出新与旧、传统与现代并存的局面：松散、短期、非正式关系与紧密、长期、正式关系并存；发展高质量渠道关系的意愿与高频率渠道冲突的行为并存；关系型渠道管理与强制型渠道控制并存。

荔枝交易市场是典型的买方市场，农户常常陷入增产卖难的困境，农户在选择销售渠道时处于相对被动的状态，如何方便地将产品卖出去是农户最头疼的问题；另外，农户在销售渠道中更多地处于一种被动的、被选择的状态，往往希望借助建立与运销商的关系来保障自己产品的卖出以及卖出过程中的权利。

近年来，荔枝渠道经营商与农户所组成的流通网络正在不断发展过程中。研究显示，由于交易的不确定性、信息技术投资于农业所形成的资产专用性、从基于行动一致的协同到基于利益一致的协调所形成的任务复杂性以及政策的不确定性诸因素的影响，荔枝流通网络中的成员间协调既有基于行动一致的协调，也有基于利益一致的协调，因此市场与松散耦合的混合模式是其流通网络中成员协调的主要形式；成员间的联结方式包括了产权联结、市场交易式联结、社会嵌入式联结与虚拟嵌入式联结，从而相应形成了产权关系、对手交易关系、社会嵌入关系与虚拟嵌入关系，流通网络的治理过程是网络成员企业在既定的关系格局下，通过自发调适与协作调适，形成与动态环境相适应的治理结构并获得相应绩效的过程。对于荔枝流通网络中关系治理问题的研究有助于弄清楚流通网络的治理机制，降低其运行成本、增强荔枝产业链的灵活性和创新能力，提高流通网络效率，提升网络主体绩效。

（一）荔枝流通网络中的关系治理

交易费用理论认为，农业投资在农业领域形成了资产专用型；荔枝市场更有季节性、区域性、供给不确定性等特点，协调任务的复杂性程度高。资源/能力理论认为在组织治理中，能力的培养和基于能力的价值创造是与成本节省的“效率”目标并重的“效果”目标。战略联盟理论把风险分为“关系风险”和“绩效风险”两类，荔枝流通网络中交易各方的合作过程关系不仅包含了交易关系，还包含了社会关系，荔枝流通网络除了面临交易成败或效率高低所导致的绩效风险，同时还面临网络成员因无法获得价值而退出的关系风险。

一项对广东省高州市根子镇的抽样调查表明（文亚青，2010），现阶段的荔枝流通网络中，广大中小荔农处于完全弱势地位，他们很少能自由选择流通渠道（网络），交易时缺乏价格谈判能力，只能是彼此间竞相杀价，形成渠道冲突；网络成员间缺乏相互信任，也缺乏信任的生成机制；缺乏用于荔枝流通的资产专用型投资激励；网络成员之间的交流和沟通机制不完善等。可见，现有荔枝营销网络的渠道单一、组织松散、冲突频繁且缺乏充分的交流沟通是导致荔农增产不增收的根源，除了引导和支持企业、专业大户和经纪人牵头组建荔枝专业合作经济组织和行业协会，通过发挥其在市场准入、技术服务、价格协调、市场开发、信息咨询、行业自律等方面的作用之外，还应该鼓励荔枝产业相关主体创新种植模式、完善制度建设、加大冷链资产和加工设备等关系专用性资产的投入，加强日常沟通、推行荔枝文化、培育荔枝品牌、搭建信息交流平台，更重要的是，治理好荔枝流通网络中的几类关系，即荔农之间的关系、运销商之间的关系、荔农与运销商之间的关系，荔农、运销商与行业服务组织之间的关系，以及各类从业主体与政府和科研机构之间的关系等。

1. 荔枝电商网络的关系协调模式

按照新经济社会学理论观点，荔枝流通网络中，成员间联结方式主要有产权联结、市场交易联结、社会嵌入联结和虚拟嵌入联结四种形式（Fowler et al.，2004）。与产权联结模式相对应的是科层式协调；与市场交易联结模式相对应的是市场式（正规制度）协调；与社会嵌入联结相对应的是既有市场式又有松散耦合式的混合式协调；与虚拟联结相对应的是松散耦合式协调。

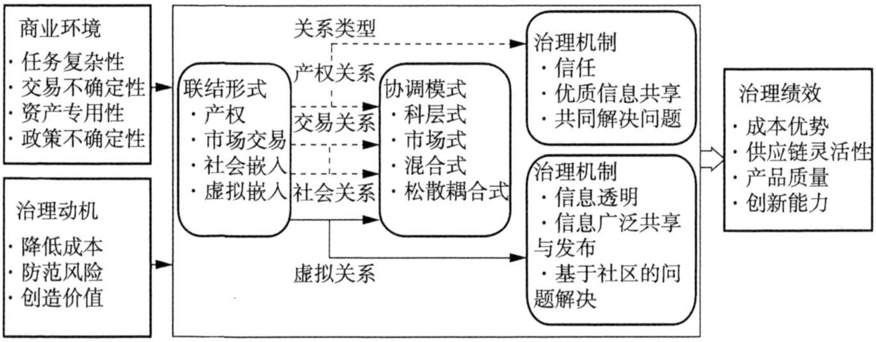

图 9-6　荔枝流通网络关系治理基本模型

例如，在以广西华山农场为核心企业的荔枝流通网络中，成员间联结方式多样：基于产权的联结（不同法人实体但产权同属于一家公司）、基于市场交易的联结（由通常的市场交易形成）、基于社会嵌入的联结（企业间除市场交易关系外，由熟人、朋友等社会关系形成的联结）、基于虚拟嵌入的联结（企业间的交易活动在电子商务市场上开展所形成的联结）等，协调模式与治理机制也复杂多样。

2. 荔枝流通网络的关系治理机制

荔枝流通网络中企业间关系主要可以分为产权关系、交易关系、社会关系和虚拟关系，其中社会关系和虚拟关系是基于嵌入性的关系。根据嵌入性理论，社会嵌入关系的治理主要依赖信任、优质信息共享和共同解决问题三种机制，虚拟嵌入关系的治理主要依赖信息透明、信息的广泛共享和发布以及基于社区的问题解决等几种机制。

例如，在面对机会主义行为时，荔枝流通网络中的社会嵌入机制通过提升企业间相互信任的等级来构筑高的机会主义成本从而防范机会主义风险。如果网络中位于产地茂名的某个荔枝批发商不按约定把水果批发给深圳布吉农产品批发市场的零售商，而是批发给北京大钟寺农产品批发市场的零售商以获取更高的利润，这种单方面违约的行为，不仅破坏了原有的企业间交易关系，中断了双方以后可能的合作机会，即该批发商机会主义行为的成本既包括社会成本，也包括破坏长期的、亲密的商务关系的成本。

虚拟嵌入机制则通过提高信息透明度以在更大范围影响内企业声誉来构筑高的机会主义成本从而防范机会主义风险。以上批发商的行为会在互联网论坛、新闻组、电子邮件列表、评价服务系统（如阿里巴巴网中供应商的信誉评级）等网络化媒体中传播，从而失去了发展更多商务合作的潜在机会。

3. 荔枝流通网络的关系治理与绩效

荔枝流通网络中的成员间技术模式、经营模式、利润模式等并非一开始就是相互匹配的，双方要按照“合作—反馈—调整—继续合作”这种路径，各自调整自身的经营方式（调适）。核心成员会根据流通资源现状、网络嵌入程度、学习能力等因素，调整自己的技术模式、经营方式；各相关主体也会根据核心主体所提供的信息（数量、类型、质量）和交易规则等，调整市场策略，最终达到双方都觉得满意的合作模式。嵌入于荔枝流通网络中的主体在社会嵌入与虚拟嵌入网络中，根据交易环境和任务环境需要，采用自发调适或协作调适方式，调整自身行为并协调好与其他成员的关系，形成网络协同效应，提高组织整体绩效，并获得与自身能力相匹配的“关系租金”（Dyer，1998），进而形成不同的绩效。

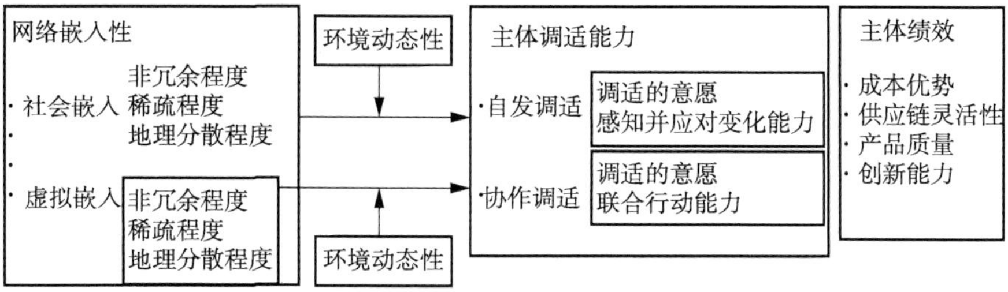

图 9-7　网络嵌入、主体调适与绩效概念模型

调查中发现，在荔枝主产区的若干个村，基本上不存在荔农与中间商有三年以上稳定合作关系的；荔农与经销商之间各自为政，相互间的生产和销售行为很难保持连续性和一致性；基本上没有荔枝协会等各类组织，交易过程中对于某些成员的以次充好或仗势压低收购价格等机会主义行为没有惩罚机制或行业规范约束。其结果是，经销商获得了大部分利润，荔农即使增产也难以增收，使得该村荔农失去了种植荔枝的积极性，由于不能带来可预期的稳定收入，荔农不再把种植荔枝作为主业，结果使相当一批荔枝园失管。

广西壮族自治区蒲北县北垌镇荔枝专业合作社则是另外一种情形：该合作社投资建立了2000立方米、能储藏400吨以上荔枝的冷库，建立了自己的运输车队，也有荔枝的加工场所，联结荔农120多户。由于冷库、车队投资巨大、专用性强，荔农与中间商合力投资建设，一方面有效提高荔枝的保鲜度、增加其附加值，达到增产增收的目的；另一方面，又增强了双方合作的信心、增加了双方相互的信任，更有效地维护双方的合作关系，在这个荔枝流通网络中，冷库、车队成为支持荔枝营销网络稳健关系的专用性资产，荔农之间、荔农与经销商之间合作关系稳定，合作组织在荔枝外销过程中则可以增加价格谈判能力，这样，荔枝的生产、运销各环节都可以获得各自满意的利益。

（二）启示与讨论

与其他大量的网络组织类似，荔枝的流通网络是由各类关系交织而成的社会化嵌入网络，荔枝流通和交易关系的背后，存在大量复杂的社会关系支撑，同时，社会化嵌入关系又会影响这种交易关系，决定着后续交易是否能够持续进行，以及以什么样的方式进行等。可见，对于荔枝流通网络中各种主体间关系的有效治理，直接影响的是荔农和经销商的利益，以及各荔枝流通主体的绩效；而从更宏观的角度来说，影响的则是整个荔枝流通网络的活力和效率。

荔枝流通网络的关系治理更多的是一种主体的自我调适：各个主体要把处理与渠道成员之间的关系作为营销的核心，以协调、沟通、双赢为基点，与中间商结成“命运共同体”，建立长期的、彼此信任的、互利的战略伙伴关系，达到相互取长补短、信息共享、风险同担、互利互惠的目的；在现有冷库、冷藏车（船）、加工设备等专有资产缺乏的条件下，推广产区直供超市、连锁水果店、连锁酒店、批发市场“一条龙”的销售模式，与产地批发市场、大型超市建立起长期稳定的合作关系，从而大幅提高荔农等营销渠道各方的经济收益，进而增强渠道成员合作的信心；同时，政府和行业协会要积极引导，扶持个别种植大户或龙头加工企业、经销企业以契约方式，将荔农、中间商联合起来走“公司+基地+农户”的经营模式，建立稳定的生产、加工、经销一体化营销模式，实现渠道各环节多赢的目标；此外，还需要有合适的主体搭建良好的渠道信息交流平台，比如荔枝生产技术与服务中心、荔枝购销广场、荔枝网络购销平台等，建立荔农与中间商有关荔枝生产与销售方面的信息共享机制，降低信息费用，从而降低经营决策的非理性程度，使客户知识和市场知识为荔枝流通网络服务。

重要术语索引

参 考 文 献

［1］阿里研究院．中国淘宝村研究报告［R］．2014.

［2］白景坤，王健．平台型企业自组织形成机理研究——以淘宝网为例［C］．“中国企业管理案例与质性研究论坛（2016）”论文集．

［3］白彦壮，赵学广，张春情．基于共生理论的县域电商发展模式探析［J］．河南科学，2016（8）：1322-1327.

［4］蔡海龙．农业产业化经营组织形式及其创新路径［J］．中国农村经济，2013（11）：4-11.

［5］蔡莉，尹苗苗．新创企业学习能力、资源整合方式对企业绩效的影响研究［J］．管理世界，2009（10）：1-10.

［6］常静，杨建梅．百度百科用户参与行为与参与动机关系的实证研究［J］．科学学研究，2009（8）：1213-1219

［7］陈亮．从阿里平台看农产品电子商务发展趋势［J］．中国流通经济，2015（6）：58-64.

［8］迟考勋，薛鸿博，杨俊，胡望斌．商业模式研究中的认知视角述评与研究框架构建［J］．外国经济与管理，2016，38（5）：3-17.

［9］崔丽丽，王骊静，王井泉．社会创新因素促进“淘宝村”电子商务发展的实证分析——以浙江丽水为例［J］．中国农村经济，2014（12）：50-60.

［10］丁宁．流通创新提升农产品质量安全水平研究——以合肥市肉菜流通追溯体系和周谷堆农产品批发市场为例［J］．农业经济问题，2015（8）：16-23.

［11］董坤祥，侯文华，丁慧平，王萍萍．创新导向的农村电商集群发展研究——基于遂昌模式和沙集模式的分析［J］．农业经济问题，2016（10）：60-69.

［12］杜振华．“互联网+”背景的信息基础设施建设愿景［J］．改革，2015（10）：113-120.

［13］范柏乃，金洁．公共服务供给对公共服务感知绩效的影响机理［J］，管理世界，2016（10）：50-61 转 187.

[14] 范如国．复杂网络结构范型下的社会治理协同创新［J］．中国社会科学，2014（4）：98-120.

[15] 冯泰文，李一，张颖．合作创新研究现状探析与未来展望［J］，外国经济与管理. 2013，35（9）：72-80.

[16] 高宏伟．产学研合作利益分配的博弈分析——基于创新过程的视角［J］．技术经济与管理研究，2011（3）：30-34.

[17] 高良谋，马文甲．开放式创新：内涵、框架与中国情境［J］．管理世界，2014（6）：157-169.

[18] 葛继红，周曙东，王文昊．互联网时代农产品运销再造——来自"褚橙"的例证［J］．农业经济问题，2016（10）：60-69.

[19] 龚丽敏，江诗松．平台型商业生态系统战略管理研究前沿：视角和对象［J］．外国经济与管理，2016（6）：p38-50.

[20] 郭鹏，林祥枝，黄艺，涂思明，白晓明，杨雅雯，叶林．共享单车：互联网技术与公共服务中的协同治理［J］．公共管理学报，2017（3）：1-10，154.

[21] 国务院．关于积极推进"互联网+"行动的指导意见［R］．国发［2015］40号，2015.

[22] 何艳玲，郑文强．"回应市民需求"：城市政府能力评估的核心［J］．同济大学学报（社会科学版），2014（6）：56-65.

[23] 洪涛．农产品电商模式创新研究［J］．农村金融研究，2015（8）：7-12.

[24] 侯晴霏，侯济恭．以区域为核心的农村电子商务模式［J］．农业网络信息，2011（5）：20-24.

[25] 胡晓杭．完善电商服务体系、满足农村电商多元化发展［J］．浙江大学学报（人文社会科学版），2017（1）：55.

[26] 黄江明，李亮，王伟．案例研究：从好的故事到好的理论——中国企业管理案例与理论构建研［J］．管理世界，2011（02）：118-126.

[27] 黄俊尧．电商介入与农村服务供给——基于合作治理视角的模式创新［J］．北京行政学院学报，2017（6）：28-34.

[28] 黄鲁成．区域技术创新生态系统的制约因子与应变策略［J］．科学学与科学技术管理，2006（11）：93-97.

[29] 贾俊雪，秦聪，刘勇政．"自上而下"与"自下而上"融合的政策

设计［J］. 中国社会科学，2017（9），68-89.

［30］金帆. 价值生态系统：云经济时代的价值创造机制［J］. 中国工业经济，2014（4）：97-109.

［31］金晓艳，缪得志. 农村金融服务："金融—电商"模式研究［J］. 金融监管研究，2015（8）：68-81.

［32］康春鹏，汪向东. 沙集模式 2.0［R］. 2013.

［33］李峰，肖广岭. 基于 ANT 视角的产业技术创新战略联盟机制研究——以闪联联盟为例［J］. 科学学研究，2014，32（6）：835-840.

［34］李丽，李勇坚. 中国农村电子商务发展：现状与趋势［J］. 经济研究参考，2017（10）：p52-60.

［35］李伟，夏洵. 电商企业发展县域农村市场的需求和路径研究［J］. 电子商务，2016（5）：23-25.

［36］李志刚. 扶植我国农村电子商务发展的条件及促进对策分析［J］. 中国科技论坛，2007（1）：123-126.

［37］廖建文，崔之瑜. 企业优势矩阵：竞争 VS 生态［J］. 哈佛商业评论（中文版），2016（7）.

［38］廖祖君，郭晓鸣. 中国农业经营组织体系演变的逻辑与方向——一个产业链整合的分析框架［J］. 中国农村经济，2015（2）：13-21.

［39］卢宝周，谭彩彩，王芳芳. 农村电商生态系统构建过程及机制研究——基于农村淘宝案例研究［C］. 中国企业管理案例与理论构建研究论坛，2016.

［40］鲁钊阳. 政府扶持农产品电商发展政策的有效性研究［J］. 中国软科学，2018（5）：56-78.

［41］吕丹. 基于农村电商发展视角的农村剩余劳动力安置路径探析［J］. 农业经济问题，2015（3）：62-68.

［42］吕一博，蓝清，韩少杰. 开放式创新生态系统的成长基因——基于 iOS、Android 和 Symbian 的多案例研究［J］. 中国工业经济，2015（5）.

［43］钮钦. 中国农村电子商务政策文本计量研究［J］. 经济体制改革，2016（4）：25-31.

［44］欧阳煌，李思. 创新扩散、制度网络与专业合作社发展［J］. 中国农村经济，2016（8）：82-95.

［45］潘剑英，王重鸣. 商业生态系统理论模型回顾与研究展望［J］. 外

国经济与管理，2012（9）：51-58.

［46］彭华涛，BertSadowski. 开放式创新网络形成及演化的探索性案例研究［J］. 科研管理，2014，35（4）：51-58.

［47］邱泽奇．三秩归一：电商发展形塑的乡村秩序——菏泽市农村电商的案例分析［J］. 国家行政学院学报，2018（1）.

［48］邱泽奇，张樹沁，刘世定．从数字鸿沟到红利差异——互联网资本的视角［J］. 中国社会科学，2016（10），93-115.

［49］邵科，徐旭初．合作社社员参与：概念、角色与行为特征［J］. 经济学家，2013（1）：85-92.

［50］施威，曹成铭．“互联网+农业产业链”创新机制与路径研究［J］. 理论探讨，2017（6）：110-114.

［51］孙德超，白天．精准扶贫视阈下参与式帮扶的内在机理和实现路径［J］. 社会科学，2017（8）：42-50.

［52］孙金云，李涛．创业生态圈研究：基于共演理论和组织生态理论的视角［J］. 外国经济与管理，2016，38（12）：32-45.

［53］孙启贵．社会技术系统的构成及其演化［J］. 技术经济与管理研究，2010（6）：13-17.

［54］孙桥．价值共创视角下地方特色产业生态系统演化机理——基于国家城市特色矿产示范基地的案例［C］. “中国企业管理案例与质性研究论坛（2016）”论文集.

［55］屠羽，彭本红，鲁倩．基于行动者网络理论的平台企业协同创新研究——以“饿了么”为例［J］. 科学学与科学技术管理，2018，39（02）：74-84.

［56］万宝瑞．我国农村又将面临一次重大变革——“互联网+三农”调研与思考［J］. 农业经济问题，2015（8）：4-7.

［57］汪向东．落地服务体系是农村电商发展关键［N］. 农民日报，2016-08-13.

［58］汪向东．农产品电子商务“佳沃之困”的解决之道［EB/OL］. http：//www. sohu. com/a/106094406_ 252590.

［59］汪秀婷，程斌武．资源整合、协同创新与企业动态能力的耦合机理［J］. 科研管理，2014，35（4）：44-50.

［60］汪怡，刘晓云，何军．基于商业生态视角的电子商务服务平台竞争

力评价研究［J］. 情报科学，2014（6）：39-42.

［61］王昶，卢锋华，王红燕，项莹. 高城镇化的农村地区农产品电商模式探究——以杭州市萧山区农村地区例［J］. 中国农业信息，2014，19：156-157.

［62］王慧颖. 农村中介组织网络的运行机理与发展思路——基于主体间合作模式的分析［J］. 理论与改革. 2014（10）.

［63］王金杰，李启航. 电子商务环境下的多维教育与农村居民创业选择——基于CFPS2014和CHIPS2013农村居民数据的实证分析［J］. 南开经济研究，2017（12）：75-92

［64］王丽平，赵飞跃. 组织忘记、关系学习、企业开放度与商业模式创新［J］. 科研管理，2016，37（3）：42-50.

［65］王沛栋. 我国农村电子商务发展的问题与对策［J］. 中州学刊，2016（9）：43-47.

［66］王胜，丁忠兵. 农产品电商生态系统——一个分析框架［J］. 中国农村观察，2015（4）：39-48.

［67］魏江，缪沁男. 双线融合背景下生态网络形成机理及稳定性来源——以苏宁云商和阿里巴巴的合作为例［C］. 2018年"中国企业管理案例与质性研究论坛".

［68］魏炜，朱武祥，林桂平. 基于利益相关者交易结构的商业模式理论［J］. 管理世界，2012（12）：125-131.

［69］魏延安. 从县域电商到电商经济的跨越——关于武功电商模式的初步总结［J］. 新农业，2014（20）：25-27.

［70］谢天成，施祖麟. 农村电子商务发展现状、存在问题与对策［J］. 现代经济探讨，2016（11）：40-44.

［71］徐悦. 我国农产品电子商务发展研究［J］. 农业科技与装备，2014（4）：91-92.

［72］杨静. 新农村建设中农业电子商务模式创新研究［J］. 中国科技论坛，2008，（8）.

［73］杨旭，李竣. 县域电商公共服务资源投入与治理体系［J］. 改革，2017（5）：95-105.

［74］曾国屏，苟尤钊，刘磊. 从"创新系统"到"创新生态系统"［J］. 科学学研究，2013，31（1）：4-12.

［75］曾亿武，郭红东，金松青. 电子商务有益于农民增收吗？——来自

江苏沭阳的证据［J］. 中国农村经济，2018（2）：49-64.

［76］曾亿武，郭红东. 电子商务协会促进淘宝村发展的机理及其运行机制——以广东省揭阳市军埔村的实践为例［J］. 中国农村经济，2016（6）：51-60.

［77］曾亿武，郭红东. 农产品淘宝村形成机理：一个多案例研究［J］. 农业经济问题，2016（4）：39-48

［78］张华. 合作稳定性、参与动机与创新生态系统自组织进化［J］. 外国经济与管理，2016（12）：59-73，128.

［79］张宝建，孙国强，裴梦丹，等. 网络能力、网络结构与创业绩效——基于中国孵化产业的实证研究［J］. 南开管理评论，2015（2）.

［80］张捍东，严钟，方大春. 应用 ANP 的 Shapley 值法动态联盟利益分配策略［J］. 系统工程学报，2009（2）：205-211.

［81］张红娟，谭劲松. 联盟网络与企业创新绩效：跨层次分析［J］. 管理世界，2014（3）：163-169.

［82］张童朝，颜廷武，何可，等. 基于市场参与维度的农户多维贫困测量研究［J］. 中南财经政法大学学报，2016（3）：38-45.

［83］赵武，王珂，秦鸿鑫. 开放式服务创新动态演进及协同机制研究［J］. 科学学研究，2016（8）：1232-1243.

［84］赵晓飞，李崇光. 农产品流通渠道变革：演进规律、动力机制与发展趋势［J］. 管理世界，2012（3）：81-95.

［85］赵晓丽，乞建勋. 供应链不同合作模式下合作利益分配机制研究——以煤电企业供应链为例［J］. 中国管理科学，2007（4）：70-76.

［86］赵芝俊，陈耀. 互联网+农业：理论、实践与政策——2015 年中国技术经济学会农业技术经济分会年会综述［J］. 农业技术经济，2015（11）：126-128.

［87］赵志田，何永达，杨坚争. 农产品电子商务物流理论构建及实证分析［J］. 商业经济与管理，2014（7）：14-21.

［88］周建良. “遂昌模式”农村电子商务发展策略研究［J］. 电子商务，2016（1）：36-37.

［89］周月书，王婕. 产业链组织形式、市场势力与农业产业链融资［J］. 中国农村经济，2017（4）：46-58.

［90］朱迪·埃斯特琳（美）. 美国创新在衰退［M］. 北京：机械工业出

版社，2010：45-87.

［91］朱宪辰，章平，黄凯南．共享资源治理制度转型中个体认知状态的实证研究［J］. 经济研究，2006（12）：101-113.

［92］朱月季．社会网络视角下的农业创新采纳与扩散［J］. 中国农村经济，2016（9）：58-71.

［93］A. Giddens, The Third Way：The Renewal of Social Democracy. Cambridge：Polity Press, 1998;

［94］A Molla，PS Licker（2005）：eCommerce adoption in developing countries：a model and instrument. Information & Management，2005，42（6）：877-899.

［95］A. B. Garcia and J. V. Gruat，Social Protection：A Life Cycle Continuum Investment for Social Justice，Poverty Reduction and Development. Geneva：Social Protection Sector，ILO，2003；

［96］Adner R. Match your innovation strategy to your innovation ecosystem［J］. Harvard Business Review，2006，84（4）：98-107.

［97］Adrian J. Slywotzky，David J. Morrison and Bob Andelman. The profit Zone：How Strategy Business Design Will Lead You to Tomorrow's Profit［M］. New York：Three River Press，1997.

［98］Ali Akbar Jalalia，Mohammad Reza Okhovvat，Morteza Okhovvata. A new applicable model of Iran rural e-commerce developmen. Computer Science，2011：1157-1163.

［99］Alvarez，S. A.，Busenitz，L.，"The Entrepreneurship of Resource-basedTheory"，Journal of Management，2001，27：755-775.

［100］Bijker，W. E. Of Bicycles，Bakelites，and Bullbs：Toward a Theory of Socio-technical［M］. Chage. MIT Press，Cambrige，MA. 1995.

［101］Breschi S，Malerba F，Edquist C. Sectoral innovation systems：technological regimes，Schumpeterian dynamics，and spatial boundaries［J］. Systems of Innovation：Growth，Competitiveness and Employment. 1997，1.：261-287

［102］Browningld，Beyerjm，Shetlerjc. Building cooperation in a competitive industry：sematech and the semiconductor industry［J］. Academy of Management Journal，1995（38）：113-151.

［103］C Leong，SL Pan，S Newell，L Cui. The emergence of self-organizing e-commerce ecosystems in remote villages of china：A tale of digital empowerment for rural development [J]. Mis Quarterly, 2016, 40 (2): 475-484.

[104] Callon M, The Sociology of an actor—network: the case of the electric vehicle [J]. Mapping the Dynamics of science and Technology, Sociology of Science in the Real World, 1986 (1): 19-34.

[105] Callon M., 1984, "Some elements of a sociology of translation: domestication of the scallops and the fishermen of St Brieuc Bay", Sociological Review, 32 (Supplement S1), pp. 196~233.

[106] Cennamo C, Santal J. Platform Competition: Strategic Trade-offs in Platform Markets [J]. Strategic Management Journal, 2013 (34): 1331-1350.

[107] Chambers, W., Hopkins, J., & Nelson, K. (2001). E-Commerce in United States agriculture. White Paper prepared for the symposium Impacts of E-Commerce and Information.

[108] Chesbrough H W. Open Service Innovation [M]. Sanfrancisco, CA: Jossey-Bass, 2011.

[109] Chiu M C, Chiou J Y. Technical Service Platform Planning Based on a Company's Competitive Advantage and Future Market Trends: A Case Study of an IC Foundry. Computers & Industrial Engineering, 2016, (2): 1-15.

[110] Clarysse B., Wright M., Velde E. V. Entrepreneurial Origin, Technological Knowledge, and the Growth of Spin-Off Companies [J]. Journal of Management Studies, 2014 (9): 1420-1441.

[111] Cloete, Eric; Doens, Martin. B2B e-marketplace adoption in South African agriculture. Information Technology for Development. 2008, 14 (3): 184-196.

[112] Cooke P., Uranga MIG, and Etxebarria G.. Regional Systems of Innovation: an Evolu.

[113] Cooper R, Kaplan R S. The design of cost management systems: Texts, cases and reading [M]. Upper Saddle River: Prentice-Hall International, 1999: 221-225.

[114] Cui M, Pan S L. Developing focal capabilities for e-commerce adoption: A resource orchestration perspective. Information & Management, 2015, 52 (2): 200-209;

[115] Dariusz Strzębicki. The Development of Electronic Commerce in Agribusiness-The Polish Example. Procedia Economics and Finance. 2015 (23):

1314-1320.

[116] David Doloreux, Charles Edquist, Leif Hommen. The institutional and functional underpinnings of the regional innovation system of East-Got hia in Sweden [R]. Paper presented at the DRUID Summer Conference 2003 on Creating, Sharing and Transferring Knowledge: The Role of Geography, Institutions and Organizations. Copenhagen, June 12-14, 2003: 1-41.

[117] Den Hartigh E, et al. The health measurement of a business ecosystem [R]. Paperpresented at the ECCON 2006 annual meeting , 2006.

[118] Edquist C (2005) Systems of innovation. Fagerberg J, Mowery DC, Nelson RR, eds. The Oxford Handbook of Innovation (Cambridge University Press, MA), 181-208.

[119] Eisenhardt K M. Building theories from case study research [J]. Academy of Management Review, 1989, 14 (4): 532-550.

[120] Eisenmann T, Parker G, Van Alstyne M. Platform envelopment [J]. Strategic Management Journal, 2011, 32 (12): 1270-1285.

[121] Eric Ng. An empirical framework developed for selecting B2B e-business models: the case of Australian agribusiness firms. Journal of Business & Industrial Marketing. 2005 (20): 218-225.

[122] Feld B. Startup communities: Building an entrepreneurial ecosystem in your city [M]. New York: John Wiley & Sons, 2012.

[123] Fornahl, D., Robert Hassink & Max-Peter Menzel, 2015, "Broadening Our Knowledge on Cluster Evolution", European Planning Studies, 23 (10), pp. 1921-1931.

[124] Fornahl, D., Robert Hassink & Max-Peter Menzel, 2015, "Broadening Our Knowledge on Cluster Evolution", European Planning Studies, 23 (10), pp. 1921-1931.

[125] Fukuda K, Watanabe C. Japanese and US perspectives on the national innovation ecosystem [J]. Technology in Society, 2008, 30 (1): 49-43.

[126] FW Geels, J Schot. Typology of sociotechnical transition pathways [J]. Research Policy, 2007, 36 (3): 399-417.

[127] FyrbergYngfalk A. It's not Us, it's Them! -Rethinking Value Co-creation among Multiple Actors, Journal of Marketing Management, 2013, 29: 1163-1181.

[128] G Im, A Rai. IT-Enabled Coordination for Ambidextrous Interorganizational Relationships. Information Systems Research, 2014, 25 (1): 72-92.

[129] Geels, Frank W. From sectoral systems of innovation to socio-technical systems: Insights about dynamics and change from sociology and institutional theory, Research Policy, 2004 (33): 897-920.

[130] Geels, Frank W. Processes and patterns in transitions and system innovations: Refining the co-evolutionary multi-level perspective. Technological Forecasting and Social Chang e, 2005 (72): 681-696.

[131] Geels, Frank W. Technological transitions as evolutionary reconfiguration processes: a multi-level perspective and a case-study, Research Policy, 2002 (31): 1257-1274.

[132] Gersick, C J G. Time and transition in workteams: Toward a new model in group development [J]. Academy of Management Journal, 1988, 31 (1): 9-41.

[133] Glaser B, Strauss A. The discovery of Grounded Theory: Strategies for Qualitative Research [M]. Chicago: Aldine, 1967.

[134] Grönroos, C., 2008, "Service logic revisited: who creates value? and who co-creates?" European Business Review, 20 (4): 298-314.

[135] Hamalainen, T. J. and Heiskala, R. (eds.): Social Innovations, Institutional Change and Economic Performance, Cheltenham: Edward Elgar, 2007.

[136] Han, K., Oh, W., Im, K. S., et al. Value Cocreation and Wealth Spillover in Open Innovation Alliances, MIS Quarterly2012, 36 (1): 291-316.

[137] J. Midgley, Growth, Redistribution and Welfare: Toward Social Investment, Social Service Review, vol. 73, no. 1 (March 1999), pp3-21;

[138] Jick, T, D. "MixingQualitative QuantitativeMethods TriangulationAction" Administrative Science Quarterly. 1979, 24.

[139] Kelles-Viitanen A., 2005, "The Role of ICT in Governing Rural Development".

[140] Kemp, R., Schot, J. W., Hoogma, R., 1998. Regime shifts to sustainability through processes of niche formation: the approach of strategic niche management. Technology Analysis and Strategic Management 10, 1998, 175-196.

[141] Lakshmi P. V., 2014, Case 8: India—ICTs and the Empowerment of

Rural Women. Palgrave Macmillan UK.

[142] Levinthal, D. A. , 1998. The slow pace of rapid technological change: gradualism and punctuation in technological change. Industrial and Corporate Change 7 (2), 217-247.

[143] Li J F, Garnsey E. Policy-driven ecosystem for new vaccine development. Technovation, 2014, 34 (12): 762-772.

[144] Ling C. L. M. , Pan S. L. , Ractham P. , Kaewkitipong L. , 2015, "ICT-Enabled Community Empowerment in Crisis Response: Social Media in Thailand Flooding 2011", Journal of the Association for Information Systems, 16 (3), pp. 174~212.

[145] Lundvall. Innovation as an interactive process: from user-producer interaction to the national system of innovation. Technical Change and Economic Theory. Pinter, London, B. A. , 1988: 349-369.

[146] M. Callon, The Sociology of an Actor—Network: The Case of the Electric Vehicle, 1986: 19-34.

[147] Malerba, F. Sectoral systems of innovation and production [J]. Research Polic, 2002, (31): 247-264

[148] Martina Fromhold Eisebith & Gunter Eisebith. How to institutionalize innovative clusters ? comparing explicit top-down and implicit bottom-up approaches, 2005, 34 (8): 1250-1268.

[149] Miao Cui a, Shan L. Pan b, Sue Newell c, Lili Cui. Strategy, Resource Orchestration and E-commerce Enabled Social Innovation in Rural China. Journal of Strategic Information Systems, 2017, 6: pp3-21;

[150] Moore, J. F. Predators and Prey: A New Ecology of Competition, Harvard Business Review, 1993, 71 (3): 75-86.

[151] Mumford, M. D. and Moertl, P. : Cases of Social Innovation: Lessons from Two Innovations in the 20th Century, Creativity Research Journal, 15 (2-3): 261-266, 2003.

[152] N. Jamaluddin. Adoption of E-Commerce Practices among the Indian Farmers, A Survey of Trichy District in the State of Tamilnadu, India. Economics and Finance, 2013, 7: 140-149.

[153] Nambisan, S. and Baron, R. A. Entrepreneurship in Innovation Eco-

systems: Entrepreneurs' Self-Regulatory Processes and Their Implications for New Venture Success, Entrepreneurship Theory and Practice, 2013, 37, 5: 1071-1097.

[154] Nelson, Richard R., Winter Sidney G. In search of useful theory of innovation, Research Policy, 1977 (6): 36-76.

[155] Nicole Leroux, Max S. Wortman Jr. Dominant factors impacting the development of business-to-business (B2B) e-commerce in agriculture. The International Food and Agribusiness. Management Review, 2001 (4): 205-218.

[156] Orlikowski WJ (1992). The duality of technology: Rethinking the concept of technology in organizations. Organization Science. 3 (3): 398-427.

[157] Phill, J. A.; Deiglmeier, K. and Miller, D. T.: Rediscovering Social Innovation, Stanford Social Innovation Review, 6 (4): 34-43, 2008.

[158] Pradeep Racherla, Munir Mandviwalla (2013). Moving from Access to Use of the Information Infrastructure: A Multilevel Sociotechnical Framework. Information Systems Research 24 (3): 709-730.

[159] Rai, A. and X. Tang. Information Technology-Enabled Business Models: A Conceptual Framework and a Coevolution Perspective for Future Research [J]. Information Systems Research, 2014, 25 (1): 1-14.

[160] Ranjan KR, Read S. Value co-creation: concept and measurement [J], Journal of the Academy of Marketing Science, 2016, 44: 290-315.

[161] Rehm, S. V., Goel, L., & Junglas, I. Information management for innovation networks an empirical study on the "who, what and how" in networked innovation. International Journal of Information Management, 2016, 36 (3), 348-359.

[162] Reypens C., Lievens A., Blazevic V., 2016, "Leveraging value in multi-stakeholder innovation networks: A process framework for value co-creation and capture", Industrial Marketing Management, 56, pp. 40-50.

[163] Roh T H. The sharing economy: Business cases of social enterprises using collaborative networks [J]. Procedia Computer Science, 2016, (91): 502-511.

[164] S Aral, C Dellarocas, D Godes. Introduction to the Special Issue —Social Media and Business Transformation: A Framework for Research, Information Systems Research, 2014, 25 (1): 72-92.

[165] SC Srivastava, G Shainesh. Bridging the Service Divide Through Digitally Enabled Service Innovations: Evidence from Indian. Mis Quarterly, 2015, 39 (1):

pp245-267;

[166] Schmidt D M, Böttcher L, Wilberg J, et al. Modeling Transfer of Knowledge in an Online Platform of a Cluster [J]. Procedia CIRP, 2016, (50): 348-353.

[167] Scholten S, Scholten U. Platform-based Innovation Management: Directing External Innovational Efforts in Platform Ecosystems. Picmet Technology Management for Global Economic Growth, 2012, 3 (2): 1-12.

[168] Schot, J. W., . The usefulness of evolutionary models for explaining innovation: the case of The Netherlands in the nineteenth century. History of Technology, 1998, 14: 173-200.

[169] Siddiquee A. & Kagan C., 2006, "The internet, empowerment, and identity: an exploration of participation by refugee women in a Community Internet Project (CIP) in the United Kingdom (UK) ", Journal of Community & Applied Social Psychology, 16 (3), pp. 189~206.

[170] Sidorenko, A. Empowerment & Participation in Policy Action on Ageing. UN Program on Ageing [R]. Paper presented at the International Design for All Conference 2006.

[171] Siggelkow, N. Persuasion with Case Studies. Academy of Management Journal, 2007, 50 (1).

[172] Sirmon. D, Hitt. M, Ireland. R. Managing firm resources in dynamic environments to create value: Looking inside the black box. The Academy of Management Journal, 2007.

[173] SK Jha, A Pinsonneault, L Dubé. The evolution of an ICT platform-enabled ecosystem for poverty alleviation: The case of ekutir. Mis Quarterly, 2016, 40: pp431-445;

[174] Smith, A., Raven, R. What is protective space? Reconsidering niches in tran-sitions to sustainability. Research Policy, 2012, 41 (6): 1025-1036.

[175] Stam E. Entrepreneurial ecosystems and regional policy: A sympathetic critique. European Planning Studies, 2015, 23 (9): 1759-1769.

[176] Sutton, RI. The process of organizational death: Disbanding and reconnecting [J]. Administrative Science Quarterly, 1987, 32 (4): 542-569.

[177] T. P. Hughes, The Evolution of Large Technological Systems, The

Social Construction of Technological Systems, 1987: 73.

[178] T. J. Pinch and W. E. Bijker, The Social Construction of Facts and Artifacts: or How the Sociology of Scienceand the Sociology of Technology might Benefit Each Other, Social Studies of Science, 1984 (14): 428.

[179] Tan B, Pan S L, Lu X, et al. The role of is capabilities in the development of multi-sided platforms: The digital ecosystem strategy of Alibaba. Com. Journal of the Association for Information Systems, 2015, 16 (4): 248;

[180] Tian, et al. BEAM: A framework for business ecosystem analysis and modeling [J] IBM Systems Journal, 2008, 47.

[181] Trippl, Michaela; Grillitsch, Markus; Isaksen, Arne; Sinozic, Tanja. Perspectives on Cluster Evolution: Critical Review and Future Research Issues, European Planning Studies, 13 (1): 2028-2044.

[182] Tseng, C., Lin, S., Pai, D., & Tung, C. The relationship between innovation network and innovation capability: a social network perspective. Technology Analysis & Strat egic Management. 2016. 28 (9).

[183] Unruh, G. C.. Understanding carbon lock-in. Energy Policy, 2000, 28, 817-830.

[184] Yin R. Case Study Research: Design and Methods [M]. Thousand Oaks: Sage Publications, 2003.

[185] Zhong J, Nieminen M. Resource-based co-innovation through platform ecosystem: experiences of mobile payment innovation in China. Journal of Strategy and Management, 2015, 8 (3): 283-298.

[186] Zott C, Amit R. Designing Your Future Business Model: An Activity System Perspective. IESE Working Paper, 2009.

后　记

农村电子商务从2014年以来蓬勃发展。从农村电商政策来说，农村电子商务的作用和地位在逐渐加强并日益明晰，从推动农民增收到促进一二三产业融合的重要渠道，从电商扶贫重要形态到现代化经济发展的关键动能，从“互联网+现代农业”到乡村振兴的重要抓手等；2018年，中央各部委围绕乡村振兴、电商进农村综合示范、加强农村带头人建设、加强农业供应链应用试点、电子商务领域失信问题专项治理、农商互联、农产品电商标准化建设等，又出台了多个文件和行动方案；2019年中央一号文件中，提出升格打造“互联网+农业”，发展壮大乡村产业，拓宽农民增收渠道。

在零售领域，2016年马云提出了“新零售”，2017年张近东提出“智慧零售”，刘强东提出“无界零售”，市场出现了“智能零售革命”，新零售业态接连涌现，不断创新出新的业态、新的模式、新的交易方式，新的产业也随之不断地涌现出来，并且推动着我国现代流通的创新。农村电子商务领域也出现了生鲜新零售、社交电商、农业众筹、农村供应链金融、生鲜物流等新业态迅猛发展的形势，农村电子商务不再局限于网上开店，而是呈现多平台、跨平台、融平台等创新发展态势。

农产品电商还面临着诸多困难，农产品成功顺畅上行还有很长的路要走。作为长期从事农村电商的科研工作者，我们深深感受到了农村电商从业者的艰辛，同时也看到，政府政策一以贯之的对于农村电商发展的大力支持，正如文件中所指明的那样，农村电商产业发展“要坚持政府指导、社会协同、需求导向、市场运作、务求实效、重在持续的原则，鼓励各地因地制宜，努力在示范带动、模式创新、资源整合等方面取得突破，努力在标准体系、服务体系建设上进行不断的创新”，只有通过各方齐心协力来推动农村电商的上行工作，才能真正促进农业生产提质增效，实现传统农业转型升级；通过发挥农村电商在稳定农产品价格、实现小农与现代市场对接、倒逼农业生产的标准化与品牌化、推动农村就业创业、扶贫减贫等方面的重要作用，使得农村地区各类产品和资源的市场供给方式得以创新，传统产业和服务业加快融合并实现数字化转型升级，多主体在各产业环节实现专业协同，带动低收入农民群体创业就业和广泛参与的增收脱贫。

本书作者的几位已毕业或即将毕业的研究生对本书成文都有贡献：研究生王云的研究方向是农村电商，第三章的内容是她在本人指导下的研究成果；研究生吴倩的研究领域是农村电商生态系统，本书第四章的内容是她在本人指导下的研究成果；研究生李智锋的研究方向是农村电商服务，本书第五章的内容是他在本人指导下的研究成果；研究生洪思风的研究方向是农村电商服务，本书第六章的内容是她在本人指导下的研究成果。此外，另几位在校研究生也参与了本书研究内容的讨论、部分数据调研处理以及书稿格式的整理，研究生朱洁参与了第九章第二节的内容撰写，研究生孙煜程承担第七章的大量写作工作，在此对他们表示感谢！

本研究项目的立项、后续的研究以及成果出版都是依托华南农业大学经济管理学院的国家重点学科农林经济管理学科点，并得到了学院的大力支持，在此，要对学科点以及学院的各位学术前辈和领导表示感谢，感谢他们对我工作的支持。感谢与本书相关研究过程中给予调研和信息资料提供帮助的人，也感谢本书参考文献中所有的作者。

最后要感谢我的家庭和亲人。感谢他们对我的理解、宽容与支持，希望他们幸福、平安！

易法敏

2019 年 4 月 30 日